이키가이
生きがい

IKIGAI NI TSUITE
Copyright ⓒ 2004 by Ritsu Kamiya
All rights reserved.

No part of this book may be used or reproduced in any manner whatsoever without written permission except in the case of brief quotations embodied in critical articles and reviews.

Originally published in Japan by Misuzu Shobo, Ltd.
Korean translation copyright ⓒ 2011, 2025 by Purun Communication
Korean edition is published by arrangement with Misuzu Shobo, Ltd.
through BC Agency.

이 한국어 판의 저작권은 BC에이전시를 통한 저작권자와의 독점 계약으로 푸른커뮤니케이션에 있습니다. 저작권법에 의해 한국 내에서 보호를 받는 저작물이므로 무단전재와 복제를 금합니다.

이키가이

가미야 미에코 지음

벼랑 끝 삶에서
마침내 발견한 것

P 필로소픽

차례

프롤로그 9

1
이키가이, 사는 보람이라는 말

2
사는 보람을 느끼는 마음
감정으로서의 사는 보람감 18 | 인식으로서의 사는 보람감 32
사명감 38

3
사는 보람을 추구하는 마음
생존 충실감에 대한 욕구 54 | 변화에 대한 욕구 58
장래성에 대한 욕구 61 | 반향에 대한 욕구 63 | 자유에 대한 욕구 65
자기실현에 대한 욕구 70 | 의미와 가치에 대한 욕구 74

4
사는 보람의 대상
사는 보람의 특징 80 | 사는 보람을 만드는 마음의 세계 83
사는 보람과 정열 86 | 사는 보람의 다양성 89

5
사는 보람을 빼앗는 것들
생존의 근저에 있는 것 96 | 운명이란 것 98
난치병에 걸린다는 것 100 | 인생에 대한 꿈이 무너진다는 것 105
죄를 짓는다는 것 107 | 죽음과 직면하는 것 109

6
사는 보람을 상실한 사람의 마음 세계
파국이라는 느낌과 터전의 상실 112 | 가치체계의 붕괴 114
소외와 고독 115 | 무의미하다는 느낌과 절망 116
부정 의식 118 | 육체와의 관계 120 | 자기와의 관계 122
불안 124 | 고통 125 | 슬픔 128 | 고뇌의 의미 131

7
새로운 삶의 보람을 찾아서
자살을 단념하게 하는 것 138 | 운명에 대한 반항에서 수용으로 141
슬픔과의 융화 144 | 육체와의 융화 147 | 과거와의 대결 151
죽음과의 융화 153 | 가치체계의 변혁 156 | 배척된 사람의 행방 159

8
새로운 삶의 보람의 발견
삶의 목표의 변화 양식 172 | 마음의 구조 변화 180
마음의 깊이 변화 187

9
정신적인 삶의 보람
인식과 사색의 기쁨 201 | 심미와 창조의 기쁨 205
사랑의 기쁨 212 | 종교적 기쁨 215 | 보상으로서의 종교 219
적극적인 사는 보람으로서의 종교 221

10
마음 세계의 변혁
변혁 체험에 대하여 228 | 자연과의 융합 체험 233
종교적 변혁 체험 234 | 변혁 체험의 특징 236
변혁 체험의 의미 245

11
현실세계로 돌아가는 방식
다양한 귀로 방식 252 | 남겨진 문제 259

에필로그 264
인용문헌 267

덧붙이는 글 279
《이키가이》 집필일기 281
편집 후기 310

일러두기

'이키가이(生きがい)'는 '살다'를 뜻하는 '生き(이키)'와 '가치, 보람'을 뜻하는 '甲斐(가이)'가 결합된 말로, 삶의 보람이나 사는 이유를 의미한다. 일본에서는 문화적 개념으로 자리 잡았지만 한국의 독자에게는 생소해, 본문에서는 '이키가이'의 개념을 설명하는 1장을 제외하고 '사는 보람', '삶의 보람'으로 번역하였다.

프롤로그

별일 없이 평온한 매일을 보내는 사람은 상상조차 하기 어려운 일일지 모르지만, 세상에는 매일 아침 눈을 떴을 때 잠에서 깼다는 사실 자체가 견딜 수 없이 두려운 사람들이 있다. '아, 오늘도 하루를 살아내야 하나' 하는 생각에 몸을 일으킬 힘도 나지 않는 사람들. 참을 수 없는 고통과 슬픔, 몸이 잘려나가는 듯한 고독과 외로움, 끝없는 허무와 권태를 느끼면서 자신에게 '왜 살아야 하나, 무엇 때문에……'라고 묻지 않을 수 없는 사람들. 가령 완치가 어려운 병에 걸린 사람, 소중한 사람을 잃은 사람, 모든 것을 걸고 노력했던 일이나 이상에서 좌절을 맛본 사람, 자신이 저지른 죄로 고통받는 사람, 홀로 인생의 뒷골목을 걷는 사람들.

우리의 삶을 보람 있게 만드는 것은 무엇일까? 한번 사는 보람을 잃으면 어떻게 새로운 보람을 발견할까?

이 의문은 오래전부터 내 생각의 중심을 차지하고 있다. 9년 전 세토나이카이(瀨戶內海, 일본의 혼슈와 규슈, 시코쿠에 둘러싸인 좁은 바다)의 섬에 있는 나병국립요양원인 나가시마 애생원(愛生園)에 머물 때 받은 충격이 이 의문을 내 과제로 인식하는 계기가 되었다. 나는 애생원에 자주 찾아가 정신의학 조사를 했는데, 그 가운데 문장 완성 테스트를 하면서 크게 놀랐다. 응답한 남성 경증 환자 180명 중 거의 반이 장래에 아무 희망이나 목적도 없다고 적은 것이다. 그들은 사전에 약속이라도 한 듯 '매일 할일 없이 보낸다', '무의미한 생활을 뜻있게 보내려는 쓸데없는 노력을 하고 있다', '따분하다'는 등의 비슷한 내용을 써놓았다. 최근에는 효과적인 나병 치료제가 개발되어서 애생원 사람들도 치료를 받은 뒤 전염성이 없는 상태가 된 경우가 대다수이고, 사회에 복귀하는 사람도 늘었다. 그러나 후유증이 있거나 나이가 많은 사람, 가족과 사회가 달가워하지 않는 사람이 많아 여전히 사회 복귀를 바라지 않거나 바랄 수 없는 경우가 더 많다. 이 테스트에 답한 대다수가 그런 부류에 속하는 사람들이었다. 의식주를 국가가 보장해주고, 크게 만족할 만한 상태는 아니지만 작업과 오락 시스템도 갖춰진 환경에서 이 사람들은 '무의미감'으로 고민하고 있었다.

하지만 답변 가운데 소수이기는 해도 사는 기쁨이 느껴지는 내용도 섞여 있었다.

여기서의 생활은…… 오히려 삶에 존엄함을 느낄 수 있고 인간의 본질에 다가갈 수 있다.
앞으로는…… 사람을 더 사랑하고 내 생명을 더 소중히 하고 싶다. 이것은 인간의 바람이며 목적이라고 생각한다.

이렇게 답한 환자와는 그 후 개인적으로도 친해졌는데, 그의 글이 결코 단순한 허세가 아니라 그의 존재 자체에서 우러나는 활기 임을 알 수 있었다. 당시 서른아홉 살이었던 그는 목발에 의지해 겨우 몸을 움직이는 중증 환자였다. 오랜 병으로 몸은 쇠약해지고 머리도 하얗게 센 모습이었다. 결국 몇 년 후 사망했는데 생전에 많은 시를 남겼다.

똑같은 상황에 처했어도 어떤 사람은 사는 보람을 느끼지 못해 괴로워하고, 어떤 사람은 사는 기쁨으로 넘쳐난다. 이 차이는 어디서 올까? 성격 문제다, 생활방식이나 마음가짐의 차이다, 대인관계나 사회생활의 방식을 바꾸면 누구나 사는 보람을 느끼게 된다 등 등 여러 가지 답이 있을 수 있을 것이다. 분명 그 가운데 진리의 한 면이 있을 테지만 사는 보람이라는 문제는 쉽게 이거다 하고 단정지을 수 있는 상대가 아닌 것 같다. 충분히 시간을 갖고 고민해야 하는 문제라는 것이 내가 이 책을 쓰게 된 중요한 동기 가운데 하나다.

그래서 책의 후반부에서는 애생원에서 얻은 자료가 중요한 역할을 하고 있다. 그러나 통계, 설문조사, 심리테스트 결과는 이미 몇몇 논문[1]에 발표했기 때문에 이 책에서는 거의 다루지 않았다. 사는 보람이라는 심오한 문제를 탐구하는 데 있어 의미가 있는 것은 그런 기계적인 조사의 엉성한 그물코 사이로 빠져나간 주제 가운데 있을 거라는 생각에, 그물에 걸리지 않고 빠져나간 것들 사이에서 생각할 재료를 건져 올렸다.

하지만 나병 환자들이 갖고 있는 문제도 결국 모든 인간이 가지고 있는 문제가 좀 더 깊은 차원에서 특수한 형태로 나타나는 것일 뿐이다. 이 때문에 나병 환자들의 경우만 떼어내어 다뤄서는 안 된다고 생각했다. 그래서 암이나 원폭증(원자폭탄의 피폭으로 일어나는 병) 환자, 사랑하는 사람을 잃은 사람, 사형수, 전쟁터에서 전사한 학생 등 다른 질병이나 어려움으로 사는 보람을 상실한 사람들에 대해서도 조사해보았다. 또한 인간의 마음 세계가 좀 더 깊은 차원의 모습으로 나타난다는 의미에서, 정신과 의사로서 지난 20년동안 만나온 환자들의 예도 참고했다. 그 외에 정신의학뿐 아니라 심리학, 문학, 철학, 전기 등 폭넓은 범위의 책들과 실례를 참고했다.

그러나 역시 주역은 나병 환자다. '고통스러운 사생활'을 캐묻는 불쾌한 조사에 응해 힘겹게 호흡하면서도 많은 것들을 말해준 분들, 부자유스러운 손으로 상세히 수기를 써준 분들께 감사드린다. 어떤 스승의 말과 어떤 책의 설명보다 나병 환자의 생생한 존재를 직접 접한 경험이 나에게 많은 것을 가르쳐주었다.

활기찬 삶을 위해서는 사는 보람만큼 중요한 것이 없다는 사실은 굳이 연구를 하지 않아도 처음부터 확신을 갖고 말할 수 있다. 그렇기 때문에 인간에게서 사는 보람을 빼앗는 것보다 잔혹한 일은 없고, 또 인간에게 사는 보람을 주는 것만큼 큰 사랑은 없다. 그러나 사람의 마음의 세계는 저마다 다 달라서 누구 한 사람에게라도 사는 보람을 주는 일은 결코 쉽지 않다. '무엇이 사는 보람이 되는가' 하는 물음에 기성복처럼 만들어진 대답은 없다. 나 역시 이 책에서 어떤 답을 강요할 의도는 전혀 없다. 단지 사는 보람이라는 이 막연한 의문을 여러 각도에서 바라보며 그 진상에 조금이라도 가까이 다가가고 싶을 뿐이다. 나의 이해나 생각이 채 미치지 못한 곳에 중요한 것들이 많이 남아 있을 것이다.

1 이키가이, 사는 보람이라는 말

이키가이(生きがい)라는 말은 일본어에만 있는 것 같다. 이런 말이 일본어에 있다는 것은 일본인이 마음의 생활 속에서 사는 목적과 의미와 가치를 중요하게 다뤄왔음을 의미한다. 깊은 성찰과 사색을 담아 이 말을 쓰지 않았다 해도, 적어도 흘러가는 대로만 인생을 살지 않았음을 엿볼 수 있다.

사전에 보면 이키가이는 '세상을 살 만하게 만드는 힘, 살아 있는 행복, 이익, 효험'이라고 나와 있다. 이것을 영어나 독일어, 프랑스어 같은 외국어로 번역한다면 '살 만하다', '사는 가치나 의미가 있다'라는 말로밖에 표현할 수 없다. 이런 윤리적이고 철학적인 개념에 비해 이키가이라는 말에는 일본어만이 갖는 애매모호한 부분이 있고, 그렇기 때문에 여운과 고상함이 느껴진다. 일본인 심리의 비합리성과 직관성[1]을 함축하면서도, 사는 보람이라는, 한 마디로 잘라 말할 수 없는 복잡한 뉘앙스를 오히려 잘 표현하고 있는 것인지도 모른다. 프랑스어의 존재 이유(raison d'être)와 크게 다르지 않을 수도 있지만 이키가이라는 표현에는 좀 더 구체적이고 생활과 닿아 있는 느낌이 있기 때문에 차라리 사는 이유(raison de vivre, raison d'existence)[2]라고 하는 편이 어울린다.

이키가이와 비슷한 말로 의욕이라는 것이 있다. 이 역시 서양에는 없는 단어인데, 이 말은 이키가이의 일면을 잘 나타내고 있다. 인간은 진공 상태에서 홀로 사는 삶을 견디지 못하는 존재라서 자신이 살아 있다는 것에 대해 주변 세계의 반응을 느끼지 못하면 몸도 마음도 건강하게 살기 힘들다. 이는 감각 차단 실험[3]에 의해서도 증명된 사실이다. 우주로 고독한 여행을 떠나는 우주인도 지구에서 자신을 주시하는 사람들의 시선을 느끼기 때문에 무중력 상태로 떠나는 모험에서 이키가이를 느끼는 것이리라. 아름다움을 추구하는 마음이 강한 사람이 한 장의 그림에서 강한 감명을 받을 때도 '이런 아름다운 그림을 만날 수 있다니 산 보람이 있다'는 감동을 의식적이든 무의식적이든 느끼기 마련이다. 아름다움을 추구하는 마음에 세상이 응해준 데서 생기는 감동이다.

이키가이, 즉 사는 보람이라는 말은 두 가지 맥락에서 쓰인다. '이 아이가 내가 사는 보람(이키가이)이다'라고 말할 때처럼 사는 보람의 원천 또는 대상이 되는 존재를 가리킬 때와 사는 보람을 느끼는 정신 상태를 의미할 때다. 이 중 사는 보람을 느끼는 정신 상태는 빅토르 프랑클(Viktor Frankl, 2차 세계대전 중 아우슈비츠에서 생존한 정신과 의사)이 말하는 '의미감'[4]이다. 여기서는 일단 이 의미감을 '보람감'으로 부르면서, '사는 보람'과 구별하기로 하자.

2 사는 보람을 느끼는 마음

감정으로서의 사는 보람감

이키가이, 즉 사는 보람을 느끼는 마음에는 여러 요소가 섞여 있다. 이것을 감정적인 요소와 이성적인 요소 두 가지로 나눈다면 사는 보람감을 형성하는 데는 어느 쪽이 중요할까?

어엿한 사회적 지위에 원만한 가정을 가진 사람이 논리적으로는 자신의 존재 의의를 거창하게 평가하면서도 마음 깊은 곳에서는 사는 보람을 느끼지 못해 고민하는 경우가 있다. 파스칼(Blaise Pascal, 프랑스의 수학자, 철학자)의 말처럼 감정에는 이성과는 또 다른 길이 있기 때문이다.

누가 뭐래도 사는 보람에 대해 가장 정직한 것은 감정이다. 만일 마음속에 존재 전체를 압도할 만큼 강하고 활기 넘치는 기쁨이 '뱃 속 깊숙한 곳에서', 즉 존재의 근저로부터 솟아났다면 그것이야말로 사는 보람감의 가장 자연스러운 형태라고 생각해도 좋을 것이다. 이 기쁨은 때로 뜻하지 않게 용솟음치듯 뿜어져 본인도 놀라게 한다. 자신이 추구하는 사는 보람이 무엇인지는 그런 경험을 통해 비로소 명확해진다. 이치나 논리는 감정 다음에 뒤따르는 것이지, 이치가 먼저고 그 다음에 감정이 따르는 것은 아니다. 따라서 어떤 사람에게 진정한 기쁨을 주는 것이야말로 그 사람의 사는 보람이 될 수 있다.

소년 시절부터 만년에 걸쳐 평생 순수한 기쁨만을 갈구했던 예를 1960년 문화훈장을 수상한 수학자 오카 기요시(岡潔)에게서 볼 수 있다. 그가 신문에 발표한 수기[1] 가운데 다음과 같은 내용이 있다.

…… 수학이라는 옷을 입은 내가 지금까지 추구했던 것은 연구와 발견 안에서의 순수한 기쁨이다. …… 내가 수학이라는 길에 들어서게 된 요소는 어릴 적부터 내 안에 만들어져 있었다고 할 수 있다. 나는 어릴 적 와카야마 현(和歌山縣)의 기미토우게(紀見峠)에서 자랐는데, 그곳은 물이 귀한 지역이라 대나무로 된 기다란 관을 통해 산속의 물을 끌어왔다. 나도 근처 코흘리개들과 대나무 관에서 새어나오는 물로 하코니와(箱庭, 상자 속에 만든 모형 정원)를 만들며 놀았는데, 이 이끼는 어디에 놓을까, 저 잔솔은 어디에 심을까 하고 이리저리 구상하는 과정이 무척 즐거웠다. 생각해보면 그때 상상하는 즐거움을 안 것인데, 수학을 연구하면서도 구상을 세우고 문헌을 조사하는 즐거움을 맛보았다.

또 초등학교 5학년 어느 날, 산으로 곤충채집을 하러 갔다가 아름다운 나비를 발견하고 저녁까지 그 나비를 쫓아간 적이 있다. 숨어서 더는 보이지 않겠다 싶었던 나비를 골짜기의 삼나무에서 발견했을 때의 그 강하고 예리한 기쁨은 지금도 마음에 선명히 남아 있다. 이것이 바로 발견의 순수한 기쁨이다. 지금 내가 연구하는 과정에서 찾는 순수한 기쁨과 같다.

오카 기요시에게 연구는 가장 큰 사는 보람이다. 그의 사는 보람감은 이미 유년 시절에 경험한 순수한 기쁨과 동질의 것이다. 그렇다면 이런 종류의 기쁨은 미분화된 생명에 이미 깃들어 있는, 성장하는 생명의 본질적 양상 가운데 하나가 아닐까. 갓난아기는 누가 옆에서 보지 않아도 특별한 계기가 없어도 주체할 수 없을 만치 기쁜 듯이 옹알거리고 팔다리를 파닥거리며 혼자 웃는다. 마치 살아 있는 것이 너무 즐거워 소리 내어 웃는 것처럼 보인다. 온몸에서 뿜어져 나오는 그 웃음은 발전하는 생명의 발랄한 표현이며 표정이다. 워초프(O. S. Wauchope, 영국의 철학자)[2]는 인간의 활동 가운데 진정한 기쁨을 주는 것은 목적, 효용, 필요, 이유와 관계없이 '그 자체를 위한 활동'이라고 말한다. 이익이나 결과를 목표로 하는 활동보다는 '하고 싶어서 하는 일'이 훨씬 활기 넘치는 기쁨을 만들어낸다. 돈을 벌기 위해 아르바이트를 해야 하는 사람은 돈 때문에 하는 게 아닌 일, 돈이 되지 않는 일을 할 수 있는 자유가 얼마나 그리울까.

목적이나 효용과는 거리가 먼 순수한 기쁨을 경험할 기회는 어른이 될수록 줄어드는데, 그나마 시인 같은 사람이 어른이 되어서도 그런 기쁨을 맛볼 수 있는 부류일 것이다. 벨기에의 상징파 시인인 에밀 베르하렌(Émile Verhaeren)의 시 〈기쁨〉이 그 좋은 예다.

기쁨

오, 불타오르는 아침으로 시작되는 아름다운 날이여
열렬하고 장대한 대지는 자랑스럽게
잠에서 깬 생명의 향기는 강하고 세차게
존재는 모두 도취해 기쁨에 춤을 추네.

고마워라 나의 눈이여,
늙은 이마 아래서도 여전히 맑은 채로
저 멀리 반짝이는 빛을 바라볼 수 있으니.
고마워라 나의 몸이여,
질풍과 미풍에
여전히 맞서 떨 수 있으니.
세상의 모든 것에 나는 존재하네,
나를 둘러싸고 내게 스며드는 모든 것들 안에.
두툼한 잔디여, 희미한 샛길이여,
떡갈나무 수풀이여, 한없이 투명한 물이여,
그대들은 나의 기억이고 나의 몸이 되네.
오, 뜨거운, 깊은, 강한, 부드러운 약진이여,
만일 그것이 거대한 날개처럼 당신을 들어올려
무한으로 향하게 했다면
사람이여, 불평마라, 불행한 때조차도.
어떤 불행이 당신을 좀먹으려 해도
생각해라, 어느 날 어느 지고한 순간의
이 달콤하고 놀라운 기쁨을
마음 설레게 하는 묘미를.
 당신의 영혼이 당신의 눈에 환상을 보여주고,
당신의 존재를 만물 속에 녹여내는
이 더할 나위 없는 날, 이 지상의 시간에
당신을 신처럼 만드는 것을.

어른에게서 이런 순수한 '살아 있는 기쁨'이 가장 선명하게 나타나는 것은 첫 아이를 출산한 직후 어머니가 느끼는, 존재의 근저로부터 솟아나는 희열일 것이다. 이것은 내가 이전에 주부들을 대상으로 한 조사[3]에도 확실히 나타난다. 출산 직후 느끼는 희열은 사는 보람을 발견한 기쁨이라고 할 수 있다.

이러한 모성의 기쁨은 다분히 생물학적인 것이기 때문에 아기가 보이는 삶의 희열과 매우 유사한 습성일 것이다. 하지만 오카 기요시의 경우처럼 소년 시절 나비 채집과 모형정원 놀이에서 경험한 기쁨을 이후 수학이라는 고도의 지적 활동에서 발견하는 것은 신기하게 느껴질 수도 있다. 그러나 어린아이에게 '놀이'는 전인격적인 활동으로, 진정한 일, 즉 천직이기 때문에 놀이에서 느끼는 기쁨이 아이의 최대의 보람감일 것이다. 그로스(K.Gross)[4]와 하위징아(Johan Huizinga, 네덜란드 역사가)[5]의 말처럼 대가 없는 무상(無償)의 유희 활동이야말로 문화 활동이 싹트는 모태라고 생각하면 오카 기요시의 경우도 이해가 된다. 수학적 사고라는 추상적인 지적 활동을 통해 기쁨을 경험한다고 해도 그 정서적 기반은 소년 시절과 조금도 다르지 않을 것이다.

관능적인 쾌락과 이러한 기쁨이 본질적으로 다르다는 것은 많은 사람이 지적하는데, 사는 보람감을 만들어내는 것이 어느 쪽인지를 생각해보면 쉽게 구별할 수 있다. 육체적인 쾌락이 사는 보람이라는 착각에 육체적 쾌락만을 추구하다 결국 인생의 비참한 패잔병이 되어버린 자신을 발견하는 예는 소설이나 실제 세계에서 얼마든지 찾아볼 수 있다. 관능적인 도취 역시 생명력의 발견이고 찬가이지만 인격적인 사랑으로부터 동떨어진 그 빛은 가느다란 향의 불꽃처럼 이내 꺼져버린다. 그러나 그 가느다란 선향 다발의 순간적인 황홀한 광채는 마음의 눈을 멀게 만들 정도로 압도적이라서 인격의 가장 중요한 부분이 채워지지 않은 채로 남아 있다는 것을 잊게 만든다. 환락 뒤에는 쓸쓸한 후회가 남고, 쓸쓸함은 암묵 속에서 그 쾌락이 사는 보람감과는 거리가 멀다는 것을 말해준다.

이 기쁨이라는 감정은 단순히 기쁨 자체에 머물지 않고 마음속에 여러 가지 부산물을 만들어낸다. 앙리 베르그송(Henri Bergson, 프랑스 철학자)[6]은 기쁨에는 미래로 향하는 감정이 들어 있다고 했다. 그의 말대로 기쁨은 밝은 빛처럼 어두운 미지의 앞길을 비추고, 희망과 신뢰에 찬 마음으로 미래로 향하게 한다. 불행한 사정이 없는 한 갓난아기를 바라보는 어머니의 눈만큼 미래와 생명에 대한 신뢰로 가득 찬 것은 없다. 그 신뢰는 가혹한 운명에 무너질 수도 있지만 어머니는 자연의 배려로 속고 있는 것이라고 할 수 있다.

그런데 희망과 신념이 꼭 건설적인 방향으로만 작용하는 것은 아니다. 자신도 모르는 사이에 오만함과 자기도취가 숨어들어 얄팍한 낙관주의와 난폭한 행동으로 이끌 수 있다. 자칫 자신에 대한 매서운 성찰의 눈을 무디게 하고, 타인을 배려하는 마음을 잃게 하며, 모순에 찬 복잡한 인간성을 보지 못하는 장님으로 만들기도 한다. 많은 사람을 이끌어야 하거나 앞장서서 어려운 일을 해결해야 할 경우에는 이런 요소도 필요할 것이다. 망설임 없이 행동하려면 지나친 반성은 금물이기 때문이다. 그러나 깊은 인식과 관점, 사고를 위해서는 기쁨보다 오히려 고통과 슬픔이 기여하는 부분이 크다.

기쁨의 눈에 띄는 특징 중 하나는, 윌리엄 제임스(William James, 미국의 철학자, 심리학자)[7]도 말했듯이 이상하게 이타적인 기분이 되도록 만들기 쉽다는 점이다. 사는 보람을 느끼는 사람은 타인에게 원망을 느끼기는 어렵고 관용을 베풀기는 쉽다. 막스 셸러(Max Scheler, 독일의 철학자)[8]의 지적처럼 자신보다 행복한 사람들을 은밀히 원망하고 미워하는 마음이 끼어들 여지가 없기 때문일 것이다. 특히 예민한 감성으로 인간 세상의 고통을 이미 알고 있는 사람은 사는 보람이 넘치는 자신의 행복을 미안하게 여긴다. 풍자와 냉소적인 문장으로 유명한 쥘 르나르(Jules Renard, 프랑스의 작가)도 그런 인물이었다. 그는 일기에 "자신의 행복에 대해 말할 때는 겸손해야 한다. 마치 도둑질을 참회하듯이 고백하지 않으면 안 된다(1906년 12월 10일)"고 적고 있다.

어린 시절부터 고생을 많이 한 르나르의 행복의 원천은 바로 작가로서의 사는 보람이었다. 《엘루아의 비망록》(Les Tablettes d'Eloi)에 수록된 〈작가〉라는 글은 르나르가 작가의 길을 선택한 것에 대한 아버지, 어머니, 형, 누나, 이웃, 동료, 비판가들의 이어지는 힐문에 차례로 대답하는 형식으로 되어 있는데, 마지막에 '한 아름다운 여자'가 "저 사람은 제 몫을 할 수 있는 남자가 아냐!"하고 내뱉자 엘루아는 의기양양하게 이렇게 반박한다.

나는 작가다. 다른 무엇도 아니다. 죽을 때까지 작가다. …… 할 수 있다면 글을 쓰다가 죽고 싶다. 혹시 내가 영원히 살게 된다면 그 영원한 시간 동안 문학을 할 작정이다. 나는 문학에는 절대 질리지 않는다. 언제까지든 계속할 것이다. 그 외에는 어찌됐든 상관없다.

포도주를 만드는 사람은 양조통 안에서 포도알을 밟으며 태양과 술에 취해 사람들이 비웃는 소리가 들리지 않는 것처럼.

그러자 '멀리서 들리는 소리'가 "작가! 작가…… 작가"하고 환성을 지른다. 엘루아는 혼자 중얼거린다.

"약한 소리 하지 마, 엘루아. 너는 인간 가운데 가장 행복한 사람이야."

르나르가 살면서 많은 고난을 견디고 많은 사람들의 비난에 맞설 수 있는 용기와 인내의 원천이 되었던 것은 바로 이 격렬한 사는 보람감이었다. 여기서는 무언가를 이루기 위해 태어난 사람이 그 정신적 자원의 가장 본질적인 방향으로 자신의 의사와는 상관없이 끌려가는 모습을 볼 수 있다. 그것이 무엇에 도움이 되는지 여기서는 문제되지 않는다. 그는 그렇게밖에 살 수 없다. 다른 삶을 선택했다면 사회적으로 더 인정받고 부유했다 해도 인간으로서는 숨이 막혀 질식해버렸을 것이다. 인내심도 용기도 사라졌으리라.

사는 보람감이 기쁨에서만 생기는 것은 아니다. 아이들도 늘 기쁘지는 않다. 여러 감정의 기복과 체험의 변화를 담고 있어야 삶도 충실할 수 있다. 단순히 숨만 쉬는 것이 아니라 삶의 내용이 풍요롭고 충실하다는 느낌, 그것이 사는 보람감의 중요한 일면이 아닐까. 장 자크 루소(Jean Jacques Rousseau, 프랑스의 작가, 사상가)는 《에밀》(주인공 에밀의 탄생부터 결혼까지를 통해 인간관과 사회관을 소개한, 루소의 교육관이 집약

된 저서)의 앞부분에서 "인생을 가장 오래 산 사람은 장수한 사람이 아니라 인생을 가장 많이 느낀 사람이다"라고 말한다.

이 생존 충실감을 민코브스키(Eugène Minkowski, 러시아 출생의 정신과 의사)의 《살 수 있는 시간(Le temps vécu)》[9]이라는 각도에서 말하면, 매일 살아 있는 시간의 내용이 농밀할 뿐 아니라 시간의 흐름에 대해 적당한 저항감도 있어야 한다. 술술 지나가버리는 시간은 의식에 흔적을 남기지 않기 때문이다.

이 저항감은 의식의 내용이 바뀌는 것만으로도 일어난다. 특히 뜻하지 않은 변화가 있을 때 거기서 생겨나는 놀람이 생존 충실감을 가져오는 경우가 적지 않다. 이와 관련해 애생원의 병실을 돌던 시절에 아주 사소한 일에서 강한 인상을 받은 적이 있다. 작은 섬에 모여 있는 똑같은 사람들 속에서 똑같은 일상을 보내다 보면 생존감은 희박해지기 쉽다. 그런데 어느 날 한 중년 남성 환자가 나에게 이렇게 물었다. "선생님은 오사카에서 오셨다던데, 그곳 지하철은 지금 어디까지 다녀요?", "니시타나베(西田辺)요", "그래요? 거기까지 가요?" 그 감동에 찬 목소리, 눈빛이라니! 외부 세계에 대한 사소한 정보 하나에도 그렇게 강렬한 감동을 받을 수 있는 것이다.

정말 살아 있다는 느낌을 갖기 위해서는 인생의 흐름이 순조로운 것보다는 약간의 저항감이 필요하다. 따라서 살기 위해서 노력해야 하는 시간, 사는 것이 힘든 시간이 오히려 생존 충실감을 강하게 하는 경우가 적지 않다. 단 그때, 시간은 미래를 향해 열려 있어야 한다. 바꿔 말하면 사람은 자신이 무언가를 향해 나아가고 있다고 느낄 수 있을 때만 그 노력과 고통을 목표를 이루기 위한 여정으로 받아들이고 생명의 발전을 느낄 수 있다.

그래서 사람은 생활하는 데 꼭 필요하지 않아도 노력이 필요한 일을 하고 목표를 향해 나아가려고 한다. 애생원의 한 청년은 오랫동안 심장신경증(심리적 원인으로 일어나는 질식, 흉통 등 심장의 기능적 장애)으로 고통받았는데 어느 날 원내 기상관측소에서 일을 하게 됐다. 이 관측소는 외부 사회에서도 인정할 정도로 우수한 곳으로, 청년은 그곳 일에 참가한다는 보람과 의욕으로 몰라볼 만큼 건강해졌고 신경증 증상도 완전히 사라졌다. 그런데 이후 연금제도가 실시되고 청년도 지체부자유라는 점이 인정되어 연금을 받게 되자 원내 작업을 할 수 없게 되었다. 결국 사는 보람을 느꼈던 관측 일을 그만둘 수밖에 없었던 그는 시간이 남아돌자 예상대로 이전과 같은 신경증이 다양한 형태로 나타났다.

이런 경우를 생각하면 인간이 항상 미래 목표를 가지고, 그 목표를 향해 걸어가는 삶의 구조를 스스로 만들어낸다는 사실이 이해된다. 그것은 '무상, 무목적의 기쁨'과 모순되지 않을 것이다. 왜냐하면 인간은 누구의 부탁을 받지 않아도 자기가 좋아서 여러 가지 목표를 세우는데, 사실 그 목표에 도달할지 어떨지는 진짜 문제가 아니다. 단지 그런 삶의 구조 속에서 걸어가는 일 자체가 필요한 것이다. 이는 사람이 하나의 목표에 도달했을 때, 아무 목적 없는 공허함을 두려워하는 듯 서둘러 다음 목표를 세우는 걸 보면 알 수 있다. 결국 사람은 무한 저편에 있는 목표를 좇는다고 할 수 있다.

힘들여 얻을수록 사는 보람감을 크게 느낀다는 것은 자명한 공리(公理)라고 할 수 있다. 학구열에 불타는 아르바이트 학생이 자신에게 허가된 짧은 시간 안에서 맛보는 면학의 기쁨은 경제적으로 부유한 학생은 상상도 못할 만큼 크다. 평범하고 행복한 주부인 한 중년 여성이 향학열에 불타 여러 어려움을 극복하고 대학에 다닐 수 있게 되었을 때 이런 편지를 썼다.

이것으로 마침내 소원하던 불문학을 집중해 배울 수 있게 되어 몸 저 깊숙한 곳에서부터 기쁨이 샘솟는 듯하다.

이 표현은 이 여성이 느끼는 기쁨의 근원적 성격을 잘 말해준다. 고통 속에서 사는 보람을 느끼는 마음 자세는 종교적 고행자나 헌신적 사랑을 베푸는 사람에게서도 볼 수 있다. 평생을 남동생 모리스에 대한 사랑으로 산 유제니 게랑(Eugenie de Guerin, 프랑스의 작가)[10]은 파리를 떠나 지냈던 동생이 병으로 고향에 돌아오기 직전에 일기에 이렇게 썼다.

신 다음으로 나는 당신(주-남동생을 말함) 안에 살고 있습니다. 순교자처럼 괴로워하면서. 당신을 구하기 위해 나의 고통을 바칠 수 있다면 조금도 고통스럽지 않습니다. (1839년 5월 24일)

그리고 다음은 자신의 간호가 아무 보람 없이 동생이 죽고 난 뒤의 일기다.

그의 모든 것이 나를 미소 짓게 하고, 모든 것이 만족스러워 고통까지 나를 기쁘게 했습니다. 아, 신이여, 그를 잃고 대체 내게 무엇을 사랑하라 하시는 겁니까. (1839년 11월 16일)

몸을 바치는 것이 아무것도 아니란 사실은 실로 심한 결핍을 느끼게 한다. 행복이란 독립에 있다고 생각할지 모르지만 사실은 그 반대다. (1841년 9월 8일)

누구 한 사람을 위해 희망을 갖고 두려움을 품는 것. 그것만이 인간에게 자신이 진정으로 살아 있다는 완전한 느낌을 준다. (1842년)

유제니의 사는 보람은 헌신적인 사랑에 있었다. 소포클레스(Sophokles, 아테네의 시인)가 그린 안티고네(그리스 신화에 나오는 여성으로 소포클레스가 쓴 희곡 《안티고네》의 주인공)의 숭고한 모습을 비롯해 이런 종류의 사는 보람을 가진 사람들은 동서고금을 불문하고 여성이 많다.[11]

헌신인 만큼 자신의 몸을 바쳐 자기 고유의 욕망과 자유를 희생해야 하기 때문에 아무리 개성이 약한 사람이라도 거기에는 고통이 따를 것이다. 그 고통 자체에 쾌감을 느낀다면 마조히즘이 된다. 그러나 그런 해석은 당치 않다. 여기서는 고통 자체를 갈구하는 것이 아니라 그 고통으로 자신이 힘들고 괴로우리라는 사실을 알면서도 상대를 기쁘게 하는 것이 자신의 기쁨이기 때문에 헌신하고 기꺼이 고통을 당하는 것이다. 그들이 추구하는 것은 역시 사랑의 기쁨이다. 따라서 이것 역시 일종의 자기만족이다. 그러나 현실에서는 자신을 발전시키는 일과 타인을 발전시키는 일이 양립하기 어려운 경우가 많고, 진정한 사랑은 내가 아닌 다른 생명을 발전시키는 것이기 때문에 어떤 의미에서는 자신을 희생하지 않는 사랑은 사랑이라고 할 수 없다.

그 밖에 미래의 한 때를 기다려 현재의 고통스러운 삶을 견디지 않으면 안 되는 사람도 있다. 이 경우에도 현재의 매일이 미래로 이어진다는 희망의 자세에서 의미가 생겨난다. 중병으로 매일의 고통을 견디는 것이 고작이라는 사람도 적극적인 사는 보람감을 갖는 경우가 있다. 그들은 대개 종교적이거나 철학적인 삶을 사는 사람으로, 그들에게는 힘들고 고된 삶도 무의미한 것이 아니다. 자신은 모르는 어떤 커다란 섭리에 의해 주어진 것, 이 고통을 견뎌 냄으로써 그 섭리에 참여해 어떤 의의를 실현할 수 있다는 의미감으로 고통을 견딘다.

그런데 사는 보람감과 행복감은 어떻게 다를까? 사는 보람감은 행복감의 일종으로 많은 행복감 가운데 가장 큰 자리를 차지한다고 할 수 있다. 하지만 이 둘을 나란히 놓고 보면 뉘앙스의 차이를 알 수 있다. 주된 차이는 사는 보람감에서 행복감의 경우보다 더 미래 지향적인 마음의 자세를 볼 수 있다는 것이다. 현재의 생활이 암담해도 미래에 밝은 희망이나 목표가 있으면 현재의 생활을 그것을 향한 여정으로 인식하고 생활에 보람을 느낄 수 있다. 반대로 뚜렷한 사명감을 가진 사람은 현재의 생활이 너무 행복해서 그 행복감이 자신의 사명감을 무디게 한다고 느끼면 자아의 본질적인 부분에서는 오히려 고통을 느끼기도 한다. 나이팅게일이 상류사회의 자제로 표면적으로는 화려하고 유복하게 살면서도 마음속으로는 자신의 사명을 암중모색하던 때 '병적 우울감'을 보인 정신 상태가 그 예다. 당시 그녀는 일기에 다음과 같은 글을 썼다.[12]

내가 지금 품고 있는 생각과 감정은 여섯 살 무렵부터 계속된 것이다. 어떤 한 가지 직업, 일, 필요한 행동, 나의 모든 능력을 사용해 채워지는 것, 그것이 내게 본질적으로 필요하다고 항상 느껴왔다. 늘 그것을 동경했다. 내가 기억할 수 있는 처음이자 마지막 생각은 간호에 관한 일이다. 만일 그것이 안 된다면 교육사업, 젊은 사람 교육이 아닌 나쁜 사람 교육을 하고 싶다. 모든 것을 시도해보았다. 외국여행, 친절한 친구들, 이것저것 모두 다. 아, 나는 어떻게 해야 하나. 소망하는 남자? 말도 안 돼! 그것이 어떻게 소망하는 대상이 될 수 있단 말인가! 서른한 살이 된 현재 나는 죽음 이외의 그 무엇도 소망하는 것을 생각할 수 없다.

또 하나 사는 보람감과 행복감의 다른 점은 위의 예에서도 알 수 있듯이 행복감보다는 사는 보람감이 자아의 중심에 근접해 있다는 것이다. 행복감에는 자아의 일부, 그것도 말초적인 것으로만 느끼는 면이 많다. 많은 남성들이 가정생활이 행복해도 그것만으로는 전면적인 사는 보람감을 얻지 못한다. 반면 아무리 고생스런 일이라도 내가 아니면 할 수 없는 일이라고 느끼면 그것만으로도 사는 보람감을 느끼는 경우가 많다. 일을 함으로써 그 사람 자아의 중심에 있는 몇 가지 욕구들이 충족되기 때문이다.

세 번째로 사는 보람감에는 의식적이든 무의식적이든 가치에 대한 인식이 포함되는 경우가 많다. 이것이 행복감과 다른 점이다. 이 점에 대해서는 뒤에서 자세히 검토해보기로 하자.

사는 보람감이 자아감을 내포하고 있다는 것은 이상의 예를 통해서도 알 수 있다. 살아 있는 것이 의미가 있고, 또 자신이 필요한 존재라고 느끼는 것이다. 이러한 느낌은 이미 감정 안에 직관으로 갖춰진 것이라고 생각되는데, 정신지체아라도 자신을 방해자로 취급하는지 아니면 소중한 존재로 여기는지 그 차이를 민감하게 느낄 수 있다. 유아 역시 마찬가지라는 것은 아이의 생활을 조금만 관찰해보면 쉽게 알 수 있다.

따라서 사람이 일을 선택하는 경우에도 사는 보람감을 소중히 한다면 체면이나 수입보다는 자신이 아니면 할 수 없는 일을 선택하는 것이 좋다.

인식으로서의 사는 보람감

사는 보람감은 자연스러운 형태로는 생명의 기반 자체에 밀착해 있기 때문에 고작해야 사는 기쁨, 혹은 '생존 충실감'으로밖에 인식되지 않는다. 알렉상드르 뒤마(Alexandre Dumas, 프랑스의 소설가)[13]가 말했듯이 사람의 생활이 자연스럽게 굴러갈 때는 일종의 자동성을 띠어 사는 보람감을 의식하지 못하는 경향이 있기 때문일 것이다. 그래서 '당신은 무엇을 사는 보람으로 여기십니까?'하고 물었을 때 선뜻 대답하지 못하는 사람이 많다. 한 설문지에 그런 질문 항목을 넣었더니 "이 질문에 흠칫 놀랐다"고 쓴 주부도 있었다.

청년 시절에는 사는 보람에 대해 고민하는 사람이 꽤 있지만 기성세대가 되면 그 생각이나 고민을 회피하는 것이 보통이다. 남성은 제대로 된 직업을 갖고 가족을 부양할 수 있으면 자신의 삶은 살 만한 가치가 있다고 간단히 결론 내리고, 여성은 한층 더 단순하게, 일단 평화로운 가정을 꾸려 가족 모두 건강하고 즐거우면 그 중심에 있는 자신의 존재 의식을 충분히 느낀다. 이렇듯 남성이든 여성이든 사회적 역할을 다하는 것만으로 인간의 존재 의식이 충족될까, 하나의 독립된 인격으로서의 존재 이유는 무엇일까 하는 물음은 거의 의식하지 않는 것이 일반적이다. 그것은 일종의 방어 본능일 수도 있다. 왜냐면 진지하게 그런 문제와 마주하면 자칫 지금까지 안전하게 보였던 대지에 갑자기 균열이 생기고 그 틈으로 깊은 수렁을 보게 되어 불안과 두려움에 시달릴 수 있기 때문이다.

그러나 긴 일생에서 문득 걸음을 멈추고 자신의 사는 보람은 무엇일지 생각하고 자신의 존재 의식을 고민할 때가 있다. 이때는 인식의 문제가 되기 때문에 자신에게 다음과 같은 질문을 할 수 있을 것이다.

① 내 존재는 무엇을 위해, 혹은 누구를 위해 필요할까?
② 내 고유의 살아가는 목표는 무엇일까? 목표가 있다면 그것에 충실하게 살고 있는 것일까?
③ 이상 혹은 그 이외의 다른 점으로 판단했을 때 나는 살 자격이 있을까?
④ 일반적으로 인생은 살 가치가 있을까?

이 가운데 네 번째 질문은 일반론으로, 논리적으로 말하면 이것이 해결되지 않을 경우 다른 질문도 성립하지 않는다. 그러나 실제 생활에서는 꼭 그렇지만도 않다. 네 번째 질문에 대한 답을 몰라도 다른 질문 중 어느 하나라도 확신을 갖고 긍정할 수 있으면 그것만으로도 사람은 건강하게 살 수 있다. 즉 그것으로도 삶에 의미가 부여되는 것이다.

처음 세 가지 질문 가운데 첫 번째 '내 존재는 무엇 때문에, 혹은 누구를 위해 필요할까'에 긍정적으로 대답할 수 있으면 그것만으로도 충분히 사는 보람을 인정하는 사람이 많다. 노년기 비애의 큰 부분은 여기에 충분한 확신을 갖고 대답할 수 없게 되는 데 있다. 그래서 만일 노인에게 사는 보람감을 주려고 한다면 노인이 할 수 있는 역할을 분담해주고 무엇보다 사랑의 관계에서 노인의 존재가 상대에게 없어서는 안 될 소중한 대상임을 느끼게 해주는 것이 중요하다.

사람이 사는 보람감을 가장 크게 느끼는 것은 자신이 하고 싶은 일과 의무가 일치했을 때, 바꿔 말하면 위의 첫 번째 질문과 두 번째 질문에 대한 답이 일치했을 경우다. 물론 자신이 하고 싶은 일과 의무가 꼭 일치하는 것은 아니다. 생계를 위한 직업 외에 진짜 하고 싶은 일을 하는 남성, 주부로서 해야 하는 일 외에 자신이 꼭 하고 싶은 일을 하는 여성이 그 예라 하겠다. 이 두 가지를 양립하기 어려우면 세 번째 질문에 양심의 가책을 느껴 신경증에 걸릴 수도 있고 반응성 우울증(외부요인에 의한 우울증)에 걸리거나 자살에 이르기도 한다. 이것은 정신의학 임상에서 중요한 문제이다.

위 네 가지 질문에 대한 대답에는 어떤 가치기준이 전제되어 있다. 의식적으로 검토해 그 기준을 채택하는 것은 아니지만 인간은 누구나 어떤 가치체계를 채택해 살고 있기 때문에 그것을 근거로 이 질문에 대답하게 될 것이다.

사람은 어떻게 특정한 가치체계를 선택하게 될까? 유년 시절에 주로 부모를 통한 사회적 환경에 의해 가치체계가 주어진다는 생각은 프로이트를 비롯해 많은 사람이 인정해왔고, 문화인류학자들은 문화와 인격과도 관련이 있다고 말한다. 그런데 가치체계라는 것이 그렇게 간단하고 단순한 걸까? 가정과 사회에서 제공되는 다양한 가치체계는 단일하지 않을뿐더러 통일된 것도 아니다. 또 사람이 성장하는 과정에서 질병이나 죽음, 예측할 수 없는 운명이 기다리기도 하고, 다른 생활권에서 살던 사람과 만나면서 완전히 다른 가치체계가 형성되기도 한다. 재산을 쌓는 것이 최고의 가치라고 배운 지방 장사꾼의 아들이 도시로 진학해 공부하면서 스승과 친구로부터 정신적 영향을 받아 부모의 뜻을 거역하고 사상운동에 뛰어드는 예는 드물지 않다. 인간은 백지상태에서 주변환경이 제공하는 것들을 받아들이기만 하는 것이 아니라 미약하게나마 주체적으로 주변 환경이 제공하는 것들 가운데 자신에게 알맞은 것을 선택하는 것이다. 아무리 뛰어난 세계관과 사상도, 받아들이는 사람의 마음속에서 필연성을 갖고 마음의 구조를 만들어내는 결정적 인자가 되어 사물을 보는 관점, 아니 인식하는 방식을 바꾸지 않으면 그것은 내 것이 아닌, 형식적인 가치체계에 불과하다. 자기 것이 되지 않는 한 그 가치체계에 따라서 살려고 해도 사는 보람감은 생기지 않을 것이다.

그런데 사는 보람이 특히 인식의 문제가 되는 때는 언제일까? 청년기는 일반적으로 가장 격렬하고 진지하게 인생의 의미를 묻는 시기다. 젊은이를 상대로 하는 사람이라면 누구나 그런 경험이 있을 텐데, 그들은 대체 왜 공부를 해야 하는지, 왜 살아야 하는지, 왜 목표를 세워야 하는지 불안과 의혹에 찬 눈빛으로 따지듯 질문한다. 이런 질문에 어떤 태도로 어떻게 대답할 수 있느냐가 부모나 교사의 역량을 알 수 있는 하나의 기준이 될 것이다.

그런데 그 청년들도 어른이 되면 존재의 의미를 묻는 마음가짐은 사라지고 삶의 흐름 속에서 덧없이 흘러가는 것처럼 보이는 경우가 많다. 그 흐름이 가빠지지 않는 한 장년기는 정신없이 보내게 되고, 더 나이가 들어 지금까지의 사는 보람을 잃고 목표를 바꾸지 않으면 안 될 때 다시 이 문제가 절실한 무게로 마음에 다가오게 된다. 여성의 갱년기 증상은 내분비계의 균형이 깨지면서 일어나는데, 많은 부분은 사는 보람을 상실했다는 위기의식 때문이기도 하다. 앞으로 자신은 어떤 사는 기쁨을 맛볼 수 있을까, 어떤 가치가 있을까 하고 묻는 그녀들의 암담한 눈빛에는 청년들과는 다른 절실함이 깃들어 있다. 이는 여성뿐 아니라 노인의 가장 큰 문제이기도 하다. 이 문제가 충실한 사회보장제도만으로 해결될 수 없다는 것은 북유럽 노인들의 높은 자살률이 잘 말해준다.

다음으로, 과거와 사는 보람감의 관계에 대해서 생각해보자. 계속되는 힘들고 고달픈 생활로 오랜 시간 '자신을 잊고' 고투해 온 사람이 겨우 고생에서 벗어나 한숨 돌리며 문득 '자신으로 돌아가' 과거를 떠올리면서 당시에는 무의미하게 생각됐던 날들도 어느 정도 의미가 있었음을 발견하고는 "산 보람이 있구나" 하고 중얼거리곤 한다. 과거의 많은 일들 가운데 특히 의미가 있는 순간이 어두운 망각의 수렁에서 별처럼 반짝이며 떠오르는 것 같다. 이때 사람은 자신의 역사에 대해 하나의 선택을 하는 것이다. 과거에 의미를 부여하는 것은 현재의 자신이고, 현재 자신이 선택한 가치체계인 것이다.

만일 과거의 생활이 아무 의미 없는 것, 실패한 것이라고 느끼면 그 무의미함은 커다란 타격을 주어 현재의 삶도 무의미한 것으로 만든다. 그런 통렬한 한탄은 폴 베를렌(Paul Verlaine, 프랑스의 시인)이 감옥 창 너머로 평화로운 하늘과 거리의 지붕을 보며 노래한 시에 절절하게 배어 있다.

무얼 했나?
여기서
이렇게 울고만 있는 너는
말해 봐, 여기 이렇게 있는 너는
네 젊음을 가지고 무얼 했나

그러나 과거의 무의미함이 발판이 되어 앞으로의 삶을 의미 있게 만들려는 강한 의욕을 갖게 해, 때로는 그것이 주위를 놀라게 하는 갑작스러운 생활의 변화를 가져오기도 한다. 17세기 프랑스의 비극작가 장 라신(Jean Racine)이 한창 인기를 얻고 있던 서른일곱이라는 젊은 나이에 갑자기 극작 활동을 접고 평범한 생활로 은퇴한 것이 좋은 예다. 그런 행동에 대한 해석은 다양하지만,[14] 그에게 가치의 전환이 이루어졌다는 것만은 분명하다. 라신이 채택한 새로운 가치 기준에서 판단하면 과거의 화려한 문학적 업적도 전부 그가 말하는

'15년간의 방황과 비참함'의 일부인 것이다.

사명감

만일 사는 보람감이 위와 같은 것이라면 어떤 사람이 가장 많이 사는 보람감을 느낄까? 자신의 존재 목표를 명확히 자각하고 자신이 살 필요를 확신해 그 목표를 향해 전력을 다해 나가는 사람, 바꿔 말하면 사명감으로 사는 사람이 아닐까?

이런 사명감을 가진 사람은 세상 여기저기, 사람들의 눈길이 닿지 않는 곳에 많이 있다. 직위나 지위로 부상하는 사람보다 그런 무명의 사람들의 존재야말로 세상의 많은 일과 활동에 생기를 불어넣고, 사람을 받쳐주는 힘이 된다. 초·중학교 선생님, 벽지의 간호사, 특수교육에 헌신하는 사람들이 그렇다. 그러나 파고들면 인간이라는 존재는 크든 작든 막연한 사명감으로 살아간다. 그것은 자신이 살아 있다는 것에 대한 책임감이고 인생에서 자신이 완수해야 할 역할이 있다는 자각이다. 그래서 특수한 현상이 아닌 인간 존재의 기본적인 요소로서 이 사명감을 조금 더 자세히 알아보려고 한다.

사람은 어떤 식으로 어떤 일을 자신의 사명으로 느끼게 될까? 성격이나 살아온 시간에서 생겨난 필연성으로 자연스럽게 시선이 어떤 방향으로 빨려드는 경우도 있고, 의식적으로 곰곰이 생각해 선택하는 경우도 있을 것이다. 외부에서 작용하는 '우연'과의 만남도 생각할 수 있는데, 불교에서 말하는 '연(緣)'이라는 단어를 사용해도 좋을 것이다.

누구나 하는 일, 이를테면 간호사나 교사 같은 일에 처음부터 특별한 사명감을 느끼며 열의를 갖고 시작하는 사람도 있고, 별 생각 없이 일하다가 차츰 단순한 의무 이상의 무엇을 느끼게 되어 그 일을 특별하고 독특한 것으로 발전시키는 사람도 있다. 또 남들이 하지 않는 일, 생각지 못한 일에 뛰어드는 사람도 있다. 독특한 일에 눈을 돌리는 사람은 많은 경우 자신 안에 남과는 다른 독특한 점을 갖고 있고, 그만큼 독창적이고 용기 있는 사람이라고 할 수 있다. 어쩌면 평범한 것으로는 만족하지 못하는 공명심이 섞여 있을 수도 있다. 에너지가 넘치고 투지가 있는 사람은 그런 자기 역량에 어울리는 어려운 일에 끌릴 것이다. 나이팅게일, 잔 다르크, 슈바이처, 미야자와 겐지(宮澤賢治, 일본의 작가) 등은 평생 사명감으로 살았던 사람들이다. 이들의 사명감은 개인 생활사나 사회적 배경에서 볼 때 필연성을 발견하기 힘들기 때문에, 적어도 동시대 주변 사람들의 눈에는 유별나게 보였을 것이다. 이런 특출한 예를 검토해봄으로써 평범한 사명감의 구조도 밝힐 수 있을 거라 생각한다. 슈바이처와 존 밀턴(John Milton, 영국의 시인)의 경우에 대해서 알아보기로 하자.

슈바이처

사명감은 많은 경우 처음에는 막연하다가 구체적인 형태를 띠기까지 시간을 필요로 하는 것이 보통이다. 나이팅게일은 여섯 살 때부터 자기가 나갈 길에 대해 고민했는데 그녀가 자신의 길을 발견한 것은 스물다섯 살 때이고, 실제로 길이 열린 것은 서른네 살 때였다. 슈바이처의 경우도 마찬가지인데, 그가 처음으로 사명감에 눈을 뜬 것은 고향 카이저스베르크에 머물던 스물한 살 때로, 어릴 적부터 대학 시절까지 자신의 환경은 행복하고 유복한데 주위에는 힘들게 사는 사람들이 많은 것을 보고 이상하게 생각했다. 다음은 그가 스물한 살 때 한 말[15]이다.

> 어느 청명한 여름날 아침 …… 눈을 떴을 때 문득 이 행복을 당연한 것으로 받아들여서는 안 된다, 이에 대해 무언가 베풀어야 한다는 생각이 들었다. 내가 이런 생각을 하는 동안에도 바깥에서는 새들이 지저귀고 있었는데, 나는 자리에서 일어나기 전에 조용히 생각한 끝에 자신에게 약속을 했다. 서른 살까지는 학문과 예술을 위해 살고, 그 이후부터는 인류에 직접 봉사하자. …… 이제야 나는 문제의 답을 발견할 수 있게 되었다. 이로써 나는 외적 봉사에 내적 행복까지 얻게 된 셈이다. 계획은 세워놓았지만 실제로 어떤 종류의 활동을 하게 될지 그 당시에는 확실하지 않았다.

이 일기를 보면 사명감은 슈바이처 내면의 행복을 위해 꼭 필요한 본질적 요소였음을 알 수 있다. 그는 학문과 음악 분야에서 사회적인 성공과 명성을 얻었지만 스물여덟 살 때부터 인류를 위해 구체적으로 무엇을 해야 할지 모색하기 시작한다. 부모 없는 고아나 버려진 아이들을 돌보고, 형기를 마치고 석방된 사람을 보호하는 사업 등 여러 시도를 해보지만, 결국 그가 하고 싶었던 일은 이런 '단체와 협력해야만 할 수 있는 일'이 아닌 '절대적으로 개인적이고 독립적인 활동'을 '개인으로서 자유로운 입장으로' 하는 것이었다. 이런 모색 중에 우연히 콩고에 의료봉사자가 필요하다는 기사를 보게 된 것이다.

"주의 부르심에 서슴지 않고 '주여, 내가 가겠나이다'라고 대답하는 사람들, 그들이 바로 교회가 필요로 하는 사람들입니다"가 (콩고 전도에 관한 설명서의) 맺는말이었다. 이 글을 읽었을 때 나는 조용히 나의 일을 시작했다. 나의 모색은 끝난 것이다.

지금은 세계인의 존경을 받는 슈바이처지만 당시 이 방향 전환은 그의 정신 상태를 의심하기에 충분할 만큼 충격적이었다. 무엇보다 주변 사람들이 안타까워했던 점은 그가 학문적, 음악적 재능을 헛되이 하지 않을까 하는 것이었다. 아프리카에서 의료봉사를 하는 것과 학문이나 예술에 공헌하는 것, 어느 쪽이 고귀한 일인가 하는 문제는 그 자체로는 답이 없다. 다만 슈바이처의 가치기준에서는 사명이라고 느끼는 일을 수행하는 것이 다른 모든 것에 우선해야 했던 것이다. 왜 특별히 그 일이어야 했는지에 대해서는 슈바이처의 기질이나 인생관 등 여러 맥락에서 설명해볼 수 있을 것이다. 슈바이처가 흑인에 대한 백인의 도덕적인 책임을 언급하긴 하지만 설명이란 늘 사실 뒤에 덧붙여지는 것이므로, 슈바이처는 그 순간 이 기사가 마음으로 뛰어드는 것을 느끼고 온몸으로 받아들였던 것이라고 보는 게 타당할 것이다. 그것은 이전에 한 '자신과의 약속'을 지키는 것이었다. 만일 그 약속을 지키지 않았다면 세상에 이름을 떨친다고 해도 자기와 마주할 낯이 없어 삶의 의미를 상실했을 것이다.

사회적으로 성공한 사람도 자신과 마주할 낯이 없으면 차츰 자신과 마주하기를 기피한다. 마음의 일기도 쓸 수 없게 된다. 혼자 조용히 있는 시간도 견딜 수 없게 된다. 마음 깊은 곳에서 신음소리가 나도 그 소리에 귀를 기울이기 괴로워 못 들은 척 더욱 바쁘게 생활한다. 사르트르(Jean Paul Sartre, 프랑스의 사상가, 작가)[16]는 이것을 자기기만(mauvaise foi)으로 분석했는데, 자기를 속이는 것이야말로 사는 보람감을 손상시키는 가장 큰 적이다. 그런 사람의 표정은 축 쳐져 있어서 언뜻 봐도 쉽게 알 수 있다. 이것이 신경증을 일으키는 원인이 된다고 생각한다. 술주정이 심한 것도 이런 자기기만에서 생기기 쉽다.

만일 슈바이처가 아프리카에 가기 위해 시작한 의학 수업을 끝내지 못하고 중간에 병으로 쓰러졌다면 모든 것은 무의미하게 끝났을까? 그렇게 보일지도 모르지만, 그의 존재 방식에서 보면 본질은 전혀 달라지지 않을 것이다. 사명감으로 사는 사람들에게는 자기에게 충실한 방향으로 나가느냐가 문제이다. 그 목표만 옳다고 믿는 방향에 놓여 있으면 사명을 다하지 못하고 도중에 죽는다고 해도 만족할 것이다. 반대로 사명을 배반한 사람은 편안히 죽는 것조차 인정되지 않는다.

그런데 콩고 의료봉사 모집 글 중에 '주의 부르심'이라는 말이 있었다. 슈바이처는 독실한 기독교 신자였기 때문에 이것을 신의 부르심으로 인식했다. 사명감을 갖는 사람에게는 반드시 어떤 일을 부여받는다는 의식이 있다. 당연히 거기에는 부여하는 자가 전제되는데, 슈바이처는 이전부터 자신과 했던 약속이 있었고, 그 약속에 구체적인 내용을 부과하는 자가 바로 신이라고 느꼈던 것이다.[17] 이 임무를 '부여받는다는 의식'에 대해서는 밀턴의 경우를 살펴보자.

밀턴

젊은 시절 품었던 시에 대한 사명감이 멀고 긴 변천을 거쳐 실현된 예로 밀턴의 궤적을 더듬어 본다. 밀턴은 행복한 환경에서 성장해 대학 졸업 후 6년간 조용한 호튼(Horton)에서 전원생활을 하며 독서와 사색에 잠겨 주옥같은 시들을 써《리시다스》,《일펜세로소》,《랄레그로》같은 시집을 냈는데, 이 시절의 초기에 쓴 소네트(14행시)[18]에 이미 명확한 그의 사명 의식이 나타나 있다.

스물세 살에 이르러

교활한 나의 청춘의 도둑, 시간은 날개에 실어
내 스물세 해를 훔쳐 달아났구나.
나의 분주한 날들이 쏜살같이 날아가건만
나의 늦봄에는 봉오리도 꽃도 보이지 않네.
나의 얼굴은 분명 장년에 가까운 듯 보이건만
진실을 속이고 있는 걸까.
나이에 비해 더 많이 갖춘 이의
내면의 원숙함이 내게는 없구나.
허나 많고 적거나 이르고 늦는 차이는 있겠지만
시간과 하늘의 뜻이 이끄는 대로 가면
똑같이 주어지는 운명—그것이 미천하든 고귀하든
엄격한 척도에 놓여 있음은 마찬가지일 터니

이를 은총으로 사용하면 소명을 부여하는 뛰어난 자가
보시기에는 같은 것이리라.

위 시에서 '뛰어난 자'는 원문에 'taskmaster'라고 되어 있는데, 직역하면 '과제를 부여하는 자'라는 의미다. 즉 밀턴은 아직 확실하지 않지만 '하늘' 또는 '위대한 존재'로부터 어떤 사명을 부여받는다고 느끼는 것이다. 이 '부여받는다는 의식'에서 '부여하는 자'가 누구인지에 대해서는 여러 답이 있다. 자기 자신이나 현실의 타인, 혹은 집단인 경우도 있고, 개중에는 고인의 유지를 느끼는 사람도 있다. 더욱 근원적으로는 인생 자체, 또는 신이나 하느님, 혹은 막연히 초월적이고 절대적인 힘이나 의지에 의해 사명이 부여된다고 의식하는 경우도 적지 않다. 그 의미가 추상적인 이상이나 사상이라고 해도 인간의 의식은 이것을 구체적으로 인간화하여 체험하는 경향이 있다. 가장 대표적인 형태가 정신병리학에서 말하는 '작위체험'(자기의 생각이나 행위가 모두 남에 의하여 이루어지게 된 것이라고 느끼는 체험)으로, '실체성 의식'일 것이다.

그런데 밀턴은 이렇게 뚜렷한 사명감에 어떤 내용을 부여했을까? 처음에는 성직자가 될 생각도 한 듯한데, 호튼에서 머물던 시절의 후반부에 쓴 것으로 추정되는 아버지에게 보낸 라틴어 편지에서는 시에 헌신하겠다는 뜻을 당당히 밝히고 있다. 편지에서 그는 시인이라는 천직의 고귀한 의의를 아리스토텔레스까지 거슬러 올라가 설명하면서 이 일에 종사하기 위해서는 어떤 비난을 받아도 상관없다며 가상의 적을 향해 다음과 같은 과격한 말을 던진다.[19]

사위스러운 자들아, 그대들은 나를 망가뜨릴 힘이 없다. 나는 그대들의 관할 아래 있지 않다. 아무 걱정 없이 나는 그대들의 사악한 타격을 훌쩍 뛰어넘는 곳을 걸으리라.

이렇게 큰소리를 치고는 있지만 실제로는 아직 외부에서 어떤 박해를 받은 적도 없기 때문에 전기 작가 핸포드(J.H. Hanford)[19]의 지적처럼 이런 말들은 오히려 그 자신의 마음속에 있었던 의심과 갈등을 반영하는 것이라고 생각된다. 그 무렵 이미 위에서 인용한 시를 완성했기 때문에 자기의 시적 재능을 충분히 자각하고 자신감을 갖고 있었을 것이다.

그런데 신기한 것은 그 후 밀턴이 이 사명감을 충실히 실행했다고는 볼 수 없다는 점이다. 6년간의 호튼 생활을 마치고 외유에 나선 그는 여행지에서 자국의 정치적 분쟁 소식을 듣는다. 그는 애국심에 불타 즉시 고향으로 돌아와 크롬웰(Oliver Cromwell, 영국의 정치가, 군인)의 정치혁명에 동참해 정치 활동에 몰두한다.

정부의 '라틴어 비서관'으로서 11년간 썼던 산문 가운데는 《아레오파지티카(Areopagitica)》 같은 언론의 자유를 옹호하는 고전적 명문도 있는가 하면, 한편으로는 자기의 경솔한 결혼의 책임으로부터 벗어나기 위해 썼다는 비판이 무리가 아닐 만큼 과격한 이혼의 자유 변호론도 있다. 특히 혁명파가 찰스 1세를 처형한 것에 대한 왕당파의 공격에 밀턴이 크롬웰 정부를 위해 쓴 문장은 그 독살스런 증오와 공격성에 놀랄 정도다. 마치 파스칼의 《시골 친구에게 부치는 편지(Les Provinciales)》와 같은 어투다. 밀턴 정도의 학식과 시적 재능이 왜 이런 목적에 사용되어야 했을까?

당시 밀턴으로서는 시대의 요청에 응하는 것이 제일이라고 생각했을 것이다. 자유와 진리에 대한 이상을 정치를 통해 현실세계에 구현할 수 있다고 믿고, 그것을 위해 노력하는 데서 사는 보람을 느꼈을 것이다. 그렇지만 그의 현실과의 대결은 결국 참담하게 끝난다. 가정은 삐걱대고, 건강까지 잃어 실명의 위기에 처하고, 공적인 영역과 사적인 영역 모두에서 정적에게 약점이 노출되고, 크롬웰의 사망과 왕정복고로 환멸과 실의의 시기가 찾아온다.

밀턴은 절망에 빠지는데 이때 그를 일으켜 세운 것이 옛날에 느낀 사명감이었다. 당시의 글에서 그는 이렇게 말한다. "내 가슴속에 있는 하늘의 경고자의 빛은 내가 약하면 약할수록 선명히 빛나 나의 눈이 멀수록 나의 시력은 또렷해지리라." 핸포드의 말대로 '신의 예언자로서의 특별한 사명감이 돌아와 그를 각성시키고 절망의 예감을 버리게 하여 커다란 고뇌를 최종적인 헌신으로 전화'시킨 것이다.

그러나 시에 대한 사명이 있다고는 해도 실명한 눈으로 어떻게 그것을 완수할 수 있을까. 그 고뇌에 찬 물음이 저 유명한 실명에 대한 소네트다. 소네트의 마지막 행 '그저 서서 기다리고 있는 자들 또한 신을 섬기는 자들이다'는 절대 소극적인 자세가 아니다. 기다린다는 것은 미래로 향하는 자세다. 나가야 할 방향으로 향하면 된다. 밀턴의 대작들은 그가 시력을 잃었음에도 불구하고—아니, 오히려 시력을 잃었기 때문에—차례로 태어난다. 고독하고 고통스러운 현실 속에서 태어난 작품에서는 넘쳐나는 큰 강물과 같은 분위기를 느낄 수 있다.

완전히 시력을 잃은 밀턴이 은퇴해 《실낙원》(구약성서의 아담과 이브 이야기를 인용, 인간의 원죄를 주제로 한 장편 서사시)을 쓰게 된 것은 사명의식에 대한 소네트를 쓴 뒤로 30년, 영국에 돌아온 지 20년 후인 쉰두 살 때였다. 이 오랜 세월 동안 시에 대한 그의 사명감은 지하수처럼, 가끔 소일거리로 쓴 것처럼 보였던 영어나 라틴어의 시에서 부분만을 드러내며 잠재해 있다가 모든 것이 꽉 막힌 상황에 이르러서야 비로소 힘차게 지상으로 뿜어져나온 것이다. 실명과 정치 변화, 내외 모든 면에서 그의 활동이 억압당하고 좁혀진 것은 그의 사명을 달성하기 위해서는 오히려 잘된 일이었다. 원래 활동적인 사람이 어떤 이유로 행동의 자유를 억압당하면 외부에서 산란되어야 할 에너지가 전부 내면으로 쏟아져서 흔히 말하는 '객관적 사고'에 소비되어야 할 정신의 힘까지 '주관적 사고'로 집중되어 깊고 풍요로운 정신적 형상의 세계를 만들어내기도 하는데, 밀턴이 그 좋은 예다. 현실의 수렁에서 괴로워했던 시간도 만년의 모든 대작 속에 잘 살려냈다. 도중에 목표에 대한 혼란이 일어난 것처럼 보이지만 결국 밀턴의 삶도 사명감으로 일관된 것이라고 할 수 있다.

이상의 예에서도 볼 수 있듯이 사명감의 가장 두드러지는 기능은 인간의 삶에 강력하고 종합적으로 작용을 한다는 것이다. 밀턴과 슈바이처 같은 강렬한 개성을 가진 사람의 사명감은 집단에 속해서 하는 공동의 일보다 혼자서 하는 일로 향할 때가 많다. 그 사명감은 자신에게만 주어진 임무를 자각하는 것으로, 그 사람을 하나의 동떨어진 세계에 둔다. 그 깊은 고독감은 생텍쥐페리(Antoine de Saint Exupery, 프랑스의 작가)가 쓴 《야간비행》의 주인공 리비에르의 모습에 잘 나타나 있다.

하지만 사명감이 주는 것들이 꼭 인간사회에 건설적인 것만은 아니다. 앞에서도 말했듯이 사는 보람감에는 자존심의 고취에서 오는 자만함이 숨어들기 쉽다. 또 어떤 사명감이 정신의학에서 말하는 '과가관념'(prevalent idea, 어떤 욕망에 사로잡혀 비이성적이고 외곬으로 치우친 비현실적인 생각)이 되어 시야를 좁히고 성찰하는 능력을 무디게 하기 때문에, 사명감의 내용에 따라서는 반사회적인 것, 병적인 것도 만들어낼 수 있다. 사회심리학자 해들리 캔트릴(Hadley Cantril)은 히틀러와 파더 디바인(Father Divine, 신흥종파의 흑인 지도자) 등의 교주 기질이 있는 인물을 사회학적 문맥에서 읽어 흥미롭게 분석했는데,[20] 이 인물들의 사명감 자체를 조금 더 자세히 파고들어 분석했다면 인간성에 대해 더 많은 것들을 알 수 있었을 것이다. 정신병자의 망상에도 자주 기묘한 사명감이 보인다. 이 역시 인간에게 본질적으로 내재되어 있는 마음의 작용을 극단적으로 순수한 형태로 나타내는 것이라고 볼 수 있으므로 더 깊이 연구할 필요가 있다. 병으로 사는 보람감을 잃은 뒤 자신의 존재 이유를 확신하고 싶은 마음이 색다른 사명감의 형태로 나타나는 경우가 많은 것 같다.

3 사는 보람을 추구하는 마음

사람이 사는 보람을 추구하는 이유는 무엇일까? 어떤 내면적인 힘이 사는 보람에 대한 탐구로 사람을 이끄는 걸까? 이번 장에서는 사는 보람에 대한 욕구론이라 해야 할 인간의 마음에 대해서 살펴보려고 한다.

인간의 욕구론만큼 학자들 사이에서 의견이 분분한 주제도 없을 것이다. 생물학적 욕구에 대해서는 쉽게 의견 일치를 얻는 반면에 사회적, 심리적인 면에서는 수많은 욕구들이 열거되어 인간은 그 많은 욕구들을 모아놓은 욕구의 다발 같은 존재가 되어버린다. 헨리 머레이(Henry Murray, 미국의 심리학자)[1]는 지배, 복종, 자유를 비롯해 20여 가지에 이르는 욕구 조사서를 만들었다. 그중에는 피해, 비난, 불명예를 회피하려는 욕구도 들어 있는데, 그런 소극적인 욕구는 자기방어를 위한 것이니 적극적으로 사는 보람을 찾는 마음의 자세와는 거리가 멀어 보인다. 물론 피해를 입거나 비난을 받는다면 사는 보람을 찾기 어려울 것이다. 사는 보람을 추구하는 마음은 그런 피해와 비난이 없는 상태를 전제로 하거나 피해와 비난이 있다고 해도 그것을 충분히 보상할 수 있는 대상을 찾는 마음이다. 따라서 여기서는 사는 보람을 추구하는 마음을 적극적인 인간의 심리로 생각하기로 하자.

그런데 정신적인 요소로부터 완전히 분리된 생물학적 욕구의 만족이 사는 보람감을 만들어내는 경우가 있을까? 태평양 전쟁 당시 동남아시아에서 패전 소식을 접하고 밀림으로 도망가 풀과 나무 열매, 물고기를 먹으며 연명했다는 두 명의 일본 병사가 쓴 수기를 읽어 봐도 긴 시간 그들이 생존할 수 있도록 지탱해준 것은 단순히 생물학적인 '삶의 의지'뿐 아니라 두 사람의 공동 의식과 과거의 기억, 미래에 대한 희망이었음을 알 수 있다. 항상 소중히 간직했던 부적과 마음에 품고 있던 신념도 식량과 몸의 안전 못지않게 중요한 요소였다. 살기 위해 필요한 의욕―이것도 일종의 사는 보람감이라고 할 수 있는데―을 만들어낸다는 점에서는 무형의 정신적 요소가 더욱 컸을지도 모른다. 결국 식욕의 만족은 그 자체만으로는 생리적인 욕구로 신체와 정신에 낮은 차원의 안정을 가져다줄 뿐이다. 그 소산인 활력(에너지)은 그 자체만으로는 생존의 목표가 될 수 없고 무엇을 위한 활력인가 하는 것이 절실한 문제가 된다. 몰리에르(Molière, 프랑스의 극작가)의 《서민귀족》(귀족 흉내를 내는 부르주아의 위선적 모습을 희화적으로 그린 작품)에 나오는 주르댕의 말처럼 사람은 먹기 위해 사는 것이 아니라 살기 위해 먹기 때문이다. 맛있는 음식을 먹으면 사는 보람감을 느낀다는 식도락가도 있지만, 이 경우에는 이미 장 폴랑(Jean Paulhan, 프랑스의 비평가)[2]의 표현처럼 욕구의 '정신화'가 이루어진 것이다. 즉 이런 사람들에게 식욕은 심미적, 사회적인 다양한 욕구와 감정, 관념과 연결되어 정신 영역에서 커다란 부분을 차지하게 되었다고 생각할 수 있다. 인격적인 사랑과 분리된 단순한 성욕의 만족도 마찬가지다.

이렇게 생각하면 사는 보람에 대한 욕구는 오히려 생물학적 욕구의 영역이 끝나는 데서 시작되는 것 같다. 이것은 정신적 존재로서의 인간의 욕구일 것이다. 설리번(Harry Stack Sullivan, 미국의 정신분석자)[3]에 의하면 인간의 기본적 욕구는 생물학적 만족과 사회적 안정이라고 한다. 그러나 만일 사는 보람감에 대한 욕구가 단순히 사회적 적응과 안정을 지향하는 것이라면 한 집단의 틀 안에서 그곳의 사회적 관습과 도덕에 맞는 생활양식으로 살아가고 대인관계도 원만하면 그것만으로도 사는 보람감이 생겨야 할 것이다. 그러나 그렇지 않다. 사는 보람을 추구해 일부러 사회적인 안정을 깨버리는 사람도 있다. 이를테면 주변의 반대를 무릅쓰고 청운의 뜻에 따라 사는 청년, 사회적 지위를 내던지고 가난한 전도사의 삶을 시작한 신앙인, 사랑하는 처자식을 두고 먼 타지로 생명을 건 모험을 떠나는 사람 등…….

이렇게 보면 사는 보람에 대한 욕구는 단순히 사회적 존재로서의 인간의 욕구가 아니라 개성적인 자아의 욕구일 것이다. 이것이 고든 올포트(Gordon Allport, 미국의 사회심리학자)가 말하는 '고유 자아(Proprium)의 욕구'[4]이다. 이 영역에서도 생물학적 욕구와 사회적 욕구가 복잡하게 뒤얽히는데, 인간은 자아의 본질적인 욕구와 양립할 수 있는 방법으로 그 욕구들을 충족시키려고 한다.

인간으로서 한층 풍요롭고 활기차게 살려는 이런 욕구를 매슬로(Abraham H. Maslow, 미국의 심리학자)[5]는 '성장동기'라 부르며 '결핍동기'와 구별했다. 결핍동기는 욕구불만에서 오는 긴장을 해소하려는 욕구가 작용하는데, 성장동기에서는 오히려 더 심한 어려움과 노력, 즉 한층 더한 긴장을 추구하는 욕구를 볼 수 있다고 한다.

말꼬리를 잡는 것 같지만, 매슬로가 말하는 성장동기에는 과연 욕구불만이 없다고 할 수 있을까? 아니, 커다란 욕구불만이 있다고 보아야 한다. 바로 '실존적 욕구불만'(프랑클)[6]이다.

심리학자 가운데 '사는 보람에 대한 욕구'에 대해서 가장 집중적으로 생각한 사람은 미국의 캔트릴[7]일 것이다. 캔트릴의 생각에 의하면 인간은 여러 가지 경험을 할 때 직관적으로 가치판단을 하게끔 되어 있다. 그는 그것을 경험의 '가치속성'(value attribute)이라고 말한다. 그에 따르면 인간의 가장 보편적이고 본질적인 욕구는 '경험의 가치속성의 증대'를 추구하는 경향이다. 이 욕구가 만족될 때는 경험의 '고양'으로 느껴질 것인데, 그 느낌의 판단은 본인에 의해서만 이루어진다.

당신의 행위가 다른 누구에게 아무리 '성공'으로 보여도 만일 당신 자신이 경험의 '고양'을 느끼지 않는다면 그것은 당신에게 있어 성공이 아닐 것이다. 그렇기 때문에 때로 우리에게 성공한 것처럼 보이는 사람이 자살을 하고 세상이 '위대'하다고 생각하는 예술가, 작곡가, 정치가가 인생은 덧없다고 해 우리를 놀라게 한다.

캔트릴의 이 글에서 우리가 말하고 있는 '사는 보람'의 문제를 볼 수 있다. 캔트릴의 '경험의 고양'이 곧 우리의 '사는 보람감'인 것이다.

《아웃사이더》라는 책으로 유명해진 영국의 작가 콜린 윌슨(Colin Wilson)은 《종교와 반항자》[8]라는 속편에서 인간의 가장 큰 소망은 '생명의 한층 커다란 강렬함(greater intensity of life)'이라고 했는데, 이것도 캔트릴의 지적과 유사하다. 결국 어디에 살든 사는 보람을 추구하는 마음은 다르지 않다.

그러나 이 욕구는 결코 단순하지 않다. 조금만 생각해봐도 그 안에는 생존 충실감을 추구하는 마음과 변화와 발전을 추구하는 마음, 미래성, 반향, 자유, 자기실현, 의미와 가치를 추구하는 마음 등이 포함된다고 볼 수 있다. 다음으로 이것들을 하나하나 고찰해보고자 한다. 물론 이들 외에도 많은 욕구가 있고, 또 욕구 하나하나의 강도와 조합에도 개인차가 크다는 점을 염두에 두자.

생존 충실감에 대한 욕구

사는 보람감의 가장 기본적인 요소 가운데 하나를 이미 생존 충실감이라 이름 붙이고 살펴보았으므로 여기서는 부족한 부분을 보충하는 정도로 정리하기로 하자. '충실'이라고 해도 그 내용이 두려움, 불안, 원망 같이 삶의 흐름을 정체시키는 것이어서는 사는 보람감이 생겨나지 않는다. 인간은 모두 생명을 전진시키는 것, 즉 기쁨, 용기, 희망으로 자신의 체험감이 충족된다는 느낌을 갈구한다. 욕구의 정도는 개인마다 다른데, 삶에 대해 탐욕적인 사람이 있는가 하면 얌전하고 낙관적인 사람도 있다. 모리타 마사타케(森田正馬, 일본의 정신과의사)가 말하는 '삶의 욕망'[9]도 핵심은 생존 충실감에 대한 욕구라고 생각된다. 그의 말처럼 이 욕구가 강할수록 그것을 항상 만족시키기가 어려워지고, 그 욕구불만이 제대로 처리되지 않으면 신경증도 생길 수 있다. 그러나 끊임없이 굶주린 듯 '생존 충실감'을 갈구할 수밖에 없는 사람은 정신적으로 고통받는 대신 생존 충실감을 추구하는 방식에 따라서는 인간 존재의 깊이를 찾으며 더욱 풍요로운 보람감을 체득할 수도 있다.

생명의 흐름을 돕는 것이라면 감정적인 면에서는 뭐니 뭐니 해도 앞서 말한 기쁨이 가장 클 것이다. 그 기쁨이 항상 눈에 띄는 형태를 취하지는 않는다. 평범한 일상에서 느끼는 조용한, 그러나 신선한 기쁨도 있다. 기쁨의 원천에는 여러 가지가 있을 수 있지만 그중에서도 일이나 노동이 큰 비중을 차지한다. 이에 대해서는 이미 많은 사람이 거듭 다뤘기 때문에 굳이 자세히 말할 필요는 없을 것이다. 건강한 사람이 아침에 일어나 그날 뭘 해야 할지 알 수 없는 상황에 있다면 그것만으로도 그 사람은 생존의 공허함에 압도된다. 사회생활에서의 실업은 물론이고 정신생활에서의 실업 역시 이런 점에서 한층 더 불행하다.

활동성이 뛰어난 사람은 직업 이외에도 여러 가지 일을 만들어 내 타인과 관계를 맺고 매일 분주히 지내면서 생존의 충실함을 느낀다. 그것은 스포츠와 비슷한 건강한 에너지 발산이다. 그런 사람은 끊임없이 분주히 움직이는 것이 평소의 '존재감'이기 때문에 조금이라도 활동을 멈추면 삶이 공허하다고 느낀다. 그래서 한순간의 틈도 없이 활동으로 자신을 내몬다.

이에 반해 감수성이 예민한 사람은 조용한 삶의 사소한 일상에서 생존 충실감을 찾고, 감도 높은 수신기처럼 보통 사람들이 놓치기 쉬운 부분에서도 생존 충실감을 잡아낸다. 다음은 학교에서 생물을 가르치는 교사가 자신의 생각을 적은 글의 일부다.[10]

중학교 교문 앞에 6월 내내 하얗고 향기 짙은 커다란 꽃을 피웠던 태산목(목련과 비슷하나 꽃과 잎이 크다)도 7월에 들어서자 꽃이 지려고 한다. 7월 초 땅거미가 질 때 시커멓게 서 있는 태산목 아래 인도 문주란의 하얀 꽃들이 희미하게 빛나고 있다.

지금의 중학교가 있는 자리는 시코쿠(四國)의 주군이었던 마쓰헤이(松平)가의 집터이다. 땅이 황폐해져 이웃들이 땔감을 가지러 마당을 드나들던 때에 마쓰헤이 씨의 마당에서 인도 문주란을 파내어 자기 집 마당에 심어놓고 몇 년간 꽃을 보며 즐겼던 사람이 있던 모양이다. 이 꽃을 무척 아름답게 생각한 사람일 것이다.

지금의 학교 건물이 세워지고 몇 년쯤 지난 어느 날 아침, 나는 사환에게 휴일에 인도 문주란을 돌려주러 온 사람의 이야기를 들었다. 그 사람은 "이곳이 학교가 되어서 이것을 돌려주러 왔습니다" 하며 양해를 구하더니 지금의 장소에 직접 문주란을 심고 돌아갔다고 한다.

그 말을 듣고 보니 문주란이 있는 곳에 지금 것보다 훨씬 작은 그루가 대충 심어져 있었다. 그때는 꽃도 피지 않아서 어떤 식물인지조차 알 수 없었다. 그러던 것이 해마다 줄기가 굵어지고 수도 늘어 매년 여름 하얗게 빛나는 꽃을 피운다. 꽃이 필 때마다 전쟁 중에도 전쟁이 끝난 뒤에도 이 꽃을 자신의 집에서 지켜준 사람을 상상해본다.

그리고 황폐한 마당이 학교 교정이 되었을 때 여러 해 동안 아끼며 가꾸었던 그 식물을 조용히 돌려주러 왔던 그 마음을 생각해본다. 얼마나 꽃을 사랑하는 사람인가. 지금도 학교 앞을 오가며 '꽃이 피었겠지'하고 생각하지 않을까.

그후 몇 년쯤 지났을까, 한 청년이 이 꽃의 사진을 찍게 해달라며 사진을 찍어 갔다. "항상 학교 앞을 지나면서 이 꽃을 보았어요"라고 말했는데, 나중에 사진을 보내주었다. 사진에는 꽃 안쪽의 이슬방울까지 아름답게 찍혀 있었다. 나는 이 두 사람의 얼굴도 모르고 이름도 모른다. 하지만 왠지 친근한 기분이 들어 그들을 상상해 본다.

여기서는 꽃의 아름다움에 매료된 마음, 꽃을 사랑하는 마음이라는 공통점만으로 이름도 얼굴도 모르는 사람들이 서로에게 친근함과 감사의 마음을 나눈다. 이 글을 읽는 사람도 난폭하고 자극적인 시대에도 이런 사람들이 있구나 하고 글쓴 사람과 더불어 갑자기 자기 세계의 가능성이 그만큼 커진 것처럼 상쾌한 느낌을 받는다. 이것은 기분 좋은 놀람이 섞인 기쁨이고, '생존 충실감'이기도 하다.

프루스트(Marcel Proust, 프랑스의 소설가)가 작품 속에서 반복해 보여주듯이 우리의 현재를 '현실' 이상으로 풍요롭고 충실하게 해 주는 것은 기억과 상상력이다. 이 교사에게도 두 사람을 전혀 본 적도 이야기도 나눈 적도 없다는 점이 오히려 그들에 대한 그리움을 키워 그들과 관련된 작은 기억과 많은 상상이 이 꽃을 볼 때의 기쁨을 더욱 크게 하는 것이다. 단테(Alighieri Dante, 이탈리아의 시인)가 사랑한 베아트리체는 단테와 한 번도 말을 나눈 적이 없다. 베아트리체는 스물네 살에 죽었는데, 그녀가 단테를 만난 것은 소녀 시절에 한 번, 아가씨가 되어서 한 번, 이렇게 두 번뿐이다. 그것도 길에서 본 것이

전부다. 오히려 그렇기 때문에 그녀의 이미지가 단테의 일생에 '삶의 의욕'을 부여하게 된 것이 아닐까.

변화에 대한 욕구

생존 충실감에 대한 욕구가 변화에 대한 욕구와 밀접한 관계가 있다는 것은 앞에서 말한 대로다. 올포트[11]가 말하는 '신기한 경험에 대한 욕구'도 같은 의미일 것이다. 유아가 장난감이며 시계며 가릴 것 없이 안에 무엇이 들었는지 알아보려 거침없이 그것들을 망가뜨리는 모습을 생각하면 이것이 기본적인 욕구 가운데 하나임을 알 수 있다. 또한 이는 인간을 내부로 또는 외부로 향하는 모험과 탐구로 이끄는 원동력일 것이다.

일반적으로 한 사람의 생활에 변화가 없으면 이 욕구는 강하게 의식의 표면으로 부상한다. 자녀 양육에 눈코 뜰새 없이 바쁜 젊은 엄마는 어린 생명이 보여주는 매일의 변화와 성장에 놀라 마음을 빼앗기는데, 아이의 변화와 성장을 자신의 생명의 발전으로 체험하기 때문에 더할 나위 없이 큰 생존 충실감을 맛본다. 자녀가 아프거나 무슨 걱정이 있어도 그것을 극복할 수만 있다면 이 충실감을 더 크게 느끼는 데 도움이 된다. 하지만 자녀가 성장해 부모 품을 떠나면 남겨진 어머니의 생활은 단조로워지고 그것이 변화에 대한 강한 욕구를 만들어낸다. 이 욕구는 때로 갱년기의 생리적 동요와 겹쳐 정신적 위기를 맞기도 한다.

삶의 끝자락에 와 있는 노인에게 화초를 키우고 손자를 마주하는 일이 큰 즐거움이 되는 것은 단순히 시간을 때울 수 있어서가 아니라 젊은 생명에게서 볼 수 있는 변화와 성장을 그대로 자신의 것처럼 느끼기 때문이다. 애생원 사람들의 생활에 자녀 양육이라는 요소가 완전히 결여되어 있는 것은 큰 비극이다. 그들이 풀, 나무, 새, 개, 고양이 같은 생명을 키우는 데 놀랄 만큼 열심인 것은 당연하다.

생활에 변화가 없으면 인간은 따분해진다. 그것은 정신이 건강하다는 증거로, 마음이 병들면 따분함조차 느낄 수 없게 되는 경우가 많다. 가령 뇌수술로 전두엽 일부에 손상을 입은 사람은 자발성을 상실해 매일 아무 목적 없이 멍하니 지내도 전혀 따분해하지 않는다. 2차 세계대전이 끝나고 한때 뇌수술이 유행한 탓에 지금도 대형 정신병원에 가면 병동 전체가 이 수술을 받은 사람들로 우글우글한 곳이 있다. 뇌수술을 받지 않은 만성분열증인 사람도 같은 양상을 보인다.

그렇다면 이 '따분함을 느끼는 마음'이야말로 건강의 상징이고 앞으로 나아가게 하는 힘의 원천이라고 할 수 있다. 그러나 그런 반면에 이것이 파괴의 원동력이 될 수도 있다는 점을 잊어서는 안 된다. 다음은 카뮈의 소설《전락》의 한 대목이다.

20년 동안이나 주책바가지 여자와 살아온 남자가 있었다. 그는 그 여자를 위해 우정과 노동과 부끄럽지 않은 생활까지 다 바쳐 희생했는데, 어느 날 문득 자기는 한 번도 그녀를 사랑한 적이 없다는 사실을 깨달았다. 그는 따분했던 것이다. 그게 전부였다. 누구나와 마찬가지로 따분했던 것이다. 그래서 자신을 위해 복잡하고 골치 아픈 일들로 가득 찬 삶을 만들었다. 무슨 일이든 일어나줘야 하기 때문이다. 인간이 무슨 일을 할까 하고 덤벼드는 까닭이 대부분 여기에 있다. 사랑을 느끼지 못한 채 얽매여도 좋다, 심지어 전쟁이라도 혹은 죽음이라도.

카뮈의 말대로 '따분한 평화'에는 범죄와 전쟁의 위험이 내포되어 있다. 이것은 오늘날의 일본이 직시해야 하는 사실이다. 생활을 진부하게 만드는 강력한 힘 가운데 하나는 사회적 관습이다. 매스컴의 영향으로 생활 방식, 어투, 사고방식까지 획일화되는 현대 문명사회에서는 모두가 사회적 관습과 제도에 묻혀 흘러갈 위험이 있다. 평화가 지속되고, 자동화가 늘어나고, 휴일이 늘어나면 어지간히 궁리하지 않는 한 따분함을 견디지 못하는 '따분병'이 인류에 만연하지 않을까.

그러나 여기서 조금만 관점을 바꿔보자. 변화와 발전은 여행이나 탐험을 떠나고 새로운 유행을 좇아야만 얻을 수 있는 걸까? 아니, 그렇지 않다. 놀람의 재료는 우리 주위에 얼마든지 있다. 긴장을 풀고, 마음의 눈을 흐리게 하는 사회의 관습과 실리를 좇는 마음의 먼지를 걷어내면 우리를 둘러싸고 있는 자연계, 인간계 모두 순식간에 그 모습을 바꾸어 신기한 일과 현상들을 보여준다. 자신과 타인의 마음속에 있는 상상도 못할 즐겁고 신나는 풍경을 보여준다. 굳이 겉으로 드러나는 변화가 많은 생활을 추구하지 않아도, 조용히 바라보는 눈과 섬세하게 느낄 수 있는 마음만 있으면 평생 한 곳에서 조용한 삶을 살아도 전혀 따분하지 않게 지낼 수 있다. 에밀리 브론테(Emily Bronte, 영국의 소설가)는 평생 혼자, 변화라고는 거의 없는 인생을 살았지만 격렬한 정열과 파란으로 가득한 《폭풍의 언덕》(운명적 남녀의 사랑을 그린 작품)을 창조해낸 마음의 세계를 갖고 있었다. 오히려 정신세계가 풍요롭고 정신의 활동이 격렬한 사람일수록 외면적인 생활에 큰 변화를 갈구하는 욕구는 부족하다 싶을 정도로 적을 수 있다.

애생원 환자들의 가장 큰 고민 중 하나가 바로 따분한 생활이었다. 경증으로 거동에 불편함이 없는 사람들 가운데 따분함을 느끼는 경우가 많았고, 실명한 사람들이 오히려 정신적으로 발랄하게 지내는 경우가 적지 않았다. 지체부자유에 시력까지 잃어서 침대에 누워 창밖에서 나는 소리와 사람들의 움직임에 귀를 기울이고, 자기의 내면을 향해 마음의 눈을 집중해 떠오르는 것들을 노래나 시로 표현하며 사는 보람을 느끼는 사람도 있었다. 침대에 앉아 빛이 사라진 눈을 감고 고개를 살짝 올린 채 조용히 생각하며 애생원 친구에게 띄엄띄엄 시며 노래를 직접 말로 전하는 모습. 육체의 기능이 제한된 사람은 차라리 에너지와 주의가 허락된 좁은 '존재의 창구'에 집중해 밀도 있는 정신적 산물을 만들어낼 수 있다.

장래성에 대한 욕구

변화와 발전에 대한 욕구는 당연히 미래에 대한 욕구를 내포한다. 앞으로의 인생에 새로운 발전이 있을 거라고 기대하기 때문에 사는 보람감을 느낄 수 있다. 미래는 알지 못하는 편이 낫고, 길은 열려 있다고 믿지 않으면 안 된다. 아무리 넓고 잘 닦인 길도 그 앞이 막다른 길이라는 것을 알면 그 순간 걸음이 멈춘다.

미래가 활짝 열려 있고 장래에 희망의 빛이 밝게 빛나고 있을 때 그 빛만 보고 걸어가는 사람은 현재가 아무리 고통스러워도, 과거에 어떤 일이 있었든 '모든 것은 지금부터다'하는 기대와 기개로 의욕을 갖고 살아갈 수 있다. 사는 보람을 생각할 때, 현재의 행복과 미래의 희망 가운데 더 중요한 것은 당연히 희망일 것이다. 그래서 급여가 높아도 장래성 없는 일이면 선택하지 않는 것이 좋다. 장래성이라는 관점에서 보면 공을 세우고 이름을 떨치는 사람이 꼭 부러울 것만은 아니다. 나이 든 사람보다 젊은 사람이 사는 보람감을 갖기 쉬운 이유 가운데 하나는 그들이 과거라는 무거운 짐에 제약받지 않고 미래를 향해 가며 무언가를 이루어내기 위해 전력을 기울이기 때문이다.

이 미래라는 것에 사람은 어떤 내용을 부여할까? 가까운 장래의 생활 목표를 세우는 것은 대부분의 사람들이 하는 일로, 그런 목표가 없으면 일부 애생원 사람들이 보여주었듯이 보람감이 심각하게 상실된다. 그러나 그와 동시에 인간에게는 더 멀고 더 커다란 미래를 꿈꾸고픈 욕구가 있다. 명확한 종말관을 가진 신앙인은 이 확고한 미래 전망이 놀랄 만큼 강해서 현재의 온갖 고난도 견딜 수 있는 힘을 얻는다. 순교자들이 그 좋은 예다. 순교자까지 가지 않아도 많은 사람이 자손이나 민족, 국가, 문화, 사회, 인류의 진보와 발전에 꿈을 걸고 그 커다란 흐름의 일부인 자기의 미래를 느끼며 그것을 의지해 살아간다. 그러나 인류 멸망이라는 위험에 노출되어 있는 현대에서는 그런 미래에 대한 욕구가 매우 움츠러들었다. 바로 그 점이 현대인의 사는 보람의 큰 어려움 가운데 하나다.

반향에 대한 욕구

2장에서 말했듯이 사는 보람이라는 말에는 의욕이라는 의미가 내포되어 있다. 의욕을 추구하는 마음은 반향(反響)에 대한 욕구의 일부라고 생각해도 좋을 것이다. 따라서 1장에서 설명한 아름다운 그림과의 우연한 만남이 이에 포함될 텐데, 여기서는 주로 사람에 대한 반향을 생각해보기로 하자.

랠프 린턴(Ralph Linton, 미국의 인류학자)[12]은 타인에게 느끼는 정서적인 반응을 인간의 기본적 욕구 가운데 하나로 생각한다. 그 정서적 반응이 얼마나 뿌리 깊은 것인지는 아이의 성장을 생각해 보면 알 수 있다. 아이는 사람들 사이에서 태어나고 사람들과의 상호관계 속에서 인격이 형성된다. 먼저 타인이라는 존재가 있고, 아이의 자아는 처음에는 타인과 혼연일체가 되지만 타인과 주고받는 경험을 통해 점차 자아의 윤곽을 선명히 인식하게 된다. 그래서 사람의 마음에 영향을 주는 작용은 본래 대화체로 되어 있다.

타인과 함께 하는 공동세계에서의 삶, 많은 철학자와 사상가들은 이것이 인간의 근본적인 모습이라고 생각했다. 그 공동세계라는 것에 대해 테야르 드샤르댕(Teilhard de Chardin, 프랑스의 신학자, 인류학자)[13]은 독창적인 생각을 갖고 있었다. 그에 의하면 이 공동세계는 사상(思想)이라는 '기질(基質)'이며, 인간은 그 기질 속에 잠긴 채 생존하고 분업하고 협력하면서 영향을 주고받고 서로를 지탱해주면서 인류라는 커다란 유기체를 만든다. 따라서 자기의 존재에 대한 반향을 추구하는 것은 인간의 가장 내재적 욕구라고 생각할 수 있다.

오랜 시간 홀로 자연에서 지내야 하는 사람은 로빈슨 크루소처럼 새나 산짐승을 친구 삼아 말을 건네게 된다. 이때 짐승들은 단순한 동물이 아니다. 마음의 친구로서 인격화된 존재다. 프랑스에는 이런 오래된 이야기가 있다. 산속에서 홀로 소를 치던 사람이 도시에 나왔다가 오페라 구경을 가게 되었다. 난생 처음 보는 화려한 무대에 완전히 감동한 이 남자는 자신도 모르게 이렇게 소리쳤다고 한다. "아, 여기에 내 소들도 있으면 얼마나 좋을까!"

타인이 자신의 존재를 인정하는 반응을 하지 않는다면 사는 보람감은 생겨나기 어려울 것이다. 그런 의미에서 '사회적 소속에 대한 욕구', '승인에 대한 욕구'같은 것들도 이 자연스러운 '반향에 대한 욕구'로부터 나오는 것이라고 할 수 있다.

때로는 타인을 미워하고 부러워하고 복수하는 일에서 보람을 찾는 듯 보이는 사람이 있다. 부모나 자식의 원수를 갚는다는 둥 하는 옛이야기는 제쳐두고, 현재 우리 주위에서 볼 수 있는 그런 마음의 자세에 대해서 어떻게 생각해야 할까? 자세히 살펴보면 그런 사람도 마음 깊은 곳에는 역시 타인과의 따뜻한 교류를 강하게 갈구하는 경우가 많다. 다만 그 강한 욕구가 채워지지 않는 데다 그것이 부당하다고 느껴 난폭한 증오로 반응하는 것일 뿐이다. 따라서 이것 역시 반향에 대한 욕구의 변형된 형태로 볼 수 있다. 그런 형태로 자신의 존재에 대한 타인의 반응을 확인하면서 사는 보람을 느끼는 것이다.

사랑하는 마음으로 사는 사람은 상대가 자신에게 고마워하든 고마워하지 않든 상대의 인생에 자신이 필요한 존재라고 느낄 때 사는 보람을 강하게 느낀다. 이것 역시 반향 욕구의 만족일 것이다. 그런 의미에서는 부모가 자식에게 고마워해야 할 것이다. 테오뒬 리보(Théodule Ribot, 프랑스의 심리학자)[14]는 사람은 신세를 진 사람보다는 직접 보살펴준 사람을 더 친근하고 좋게 느낀다는 의미의 말을 했는데, 반향에 대한 욕구를 생각하면 타당해 보인다.

애생원 사람들의 생활을 봐도 독신자보다는 부부가 비록 서로를 간병하는 생활이지만 훨씬 더 사는 보람을 느끼는 것처럼 보인다. 일상생활에서 밀접하게 서로 반응해주는, 즉 반향할 수 있는 상대가 있기 때문일 것이다. 그런데 여성은 남성보다 나병에 걸릴 확률이 낮아서 어느 나병 요양원이나 여자의 수가 적다. 이 점도 남자 환자에게는 불행 가운데 하나다.

자유에 대한 욕구

인간에게 자유가 있는가 하는 문제는 철학적으로 매우 어려운 문제다. 그러나 현실에서 인간을 들여다보면 인간에게 자유에 대한 뿌리 깊은 욕구가 있음을 알 수 있다. 이는 틀림없는 사실이다. 또한 제약이 많아도 인간에게는 자유, 특히 선택의 자유가 주어진다는 것 역시 인정하지 않을 수 없다. 그렇지 않으면 사는 보람의 문제도 알 수 없게 된다. 인간의 존재 방식이 생물적, 심리적, 사회적 조건에 따라 좌우된다는 프로이트와 그 후계자들의 결정론으로는 사는 보람의 문제를 생각할 수 없다.

　미국의 사회학자 리처드 라피에르(Richard Lapiere)[15]에 의하면, 이 결정론적 사고는 정신분석이 널리 보급되면서 미국 사회의 다양한 영역에 침투해 미국인 가정, 학교, 사회에서의 생활 태도를 무기력한 것으로 만들어버렸다. 라피에르는 개척 시대 미국인을 지탱해 주었던 자발성, 독창성, 모험성은 사라지고 절망과 부정의 윤리가 미국인을 지배하고 있으며, 적응과 안정만을 목표로 삼고 있어 미국의 장래에 큰 위험이 될 소지가 있다고 주장한다. 이 지적을 특히 미국 여성의 사는 보람의 문제에 초점을 맞춰 설명한 것이 미국에서 화제를 일으킨 베티 프리단(Betty Friedan, 미국의 사회심리학자, 여성운동가)의 저서 《여성의 신비》(여성의 삶의 현실과 이상 사이의 괴리를 분석한 1960년대 베스트셀러)[16]다. 이런 배경을 생각하면, 에리히 프롬(Erich Fromm, 독일 태생의 미국 정신분석학자)이 여러 저서에서 계속 자유를 논한 것이나, 폴 틸리히(Paul Tilich, 독일의 신학자)의 《존재의 용기》[17]가 미국인에게 큰 감명을 준 것도 절망과 부정의 윤리에 대한 반동으로 해석할 수 있다.

　'자유란 무엇인가'라고 물으면 대답하기 어렵지만, 자유로운 느낌이라고 표현하면 이해하기 쉽다. 산 정상에서 넓은 하늘을 올려다보며 가슴을 펴고 마음껏 신선한 공기를 들이마시는 것, 세상의 모든 속박에서 벗어나 자유롭게 호흡하는 것, 높은 나무에 앉아 있는 작은 새처럼 스스로 어디든 날아갈 수 있는 주체성과 자유로움이라는 감정……. 사는 보람을 느끼기 위해서는 이 자유로운 느낌이야말로 없어서는 안 되는 공기와 같은 것이다. 그것이 얼마나 필요한지는 '결핍 상태'가 되어 보지 않으면 모른다. 그래서 공산주의든 군국주의든 전체주의적 통제 아래서 일상생활이 엄격하게 규제되는 국가의 청년일수록 자유를 강하게 의식하고, 감옥에 수감되었거나 작은 섬에 갇혀 있는 사람일수록 자유의 실체를 여러 가지로 느낀다. 섬에 격리되어 있다는 것의 심리적 의미는 크다.[18]

그러나 사람의 자유를 속박하는 것이 이런 외적 요소만 있는 것은 아니다. 내면의 집착, 충동, 감정 등이 외적 요인보다 더 집요하게 사람을 속박한다. 노예였던 에픽테토스(Epictetus, 로마 시대의 스토아 철학자)가 정신적으로 자유인이 될 수 있었던 것은 무엇보다 그가 자신에 대해 자유로웠기 때문이다. 대인관계도 애정, 은혜, 의리 같은 힘으로 사람을 정신적인 노예로 만들기도 한다. 그 외에 시간과 운명까지 고려하면 인간이 자유를 발휘할 여지가 대체 어디에 있다는 것인지 묻고 싶어진다.

자유를 얻기 위해서는 이런 다양한 제약에 적극적으로 저항하지 않으면 안 된다. 그런 시도가 어렵기 때문에 '자유로부터 도피'[19] 하게 되는 것이다. 이런저런 사정 때문에, 이런저런 인간이라서 어쩔 수 없이 원치 않는 생활을 하는 것이라고 푸념하면서 체념하는 사람이 많다. 그런 그들의 얼굴에서 사는 보람감은 찾아볼 수 없다. 자유로부터 뒷걸음질하는 마음의 근저에는 안정을 바라는 욕구가 있다. 이것은 자유에 대한 욕구와 양극을 이룬다. 그리고 이 역시 자유에 대한 욕구와 마찬가지로, 또는 그 이상으로 뿌리 깊은 기본적인 욕구이다. 정신의학이나 생물학적 관점에서도 몸과 마음의 여러 기능은 일단 안정, 즉 균형을 유지하려는 방향으로 작용하도록 되어 있다. 안정에 대한 욕구를 사회적, 문화적인 것이라고 생각한다면 인간이 사회적인 존재, 특히 집단의 일원으로서 안심하고 살 수 있도록 노력한다는 것은 확실하다.

야생 원숭이의 생활을 관찰한 관찰기[20]를 읽어 보는 것도 도움이 된다. 야생 원숭이 사회에는 확실한 질서가 있어서 힘을 겨뤄 무리의 우두머리가 된 대장은 대장으로서 특권과 책임을 갖는다. 또 약자는 약자로서 분수를 지킨다. 오르테가(Ortega Y Gasset, 스페인의 철학자)의 말처럼,[21] 동물의 생활이 전적으로 타율적—스페인어로 alteración—이라고 해도, 동물의 생활 전체가 소위 '동물적' 욕구로 이루어지는 것은 아니다. 힘의 질서에 의해 정해진 무리의 규칙에 복종하려고 노력하며, 그러기 위해서 식욕이나 성욕 같은 하위의 욕구가 어느 정도까지는 억제된다. 사회적인 안정을 잃고 동료들로부터 따돌림을 당하는 것은 그런 욕구불만 이상으로 위험한 일, 즉 생존 자체를 위협하는 일이기 때문이다.

진화의 흐름에서 나중에 발생한 것일수록 약하다는 법칙이 있는데, 계통발생학에서 보면 자유에 대한 욕구는 안정에 대한 욕구보다 나중에 나타났을 것이다. 안정에 대한 욕구는 주로 '오래된 피질' 인간 뇌와 관계가 있고, 자유와 자율성 욕구에는 대뇌피질 중에서도 가장 새로운 피질, 즉 신피질인 전두엽과 관계한다. 인류 역사에서 개성과 주체성과 자유의 관념이 강하게 나타나는 것은 르네상스 이후, 그것도 루소가 활동하던 즈음이고, 일본의 경우는 메이지 시대 (메이지 천황이 통치하던 1868년 10월 23일부터 1912년 7월 30일까지)부터다.

이렇게 보면 자유에 대한 욕구가 아직 힘을 쓰지 못하는 것도 어쩔 수 없는 일이고, 안정이라는 것이 사람의 마음에 지배적인 비중을 차지한다는 논리도 납득이 된다. 자유에는 위험과 모험, 무엇보다 책임이 따른다. 그래서 쇠사슬을 풀려던 손을 다시 움츠리게 되는 것이다. 사실 직접 선택하지 않아도 문제가 해결되는 상황이 고마울 때가 적지 않다. 인간에게는 자유에 대한 욕구가 있는 동시에 부자유에 대한 욕구도 있는 것이다.

그런데 인간의 경우 엄밀한 의미에서 자신이 선택하지 않는 상황은 없다. 인생의 기로에 섰을 때 자신이 진로를 정하지 않고 타인이나 일이 되어가는 상황에 모든 것을 맡긴다 해도 이미 그런 방침을 자신이 선택한 것이 된다. 오르테가의 말처럼 사람은 자유를 강요받고 있다고 할 수 있다.

만일 숙명적이라고 할 만한 고난에 처했다면 모든 것을 깨끗이 포기하고 내던져버릴까? 그렇게 하자고 생각하면 그럴 수도 있을 것이다. 전부 내던지고 자살이나 그밖에 다른 방법을 선택할 수도 있다. 그럴 가능성을 진지하게 생각한 후에 그 '숙명적'인 상황을 받아들이기로 결정했다면 그것은 더 이상 숙명도 포기도 아닌 하나의 선택이다. 더 이상 푸념의 여지는 없다. 푸념이야말로 사는 보람감의 최대의 적이다.

자유다 선택이다 하는데, 이것들을 손에 넣기 위해서는 지혜와 유연함이 필요하다. 무턱대고 자유만 추구하면 자신과 타인 모두 상처를 입을 뿐이다. 점균이라는 원시적인 생물도 외부 상황이 성장에 불리할 때는 스클레로틴(sclerotin, 방수성이 높은 단백질로 곤충의 표피색을 진하게 만들어 유해한 광선을 차단하는 등 보호작용을 한다)으로 단단한 껍질을 만들어 그 안에서 겨울나기를 하며 최소한의 생명을 유지하다가 주변 상황이 좋아지면 껍질을 깨고 증식을 시작한다. 인간 역시 외부 조건이 좋지 않을 때는 가능한 한 저항을 적게 해 에너지 소모를 줄이고 그 시기를 보내는 것이 상책인 경우가 적지 않다. 울음소리를 줄이고 몸을 움츠린 채 때를 기다리는 자세는 소극적인 듯 보이지만, 내부에는 자유에 대한 강한 의지를 감추고 있다. 환경에 대한 무언의 저항과 자기 억제의 힘으로 언젠가 자유를 획득하려 하는 것이다.

미래에 더 큰 자유를 얻기 위해서 현재의 작은 자유를 포기할 각오를 한 상태에서 스스로 자신을 부자유 속에 구속한다면, 그 계획과 선택에는 자유와 주체성이 내재되어 있다고 해야 할 것이다. 또 사람은 사랑 때문에 스스로 자유를 버리고 상대를 섬기기도 한다. 다른 길도 있는데 그 길을 선택했다면 이 역시 자유롭게 부자유를 선택한 것이라고 할 수 있다.

그렇지만, 인간에게 완전한 자유는 없다. 설령 완전한 자유가 있다고 해도 자유에 따르는 책임의 무게가 인간을 짓눌러버릴 것이다. 인간에게 자유에 대한 욕구가 있다는 것과 책임은 또 다른 문제다.

자기실현에 대한 욕구

사는 보람감에 자아감이 내재되어 있다는 것을 살펴보았다. 사는 보람을 추구하는 마음에 자기 내부에 내재되어 있는 가능성을 발휘해 자신을 향상시키고 싶어하는 욕구가 큰 부분을 차지하기 때문이다.

정신의학 분야에서 자기실현이라는 말을 처음 사용한 사람은 골트슈타인(Kurt Goldstein, 독일 출생의 미국 신경학자)[22]이지만, 실존 철학의 영향으로 자기실현에 대해 논한 사람은 적지 않다. 빈스방거(Ludwig Binswanger, 스위스의 정신과의사)는 하이데거(Martin Heidegger, 독일의 철학자)를 따라 자기실현을 자기생존 가능성에 대한 '투기'(投企, 실존주의 용어로 미래의 가능성을 향해 자기를 던진다는 의미)라고 표현했고, 빅토르 프랑클은 '의미에 대한 의지'와 관련해 고찰했다. 미국에서도 프롬과 올포트가 자기실현에 대해 거듭 기술하고 있고, 로저스(Carl Rogers, 미국의 심리학자)는 환자가 자발적으로 자기실현을 이룰 수 있도록 이끄는 것이 정신요법의 지도 원리라고 했다.

'자기실현'과 단순한 '이기주의'의 차이는 사는 보람감과 연결해 생각해보면 명백하다. '이기주의'는 자아의 주변부에 있는 말초적 욕구에 집착하는 것으로, 이 욕구가 충족되어도 진정한 보람감을 느낄 수 없다. 이에 비해 '자기실현'의 경우, 실현되어야 할 자아는 '아집에 사로잡힌 자아'가 아닌 '중심적, 본질적인 자아'다. 이와 관련해서 오카 기요시와 고바야시 히데오(小林秀雄, 평론가)의 대담[23]이 참고가 된다.

본질적인 자기를 실현하기 위해서는 많은 노력과 끈기가 필요하다. 끈기 있게 노력한 결과 조금이라도 목표를 달성할 수 있다면 모든 것을 압도하는 기쁨을 느낄 것이다. 앞에서 예로 들었던 쥘 르나르의 일기가 그 좋은 예다.

'업적을 이루려는 욕구', '자존심을 지키려는 욕구'를 인간의 근본적인 욕구로 드는 학자도 있는데, 이것도 근본으로는 유사하다고 할 수 있다. 타인의 눈을 의식해 업적을 세우고 자존심을 지키는 것이 중요한 게 아니라 자기를 바르게 실현하느냐에 관련된 욕구인 것이다. 만일 이 의미에서 자기에 위배되면 외면적, 대인적으로 아무리 훌륭해 보여도 마음 깊은 곳에 자리잡은 꺼림칙함 때문에 마음의 눈, 종종 육체의 눈까지도 자신이나 인생을 바로 보지 못하고 곁눈질을 하거나 치뜨고 보게 된다. 활기차고 당당하게 삶을 살기 위해서는 자기에 충실한 '어떤 무언가가 될' 필요가 있다. 밀턴이 신약성서의 이야기를 근거로 '감춰서 죽게 된 한 달란트'라고 노래한 것은 신의 형벌을 받는다기보다는 자기실현을 게을리한 자가 빠질 수밖에 없는, 보람감을 상실한 상태를 의미하는 것이리라.

　자기실현은 현재를 뛰어넘어 미래에 자기를 맡기는 '투기' 개념과 모순되지 않는다. 작은 자기만 바라보고 그것을 고집하는 변변찮은 인간이 커다란 목적에 몸을 던져 '자신을 잊고' 몰두하는 사이에 자신의 내부에 있는 능력을 최대한으로 발휘하는 경우는 흔치 않다. 오히려 대개의 인간은 항상 자신보다 큰 무언가에 몸을 바치고 싶어하고 그 대상을 갈구한다.

　자기실현의 욕구가 강한 사람이지만 인격이 통일되지 않아 둘 또는 그 이상의 이질적인 자아의 욕구가 자아 중심부에 공존할 때는 어떻게 될까? 어떤 사람은 냉정하게 선택해 몇몇 싹을 잘라내고 하나만 남겨둔다. 잘려진 싹들은 상실되지 않고 남겨진 싹이 성장하는 데 어떤 식으로든 기여해 커다란 열매를 맺게 된다. 레오나르도 다빈치와 괴테 같은 다재다능한 거장이라면 모를까 보통 사람이 모든 싹을 키우면 덤불밖에 되지 않을 테니 이런 태도는 삶의 지혜라고 할 수 있다.

하지만 어떤 사람은 방법을 무리해서 통일하려 하지 않고 생활 속에서 둘 또는 그 이상의 자기를 공존하도록 두기도 한다. 모리 오가이(森鷗外, 의사, 소설가)와 기노시타 모쿠타로(木下杢太郎, 의사, 시인, 번역가) 같이 의학과 문학을 나란히 두는 삶을 산 사람들처럼 말이다. 이런 사람들은 인지적인 자아와 심미적인 자아, 양쪽의 자기를 발휘하지 않으면 사는 보람을 느끼지 못할 것이다. 직업이 아닌 과외활동이 '하고 싶어서 하는 살아 있는 움직임'[24]인 만큼 더욱 큰 사는 보람을 느꼈을지도 모른다. 혹은 두 가지 다른 활동이 서로 사는 보람감을 강화했을 수도 있다.

두 가지 자기실현 욕구가 비슷한 강도로 서로 다른 방향으로 분열한 예를 프랑스의 현대 철학자 시몬 베유(Simone Weil)[25]의 짧은 생애에서 볼 수 있다. 알랭(Alain, 프랑스의 철학자)으로부터 높은 평가를 받은 작품들을 남긴 그녀는 1943년 서른넷이라는 젊은 나이에 죽었는데, 철학 학위를 얻고 교수가 된 후 그 지위를 버리고 여공으로 일했다. 카뮈에 따르면 그런 행동의 근본적인 동기는 사랑에 대한 광기와 진리에 대한 광기의 일치에 있다.

자기실현 욕구의 분열은 인격의 다양한 면과 층에서 생길 수 있고, 그 조합도 다양할 수 있다. 그래서 때로는 이중인격처럼 서로 다른 인간이 동일인 안에 존재하는 양상을 띠기도 한다. 분열의 정도가 심한 경우에는 인격의 일부가 무의식으로 밀려나 자신은 그 부분을 의식하지 못하는 경우도 있다. 즉 한쪽의 자기는 자기 소속감을 잃어 타인으로 느껴지는데 그것이 이물질처럼 인격의 일부를 차지한 채 자기의 나머지 부분을 지배할 때가 있다. 흔히 말하는 데몬(demon, 악령)이 이것이다.

사는 보람감이라는 관점에서 보면 심하게 분열해 모순된 요소를 갖는 인격은 그 중 하나의 요소만 만족시키면 다른 요소가 강한 욕구불만에 빠져 사는 보람감을 느낄 수 없게 되기 때문에 거기에 강력히 반발하여 이번에는 다른 한쪽의 욕구를 만족시킨다. 그러면 또 다른 한쪽이 욕구불만에 빠지는 식으로 끝없이 한쪽에서 다른 한쪽으로 던져져, 고뇌에 찬 역동적인 삶이 된다. 그러나 고뇌가 있기 때문에 밀려나기도 하고 다시 밀고 들어오기도 하면서 끝없이 계속되는 역동성이 재능을 발휘하고 자기를 실현하도록 돕는 경우가 있다. 이는 크레치머(Ernest Kretschmer, 독일의 정신의학자, 심리학자)[26]와 랑게 아이히바움(Lange Eichbaum, 독일의 비평가)[27]의 천재 연구에서도 입증되었다.

의미와 가치에 대한 욕구

○○도 나도 모두 전쟁 때문에 …… 인생이 뒤죽박죽 엉망이 되었다. 그래도 이 많은 고귀한 희생자들에 의해 평화가 이루어진다면 그보다 기쁜 일은 없겠지만…….

이 글은 전쟁에 동원돼 히로시마에서 피폭을 당해 얼굴 피부가 찢어지고 한쪽 눈을 실명한 여성의 수기[28]다. '뒤죽박죽 엉망이 된' 자신들의 삶조차 평화의 초석이 된다면 의미가 있다, 부디 의미가 있기를 바란다는 것이 많은 피폭자들의 공통된 바람이다.

인간은 모두 자신이 살아 있다는 것에 의미와 가치를 느끼고 싶은 욕구를 갖고 있다. 인간의 이런 욕구는 어디서 오는 걸까? 아마도 지각(知覺) 같은 자연스러운 인생 체험 자체에 이미 의미 부여와 가치판단이 미분화된 형태로 포함되어 있다는 사실과 무관하지 않을 것이다. 화이트헤드(Alfred Whitehead, 영국의 철학자)가 말했듯이[29] 인간의 지각은 반드시 '해석'을 동반하고 그 해석에는 과거와 미래가 내재되어 있기 때문이다.

20세기 초까지 의미와 가치의 문제는 철학자와 사상가들이 독점했다. 그러나 최근에는 이 문제를 등한시하고는 현실을 사는 인간의 마음의 문제를 무엇 하나 정확히 이해할 수 없다는 것이 확인되면서 정신의학과 심리학 분야에서도 인간의 이런 면에 눈을 돌리는 사람이 늘어났다. 먼저 이 방향을 선택한 사람들은 야스퍼스(Karl Jaspers, 독일의 철학자), 빈스방거, 프랑클 등 유럽의 현상학파와 실존분석파들인데, 이 무렵에는 미국에서도 캔트릴, 프롬, 올포트 같은 심리학자가 이 방면의 문제를 중시했고, 임상심리학 분야에서도 이것이 새로운 연구 동향이 되어 왔다. 앱트(L.E. Abt)는《임상심리학의 진보》에서 이렇게 말한다.[30]

임상심리에서 가치 문제가 중요성을 갖는 것은 그것이 목표와 실현이라는 동기부여 영역에 관계하기 때문이 아니라, 선택을 해야 하는 상황에서 하나의 선택을 이끌어내기 때문이다. 따라서 전인격을 문제로 하는 임상심리학으로서는 가치의 모든 영역을 등한시할 수 없음을 인정한다.

한 사람의 가치체계는 그 사람의 욕구 상태에 관계되며, 그것이 지각야(知覺野)를 구성하는 데, 또 이에 대한 반응을 형성하는 데 도움이 된다는 것이 실험으로 확인되었다. 따라서 임상심리학에서는 가치나 의미가 지각에서 중요한 역할을 맡고 있음을 인정하게 되었고, 앞으로 가치와 그 역할에 대한 연구를 위해 많은 노력이 이루어질 것이다.

앱트가 설명하는 의미 부여, 가치 부여라는 마음의 작용은 지각뿐 아니라 감정, 사고, 학습, 기억 등 인간의 모든 생체험 속에 포함되어 있다고 생각한다. 사람은 의식하지 못하지만 끊임없이 자기의 삶의 의미를 모든 경험 속에서 자문자답하고 확인하는 것이다. 그리고 그 물음에 대한 답이 자기의 삶을 정당화하는 것, 삶을 긍정하는 것이어야 사는 보람감을 느낄 수 있다.

이 긍정의 답을 쉽게 얻을 수 있는 사람은 삶이 편하고 즐거울 것이다. 단순하고 자연스럽게 신을 믿고 신으로부터 항상 답을 얻을 수 있는 사람, 타인이 긍정하고 인정해주면 안심하고 자신의 삶을 긍정할 수 있는 사람 같이 말이다. 그런데 성격 자체가 복잡해 쉽게 열등감을 느끼고 주위의 긍정도 쉽게 얻지 못하고 스스로도 자신의 삶의 의미를 인정하지 못해 평생을 이 의미 탐구로 고투하며 사는 사람도 있다. 러시아의 사상가 베르댜예프(Nicholals Berdyaev)는 자전적 글[31]에서 다음과 같이 말한다.

소년 시절과 청년 시절의 경계에서 내가 삶의 의미를 찾을 수 없더라도 의미의 탐구는 그것만으로 이미 일생을 의미 있게 한다는 사상이 나를 감동시켰다. 그래서 바로 이 의미를 탐구하는 일에 나의 생애를 바치자고 생각했다. 이것이야말로 내 인생 전반에 전환을 가져다 준 진정한 내적 변혁이었다.

4 사는 보람의 대상

인간에게 이키가이를 느끼게 하는 것, 즉 이키가이의 원천 내지 대상을 '사는 보람'이라고 한다면, 사는 보람에는 일반적으로 어떤 특징이 있을까? 사람에 따라 다양한 답을 제시할 것이다. 어떤 사람은 '찰나라고 해야 할 아주 짧은 시간 동안 이 세상에 살아 있는 기쁨을 느끼게 하는 것'[1]이라고 생각하고, 어떤 사람은 '언제든지 반성해보면 그 끝에 묵직하게 가로놓여 끝없이 기쁨이 솟아나오는 것…… 이것이 있어 역경과 비참함 속에서도 긍정적인 감정을 잃지 않고 살아온 보람이 있다고 진심으로 눈물을 흘릴 수 있는, 그런 것'[2]이라고 규정한다. 결국 사는 보람에 대한 생각 자체에 천차만별의 개성이 나타나기 때문에 될 수 있는 대로 범위를 넓혀 인간의 사는 보람이 되는 대상에서 볼 수 있는 공통적인 특징을 살펴보려고 한다.

사는 보람의 특징

첫 번째로 명백한 것은 사는 보람이 사람에게 사는 보람감을 준다는 점이다. 몇 해 전 《아사히저널》에 '이 일에 산다'라는 연재물이 실린 적이 있다. 일본 각지에서 독특한 활동에 매진하는 세상에 알려지지 않은 사람들을 다룬 기사였다. 이 기사에는 산장 경영, 물 연구, 괴테 관련 문헌 수집, 떡 세공, 미니책 만들기, 항구 순회 진료, 히고(肥後, 지금의 구마모토현) 이리 사냥개 만들기, 뇌성 소아마비를 위한 잡지 편집, 인술을 펼치는 의료 활동 등 다양한 일에 종사하는 사람들이 소개되었는데, 이러한 활동이 그 사람에게 활기 넘치는 생존 충실감을 준다는 것을 사진 속 얼굴 표정만으로도 알 수 있었다. 이런 활동들은 모두 그 일을 하는 사람에게 사는 보람이다. 그러나 사는 보람은 기사에서 다루는 것처럼 특이하고 독특한 활동에서만 느끼는 것은 아니다. 풀과 나무를 키우는 일, 시나 시조를 짓는 일, 뜨개질, 도자기 만들기, 헌신적인 봉사 등 눈에 띄지 않지만 사는 보람이 될 수 있는 일은 많다. 결국 어떤 사람에게 '사는 기쁨', '사는 의욕'의 원천이 되는 일이라면, 사는 보람은 경중을 따질 수 있는 일이 아니다. 사는 보람은 비교의 틀을 뛰어넘는다.

두 번째, 사는 보람이 꼭 생활의 실리실익과 연관된 것은 아니라는 점이다. 위의 예를 보아도 오히려 실리실익이라는 의미에서는 마이너스가 되기도 한다. 즉 이것은 '무상(無償)'의 활동으로 인간이 생존하기 위해서 꼭 해야 하는 일은 아니다. 또 사회생활에 없으면 안 되는 일도 아니다. 어찌 보면 일종의 무익한 낭비, 사치라고 할 수 있는 면이 있다. 이 각도에서 보면 사는 보람의 대상에는 하위징아[3]가 말하는 '놀이'의 성격이 있다고 할 수 있을 것이다.

세 번째, 사는 보람은 '하고 싶어서 한다'는 자율성을 갖는다. 해외 의료봉사에 헌신하는 활동은 단순히 '시켜서' 하는 것이 아니라 사명을 기꺼이 받아들여 자발적으로 하는 것이다. 워초프[4]가 말하는 '살아 있는 움직임'인 것이다.

네 번째, 사는 보람은 완전히 개성적이다. 제 것이 아닌 흉내내기로는 사는 보람을 얻을 수 없다. 각자 내면의 자신에게 딱 맞는 것, 자신의 표현이지 않으면 안 된다. 모성애처럼 보편적인 사는 보람에도 각각의 어머니가 자녀를 대하는 방식에 따라 독특한 개성이 발휘될 여지가 얼마든지 있다. 아이가 성장해 어머니와의 관계가 단순한 혈연관계를 넘어 인격과 인격이 만나는 관계로 발전하는 경우에 특히 그럴 것이다. 만일 그렇지 않고 본능과 의무감과 관습에 따라 기계적으로 움직이는 모성 활동이라면 타인의 눈에 아무리 좋은 엄마로 보여도 그것은 진정한 사는 보람이 될 수 없다. 그러다 보면 아이에게 생색을 내는 행동이나 말을 하게 될 우려도 있다.

다섯 번째로 사는 보람은 사람의 마음에 하나의 가치체계를 만든다. 사는 보람이 여러 개라면 그 가운데 가장 중요한 것과 그 다음으로 중요한 것의 서열이 생길 것이다. 이 서열은 평생 자신도 모르고 살다가 어떤 일이 일어났을 때 그 일을 계기로 확실해지는 경우가 적지 않다. 이에 대해서는 이 책의 여러 부분에서 언급되므로 이 정도로만 언급하고 넘어가자.

여섯 번째, 사는 보람은 사람이 그 안에서 여유롭게 살 수 있는, 그 사람만의 마음의 세계를 만든다. 윅스퀼(Jakob von Uexküll, 독일의 비교심리학자)은 모든 생물에는 그 생물 특유의 세계가 있다고 했는데, 인간의 마음 세계도 예외가 아니다. 린드버그 부인(Anne Morrow Lindbergh, 1927년 인류 최초로 비행기로 대서양을 횡단한 찰스 린드버그의 부인)의 비유[5]를 빌리자면, 조개가 자신의 몸에서 나오는 분비물로 다채로운 색깔과 무늬의 조개껍데기를 만들듯이 사람도 자신이 그 안에서 평온하게 살 수 있는, 몸에 맞는 마음의 세계를 만들어내는 것이다. 그 가운데 무엇이 가치가 있고, 무엇을 우선해야 하는지가 명확할 때 마음의 세계에 통일이 있고 질서가 있고 조화가 있다. 이것이 그 마음의 세계에 사는 사람에게 안정을 준다. 앞에서 말한 '안정에 대한 욕구'도 경제적, 사회적 차원을 넘어 마음의 세계가 안정되어야만 비로소 근본적으로 채워지는 것이다.

사는 보람을 만드는 마음의 세계

마지막 여섯 번째 특징에 대해서 더 구체적으로 알아보자. 사회적 명예를 가장 중시하는 남성이 있다고 해보자. 이 사람의 마음의 세계는 주로 위계질서나 자기 직업 분야에서의 사회적 지위와 명성이라는 가치기준으로 이루어져 있을 것이다. 또한 그는 그 위계질서에서 상위에 오른다는 목적에 에너지를 집중하면서 아내에게도 전적인 협력을 기대할 것이다.

사람은 매사를 자기 목적에 얼마나 도움이 되느냐 하는 관점에서 보기 때문에 자기 목적에 의미가 있다고 생각되는 것만 보기 쉽다. 그래서 이런 사람은 사회적으로 힘이 있다고 여겨지는 사람에게 민감하고, 그런 사람들에게는 실수가 없도록 예를 다한다. 그러나 그 이외의 사람, 특히 사회적으로 무능한 사람들은 그림자처럼 존재감이 미미하다. 성공에 방해가 된다고 생각되는 것은 타인이든 자기 마음속의 감정이든 가차 없이 밀어내고 미련 없이 참아낸다.

자녀에 대한 모성애로 사는 여성의 경우는 어떨까? 그녀 마음 세계의 중심에는 아이가 있고, 그 세계의 범위는 그 아이의 생활권과 거의 일치한다. 그래서 그 범위 밖에 있는 세계는 존재는 해도 그녀의 눈에는 희미하다. 그녀는 아이를 잘 키운다는 목표에 몰입해 있기 때문에 그에 도움이 되는 사람이나 물건일수록 가치를 크게 느끼고, 반대로 방해가 된다고 여겨지는 것은 가족이든 다른 집의 아이든 가치 없는 존재, 배척해야 할 존재로 인식한다. 그녀의 눈에 사회에서 활약하는 여성은 자신의 길을 찾지 못하고 헤매는 가여운 모습으로밖에 보이지 않는다. 사회 활동을 하지 않고 아이와 같이 지내는 것을 최대의 행복으로 인식하기 때문에 자녀를 훌륭히 키워낸 사람을 존경해야 할 선배로 우러러본다. 우연히 길에서 놀고 있는 아이들을 보면 그녀의 눈은 제일 먼저 그 안에서 자신의 아이를 찾아내고, 그 모습만 특히 크게 보일 것이다. 다른 아이들은 그저 내 아이의 모습을 선명히 드러나게 하는 배경이나 비교 대상에 지나지 않는다.

사회적 명예를 중시하는 남성과 아이가 중심인 여성이 부부일 경우를 상상해보자. 공동의 가정을 꾸려가는 이상 두 사람에게 공통의 세계는 엄연히 존재할 것이다. 그러나 그것은 마치 두 개의 원의 일부만이 포개져 있는 것처럼, 공통된 부분 이외에는 완전히 다른 마음의 세계가 펼쳐진다. 그런데도 그런 점을 깨닫지 못하고, 서로 의논하고 이해하면서 지낸다고 믿는다. 사람에게는 말이 부호와 같아서 같은 말도 사람마다 의미하는 내용이 다른데도 대충 서로 통했다고 착각하기 때문이다.

만일 어떤 일을 계기로 둘 사이의 불일치가 드러났다고 해보자.

그러면 그렇게 오래 살았는데도 상대방이 자신에 대해 이렇게 모르고 있었나 하는 통렬한 고독감을 느끼게 된다. 그러나 오르테가의 말처럼 인간의 삶은 애초에 '근본적인 고독'이고, 사랑은 이 '두 가지 고독을 하나로 융합하려는 시도'[6]이므로, 사랑은 서로의 마음의 세계를 알고 이해하는 노력에서부터 출발해야 할 것이다. 만일 처음부터 상대가 사는 세계를 완전히 알 수 있다면—그런 일은 절대 불가능하고, 모르는 부분, 신비로운 부분이 있기 때문에 매력도 느끼는 것이지만—그 사람에게 기대할 수 있는 것이 무엇인지도 알 수 있다. 이를테면 상대가 애정이나 성의라는 말을 어떤 의미로 쓰는지 그 내용과 한계를 분명하게 알 수 있을 것이다. 그 사람이 자신이 살고 있는 세계에서 최대한으로 할 수 있는 말이나 행동을 해준다면 그것이 그 사람이 할 수 있는 최대한의 애정이고 성의이므로 그 이상을 기대하는 것은 적절하지 않다.

그런데 사람은 자신의 마음 세계를 넘어선 것에 대해서는 자기 세계에서의 개념으로 설명하거나 이해를 구할 수 없기 때문에 거기에서 마음의 불일치가 생겨난다. 이런 의미에서라도 코지프스키(Alfred Korzybski, 폴란드 출생의 미국 논리학자)[7]가 주창한 것처럼 정신의학에서도 의미론을 중요하게 다뤄야 한다.

이와 같은 이유로 사람은 거의 인식하지 못하지만 자신의 마음 세계에서 자유롭게 움직이며 살고 있다. 또 자신이 현재 살고 있는 세계가 갑갑해지면 더 살기 편한 곳으로 만들기 위해 의식적, 무의식적으로 다양한 것들을 추구하며 발버둥친다. 그때 타인이나 자신에게 이런저런 평계를 댈 수도 있는데, 그런 평계는 대개 자신에게 가장 어울리는 세계, 즉 그 안에서 가장 여유로울 수 있는 마음의 세계를 만들려는 노력인지도 모른다.

사는 보람과 정열

사는 보람을 쉽게 분류해볼 수 있을까? 이 점에서 참고가 되는 것이 리보의 《정념론》[8]이라는 글이다. 사는 보람 가운데는 정열이라 해도 될 만큼 격렬한 것도 많다. 그런데 정열이나 집념이라 할 만한 것은 그것을 품고 있는 사람의 사는 보람의 주요 부분을 이루고 있는 경우가 많으므로 리보의 분류를 자세하게 들여다보도록 하겠다.

리보에 의하면 정열(passion)은 인간에게 내재해 있는 지향성에서 유래하기 때문에 지향별로 다음 네 가지로 분류할 수 있다.

① 개체 보존 지향성에서 유래하는 것. 그러나 단순한 생물적 욕구는 정열이라고 할 수 없다. 정신적 요소, 특히 '창조적 상상력'이 결합되어야 비로소 정열이 될 수 있으므로 이 지향성에서 유래하는 정열은 미식가나 식도락가 정도뿐이다.

② 종족 보존 지향성에서 유래하는 것. 연애는 가장 강렬한 생물학적 욕구에서 유래하고 가장 많은 정신적 요소가 결합될 수 있는 영역이어서 옛날부터 많은 사람들의 정열을 형성해왔다. 부부애는 보통 그 성격상 정열의 모습을 띠기 어렵지만, 어떤 사정으로 두 사람의 공존이 위태로워진 것 같은 특별한 경우에는 오히려 강렬하게 의식되어 정열의 형태에 가까워질 수 있다.

③ 개인의 욕구의 확장과 권력 의지에서 유래하는 것. 이는 다음 세 가지로 나뉜다.
   a. 공감으로 표현되는 것: 우정, 가족애, 모성애 등 이타적인 감정에서 유래하는 것으로 본래 잔잔한 성질의 것이라서 정열이 되기 어렵다.
   b. 정복의 형태를 띠는 것: 스포츠, 사냥, 모험, 도박, 지배욕, 명예욕, 명성욕, 소유욕, 인색함.
   c. 파괴적인 형태를 띠는 것: 증오, 분노, 복수, 질투.
④ 심미적, 과학적, 종교적, 정치적, 도덕적 욕구에서 유래하는 것. 이것은 앞의 세 가지에 비해 보편성이 적고, 그 강도도 약하다고 리보는 말한다. 덧붙여 리보는 특별 항목으로 '작은 정열'을 들어 다양한 흥미나 수집에 대한 정열을 고찰한다.

이상이 리보가 분류한 정열이다. 여러 가지 사는 보람 가운데 뭔가 하나에 월등히 커다란 의미와 무게를 둘 경우, 그것은 어느 정도 정열의 형태를 띤다. 이런 사람이 흔히 말하는 정열가일 텐데, 오랜 세월 자신의 사는 보람을 유지해온 정열을 가진 사람은 결코 감정이 격렬한 행동파가 아니다. 감정이나 충동이 격한 사람은 작은 자극에도 일일이 과하게 반응해 바로 행동으로 옮기기 쉽다. 그런 생활은 일관적으로 정열적인 삶이라기보다는 감정과 충동의 파도에 휘둘리는 파란만장한 삶이기 쉽다. 바이런(George Byron, 영국의 시인)이나 에드거 앨런 포(Edgar Allan Poe, 미국의 시인, 소설가)의 삶을 생각해보면 알 수 있다.

어떤 대상에 오랜 세월 집착할 수 있는 사람은 그 대상에 대해 감동하는 큰 감동성을 갖고 있는 동시에 그 성격 안에 다른 감정을 참고 견디는 강한 억제적 요소도 갖고 있을 것이다. 그것은 이성적인 억제력일 수도 있고, 내성적 성격이나 비겁한 성격일 수도 있고, 또는 선천적으로 고집이 강해 어떤 상태에서 다른 상태로 쉽게 옮겨가지 못하도록 제동을 거는 것일 수도 있다. 이런 억제적 요소는 감정이나 충동을 바로 행동으로 외부에 발산하는 것을 막는다. 그래서 이런 사람은 일시적인 자극으로 자신의 사는 방법까지 바꾸지는 않는다. 그때그때의 감정과 충동은 마음속에서 자신의 집념과 연결되고 배양되어 오히려 그 깊이와 넓이, 지속성, 힘을 키운다.

외부의 조건이 억제하는 요소가 된 경우 이 차이는 한층 더 커질 수 있다. 환경이 허락하지 않아 뜻을 이루지 못할 경우 행동력이 강한 사람은 외부의 장애물과 정면으로 싸우지만, 소극적인 사람은 그렇게 할 수 없기 때문에 내부의 감정과 충동이 밖으로 표현되지 않은 채 마음속에서 더욱 크게 자리를 잡고 힘을 키워 과가관념을 만들어낸다. 한 가지 집념으로 사는 학자나 예술가 가운데 잔물결 하나 일지 않는 바다처럼 매우 차분한 정열가가 있을 수 있다.

그러나 인간의 생활이란 여러 가지 상황과 요소가 균형을 이뤄 꾸려지는 것이다. 사는 보람에 모든 것을 거는 '실무율'(悉無律, 생물체의 자극에 대한 반응에는 '반응한다'와 '반응하지 않는다' 두 가지밖에 없다는 법칙)의 삶은 균형이 깨져 생활을 파괴할 수 있다. 발자크(Honore de Balzac, 프랑스의 소설가)는 《절대의 탐구》(한 과학자가 절대를 탐구하다 재산을 탕진하고 불행에 빠지는 모습을 그린 장편 소설)에서 그런 타입의 학자를 잘 그

려내고 있다. 리보의 말대로 '모든 정열은 예외 없이 죽음으로 인도할 수 있다.'[8]

즉 사람이 어떤 것을 사는 보람이라고 생각하는 정도가 지나치게 강하면 그것이 생명보다 소중한 것이 되어, 그것을 위해서는 모든 것을 희생해도 괜찮다는 자세를 갖게 된다. 작은 자기를 더욱 큰 무엇, 자기를 뛰어넘는 무엇으로 만들고 싶은 마음은 사는 보람을 추구하는 욕구이다. 이런 욕구를 외곬으로 좇다 보면 리보가 말한 대로 생존이 위협받기도 한다. 또한, 훌륭한 사명감으로 살아가는 사회복지사업가나 전도사로, 공인으로는 세상 사람들의 존경을 받지만 사적인 생활에서는 주변 사람들을 여러 의미에서 못살게 구는 독재적인 사람도 의외로 많다.

사는 보람의 다양성

일반적으로 사람은 사는 보람을 한 가지에 한정하지 않는다. 일, 가정, 이웃과의 교류 등 다양한 데서 사는 기쁨을 느낀다. 정열이라고까지는 할 수 없는 잔잔한 형태의 사는 보람을 포함해 사람이 가질 수 있는 사는 보람을 정리해보려면 어떻게 해야 할까? 리보의 분류와 다소 중복되지만, 3장에서 다룬 '사는 보람을 추구하는 마음'을 구성하는 일곱 가지 욕구에 따라 사는 보람을 분류해보았다. 물론 이것들은 독립적이지 않고 서로 얽혀 작동하며, 한 가지 사는 보람이 여러 가지 욕구를 만족시키는 경우가 많다. 특히 '자녀양육'은 ①, ②, ③, ④, ⑦의 욕구를 만족시킨다고 생각하므로 일일이 설명하지 않기로 한다.

① 생존 충실감에 대한 욕구를 만족시키는 것

심미적 관점(자연, 예술 등), 놀이, 스포츠 같은 취미생활의 소소한 즐거움. 이 안에는 본인조차 그것이 사는 보람이라고 의식하지 못하는 경우도 있을 것이다. 사는 보람에 대해 조사해보면 '걱정 없이 매일을 보내는 것', '여유 있게 사는 것'을 꼽는 사람이 꼭 있다. 사회학자 다카하시 도오루(高橋徹)와 미타 무네스케(見田宗介)가 국민을 대상으로 한 조사[9]에서는 남녀 모두에서 이런 대답이 약 10퍼센트 정도를 차지했다. 주부 대상의 조사[10]에서는 사는 보람이 '특별히 없다'고 대답한 경우가 6퍼센트였는데, 그중에는 '사는 기쁨, 즐거움을 항상 느끼기 때문에 특별히 쓸 게 없다', '매일 생활하는 것이 즐겁다, 살아 있다는 것 자체가 사는 보람이다'라고 대답한 사람도 있었다. 키르케고르(S. Kierkegaard, 덴마크의 철학자)는 일기에서 '여자란 사는 기쁨'이라고 말하는데, 남성보다는 여성이 평범한 일상에서 다양한 사는 보람감을 발견하는 데 뛰어난 것 같다. 이런 경우에는 특별히 사는 보람이라고 의식되지 않는 경향이 있다.

② 변화와 성장에 대한 욕구를 만족시키는 것

학문, 여행, 등산, 모험 등. 이것들은 동시에 경험 확장욕, 정복욕, 투쟁욕도 만족시키는데, 모두 자아의 확장을 지향하기 때문에 넓은 의미에서 성장에 대한 욕구라고 할 수 있다. 또 소유물을 늘리는 것과 다양한 물건의 수집도 성장욕을 만족시키는 사는 보람이라고 할 수 있다.

③ 미래성에 대한 욕구를 만족시키는 것

여러 가지 목표, 꿈, 야심 등 비근한 것부터 사회, 정치, 종교적 이상과 실천 계획까지 얼마든지 그 내용이 될 수 있다. 현세를 초월한 종말론적인 미래를 기대하는 것이 사는 보람이 되기도 한다.

④ 반향에 대한 욕구를 만족시키는 것

a. 공감, 우정, 사랑의 교류.

b. 우월함 또는 지배를 통해 타인으로부터 존경, 명예, 복종을 얻는 것.

c. 복종과 봉사로 필요한 존재가 되는 것.

⑤ 자유에 대한 욕구를 만족시키는 것

①에서 설명한 것은 모두 '무상성(無償性)'이므로 여기에 포함된다. 사람의 마음 세계를 편협함과 하찮음에서 넓게 해방시켜주도록 작용하는 일이나 인물, 위인, 위대한 교사, 교주 등 다양한 분야에서 두드러지는 사람들도 여기에 들어간다.

⑥ 자기실현에 대한 욕구를 만족시키는 것

여기에서 가장 개성적인 사는 보람이 나타난다. 특별한 재능으로 문화 각 방면에서 독특한 공헌을 하는 사람은 물론이고, 사소한 문예 활동이나 옷 만들기, 요리라도 그 사람이 아니면 안 되는 독자성이 있다면 그것이 자기실현의 사는 보람이 된다. 결국 이것은 창조의 기쁨으로 환원되는데, 이전까지 없던 새로운 무언가를 만드는 일은 자신이 살아 있다는 증거이며 자신의 생명의 의미를 확인할 수 있는 일이므로 뒤에 나올 일곱 번째 사는 보람과도 일맥상통한다. 창조의 대상이 꼭 그림이나 노래 같은 것일 필요는 없다. 자기에게 주어진 생명을 어떻게 살아가느냐 하는 삶의 방식 자체[11]가 독자적인 창조일 수 있다. 이것은 누구나 가질 수 있는 사는 보람이다.

⑦ 의미에 대한 욕구를 만족시키는 것

앞의 여섯 번째와 밀접하게 관련되어 있다. 자신의 존재 의의를 느낄 수 있는 일이나 사명이 모두 여기에 속한다. 보은, 충절, 효행도 여기에 포함될 수 있을 것이다. 또 교주적인 인물에 대한 귀의, 철학적 신념, 종교적 신앙은 더욱 넓고 깊은 의미에 대한 욕구를 충족시키는 사는 보람이 될 수 있다.

이외에도 리보가 들고 있는 파괴적 정열—증오, 분노, 복수, 질투—도 사는 보람, 적어도 '사는 의욕'은 될 수 있을 것이다. 그러나 이런 것들은 대개 이차적으로 생겨난 것이 아닐까? 건설적인 사는 보람에 대한 욕구를 저지당한 데 대한 반응이라고 생각할 수 있다. 그런 경우 파괴적 정열은 저지된 욕구가 반대 형태로 나타난 것이라고 고찰해야 할 것이다.

원래부터 파괴적인 사는 보람을 갖는 사람이 있는지에 대해서는 이견이 있을 텐데, 타고난 기질을 중시하느냐 환경을 중시하느냐에 따라 생각이 나뉠 것이다. 정신의학 입장에서 냉정하게 보면 일종의 정신병적 인격과 뇌질환을 가진 사람 가운데 파괴 자체에서 사는 보람을 얻는 것처럼 보이는 사람이 소수지만 존재한다는 것을 부정할 수 없다. 이들은 그런 방식으로 자신이 살아 있는 의의를 발견하려 하는 것이다. 이런 사람들도 다른 방식으로 사는 보람을 찾게 할 수 있을까? 이것이 우리에게 가장 큰 문제 가운데 하나다.

5 사는 보람을 빼앗는 것들

생존의 근저에 있는 것

사는 보람은 인간이 활기차게 살기 위해 없어서는 안 되는 공기와 같은 것이다. 그러나 사는 보람은 무너지거나 빼앗기기 쉽다. 인간 존재 근저 자체에 삶의 보람을 위협하는 요소들이 늘 따라다니기 때문일 것이다.

제행무상(諸行無常, 우주의 모든 사물은 늘 돌고 변하여 한 모양으로 머물러 있지 아니한다)의 종소리……. 이 익숙한 말에는 그런 사실에 대한 인식과 조용한 포기가 나타나 있다. 생로병사(生老病死), 부처를 구도의 길로 이끈 인생의 네 가지 고통은 지금도 인간이 거부할 수 없는 엄연한 사실이다.

인간이 도저히 도망칠 수 없는 힘의 중압 아래서 발버둥치는, 더 이상 견딜 수 없는 상황을 야스퍼스[1]는 한계상황이라고 했다. 이 한계상황을 초래하는 것으로 하이데거(Martin Heidegger, 독일의 철학자)는 죽음과 책임을, 야스퍼스는 죽음과 고통, 다툼, 책임을, 마르셀(Gabriel Marcel, 프랑스의 철학자)은 죽음과 배신, 사르트르는 죽음과 타인을 들었다. 어떤 것이든 사는 보람을 빼앗는 상황은 일단 한계상황이라고 보아도 될 것이다.

행복한 일상 속에서 평온하게 살아갈 때 사람은 인생의 이런 면을 자각하지 못한다. 죽음 하나만 봐도 그렇다. 파스칼에 의하면 인간은 누구나 사형수 같은 신분인데, 의식적으로든 무의식적으로든 죽음에서 눈을 돌리고 다른 일로 불쾌한 기분을 잊는다. 주변 사람이 죽을 병에 걸리거나 죽어도 자신과 아주 가까운 사이가 아닌 한 가볍게 생각한다. 그렇지 않으면 인간의 정신은 매번 동요되어 견딜 수 없기 때문이다. 상갓집에서 밤을 샐 때 사람들이 유쾌하게 먹고 마시며 환담을 나누는 광경은 그리 드물지 않다. 그것도 정신의 평형을 되찾으려는 자연현상이리라. 그런 가운데 고인의 존재에 모든 것을 걸었던 사람은 마음속 가장 깊은 곳에서 큰 상처를 입고 조용히 혼자 신음한다.

사람은 저마다 삶의 다른 시기에 다른 형태로 인생을 가로막는 벽과 같은 상황과 마주하고 그 위력을 실감하게 된다. 그때는 필연코 사는 보람이 문제가 될 것이다. '이렇게 슬프고 고통에 찬 인생도 사는 가치가 있을까' 하는. '앞으로 무엇을 사는 보람으로 여기며 살아야 할까' 하는.

시대가 아무리 변해도 정치나 사회가 아무리 개혁되어도 인간 존재의 이런 면은 없앨 수 없다. 학문과 사회정책의 발전으로 질병과 노화, 죽음의 위협이 멀어졌다 해도 결국 상대적인 것이다. 신경안정제와 마취제로 고통에 대한 감수성을 저하시키고 정신활성제로 기운을 내게 해도 결국 임시방편에 불과하다.

최근에는 문화인류학의 발전으로 인간의 정신과 의식, 남성과 여성의 역할과 그에 따른 의식이 문화에 따라 다르다는 것이 밝혀졌다. 문화, 사회에 따라 가치기준이 다르므로 마음 세계의 양상도 다르다는 점을 알 수 있다.

그러나 인간의 가장 근본적인 모습을 알고자 하는 사람에게 중요한 것은 그런 상대적인 차이가 아니라 그것을 제외한 후에 남는 인간 공통의 성질―만일 그런 것이 있다면―을 탐구하는 것이 아닐까. 적어도 한계상황에 있는 사람은 문화나 교양, 사회적 역할이라는 옷을 걸친 존재가 아니라 모든 것을 빼앗긴 알몸 상태의 '인간'에 불과하다. 죽음을 앞둔 상황에서는 국적도 계급도 공산주의, 자본주의도 없다. 인간을 탐구하는 데 인간의 이런 면을 밝힐 필요가 있기 때문에 지금부터는 한계상황에 처한 사람들의 마음 세계와 그 면모를 살펴보려고 한다. 그것은 역광(逆光)으로 인생을 비춰 보는 것과 같을 수도 있다. 그러나 병리학의 발전으로 생리학이 발전했듯이 '결여된 삶'을 알아보는 것으로 '정상적인' 삶의 구조를 밝힐 수 있다고 생각한다.

운명이란 것

운명이 인간에게 꼭 나쁜 상황만을 초래하는 것은 아니지만, 인간은 제멋대로 좋은 일은 당연한 것이라고 받아들이는 경향이 있다(좋은 일은 운명이 아니고 나쁜 일은 운명이라고 생각한다는 의미). 우리가 나쁜 병에 걸리지 않고 건강하게 친한 사람들과 더불어 평화롭게 살 수 있다면, 그것만으로도 아주 신기한 '운명', 좋은 운이라고밖에 할 수 없다. 나병에 걸린 사람을 보면 왜 우리가 아닌 그들이 병에 걸려야 하는가 하는 의문이 든다. 나병이 전염성 질병이기는 하지만 전염성이 매우 약하고, 나병 환자 중에 위생관념이 높은 가정에서 자라 어디서 그런 병이 옮았는지 짐작조차 가지 않는 사람도 적지 않다. 그래서 이 의문에는 답이 없다. 우리가 나병을 앓는다고 해도 이상한 일이 아니다. 그들이 우리를 대신해 앓고 있는 것이라고 해도 과언이 아니다.

사실 우리는 자기의 운이 얼마나 좋은지 깊이 감사해야 하는데도 특별한 일이 일어나지 않는 한 이런 것은 생각지 않고 그저 나쁜 운만 심각하게 받아들인다. 어느 나라든 운명이라는 말이 부정적인 연상을 동반하는 경우가 많은 것은 그 때문일 것이다. 예를 들어 그리스 신화에서는 세 명의 늙은 여신 모이라이들이 인간 하나하나의 수명의 실을 잣는다. 그 가운데 아프로포스가 변덕스럽게 커다란 가위로 실을 잘라버리면 앞날이 창창한 청년도 그 자리에서 숨이 멎어버린다. 청년의 어머니가 아무리 "사람 구실을 못해도 좋으니 살 수만 있게 해주세요. 죽지 않게 해주세요"하고 손을 모아 하늘에 기도하는 마음으로 오랫동안 피눈물 나는 간병을 해도 그녀는 가장 소중한 보물을 빼앗기게 된다. 우려했던 최악의 사태가 마침내 현실이 되면 그런 현실을 초래한 존재나 상황을 두렵고 가혹한 대상으로 여기는 것은 당연하다.

객관적으로 보면 그 자체로 선하거나 악하다고 할 수 없는 '운명적'인 현상도 인간의 마음과의 관계라는 지점에서 볼 때는 다양한 양상을 띠게 된다. 따라서 운명이란 단순히 외부에서 인간에게 닥치는 타격만을 의미하는 게 아니다. 똑같은 타격도 그것을 받아들이고 인식하는 방식이 저마다 다르고 끼치는 영향도 다르다. 특히 인간의 타고난 성격은 내적인 운명이라고 볼 수 있으므로 인생에 굴곡을 만드는 것은 외적인 운명과 내적인 운명의 만남이라고 해야 할 것이다. 그렇기 때문에 누구 하나 똑같은 운명에 처하는 사람은 없다. 또 인간의 의지를 뛰어넘는 힘이 어떤 사람의 인생에 작용할 때 그 힘이 어떤 의미인지는 그 사람이 그 힘에 어떤 의미를 부여하느냐에 달렸다. 즉 이것은 그 사람의 독특한 창조라고 할 수 있다.

난치병에 걸린다는 것

사는 보람을 빼앗는 상황으로 먼저 난치병에 걸린 경우를 생각해보자. 다음은 내가 실시한 문장 완성 테스트 결과 가운데 나병을 선고받았을 때의 심경을 쓴 환자들의 글이다.

'청천벽력이랄까, 경천동지랄까, 할 말을 잃고 절망 끝에서 죽음만 생각했다.'
'앞이 캄캄한 세계에 갇혔다.'
'눈앞이 캄캄해지는 공포와 절망을 느꼈다.'
'캄캄한 어둠으로 내몰리는 것 같았다.'
'세상이 캄캄해지면서 모든 인생 설계가 파괴되어버렸다.'
'어둡고 어두운 곳으로 가라앉는 것 같았다.'
'깊은 계곡으로 떨어진 느낌이었다.'
'구멍에 빠진 기분이었다.'

유소년 시절에 병에 걸린 사람, 가족 중에 이미 나병에 걸린 사람이 있는 경우를 제외하면 대부분이 이런 충격을 경험한다. 이 충격은 다음과 같이 죽음의 관념으로 이어지기도 해 발병 당시 자살을 기도하는 경우도 상당히 많다.

'죽음 선고를 받은 듯한 절망감'
'○○대학 진료실은 사형 선고장'
'인생의 수렁에 빠진 것 같아 여러 번 죽음을 결심했다.'
'말로는 표현할 수 없는 충격으로 자살과 죽음이 머릿속에 맴돌았다.'
'사는 보람을 잃었기 때문에 죽음을 생각했다.'
'내 인생의 종말이라고 생각했다.'
'이 세상이 싫어 죽고 싶었다.'
'죽음을 결심했지만 어머니의 슬픔을 생각하니 죽을 수 없었다.'

나병은 명백한 전염병인데도 여전히 천형이라는 잘못된 관념이 일반인들 사이에 퍼져 있어 다른 질병에 걸렸을 때보다 더 심각한 치욕감과 소외감을 느낀다. 그 파국적인 양상은 사형수나 나치 강제수용소에 수감된 경우[2]와 유사하다.

'인류라는 틀 밖으로 밀려나온 종족이 된 것 같은 기분이다.'
'인간으로서 자존심에 크게 상처받았다.'
'사회적으로 격리되고 홀대받을 것이 두려웠다.'
'염세적이고 고독해졌다.'
'지금까지의 나와 매우 달라졌고 모든 것이 내게서 멀어졌다.'

'많은 건강한 혈육 중에 왜 나만…… 하는 생각이 들었다.'
'조상과 가족에게 미안했다.'

마지막 문장에서 볼 수 있듯이 '가족'에 대한 죄책감으로 죄인이 된 것처럼 느끼는 사람이 많다. 그래서 가족에게 피해를 줄까 두려워 아무도 모르게 집을 나와 직접 요양소로 가거나 혹은 다른 곳을 거쳐 요양소에 들어가 가명으로 사는 사람도 드물지 않다. 그런 사람은 세상에서는 이미 죽었거나 행방을 알 수 없는 행불자가 된다. 발병 직후 운명을 저주하거나 자포자기하는 마음을 갖는 것도 당연한 일일 것이다.

'세상을 저주했다.'
'유배를 직감해 인간의 최후를 생각했고, 될 대로 되라는 심경이었다.'

이상이 소위 급성 충격 상태라고 할 수 있다. 결핵,[3] 암, 원폭증 같은 치료하기 어려운 병을 선고받을 때도 뉘앙스나 강약의 차이는 있지만 대개 이와 비슷한 마음의 상태를 볼 수 있다.

사랑하는 사람이 죽는 것

시간은 흘러 더 이상 자취를 남기지 않고
젖은 하늘, 별 조각도 보이지 않네
빈 껍질처럼 나는 돌아온다

천진한 아이들의 숨소리는 어디 갔나

소리 없는 집이 지금의 나 그대로구나

커다랗고 새로운 텅 빈 분묘!

우주 저 밑바닥으로부터 솟아난다 싶더니

암흑이 나의 영혼을 삼키고

평온은 흔적도 없이 사라졌네

울까, 아냐, 기도할까, 아냐

일어날까, 아냐, 앉을까, 아냐

모든 것의 부정, 부정의 부정

회오리바람에 에워싸인 나뭇잎처럼

마음은 우주로 날고 몸도 어느 새

빙글빙글 돌아다니네

……

말이 끊어진 날이 시작된다

이제야 깨달은 자신의 연약함이여

잃어버린 신의 외로움

산사태에 산 채로 묻혀

광부들처럼 낮에도 밤에도

빛과 틈을 찾아 나는 발버둥쳤네

기독교 전도사였던 후지이 다케시(藤井武)가 아내를 잃었을 때 노래한 시 〈어린양의 혼인〉[4]의 일부다. 다음은 장래를 약속한 상대를 잃은 여성의 수기를 인용해보자.

와르르, 갑자기 요란한 소리를 내며 발밑에서 대지가 무너지고 무거운 하늘이 그 안으로 빠져들어갔다. 나는 엉겁결에 양손으로 얼굴을 가리고 길 한가운데 털썩 주저앉았다. 끝을 모를 어둠 속으로 한없이 굴러떨어진다. 그는 죽고, 나도 지금까지 살아온 이 생명을 잃었다. 이제 절대, 절대 인생은 다시 이전처럼 돌아갈 수 없을 것이다. 아, 앞으로 나는 어떻게, 무엇을 위해 살아야 할까.

땅이 무너지고 모든 것이 붕괴했다는 것이 나병 환자와 매우 유사하다. 그러나 여기서는 특히 사랑의 공동세계가 무너져버렸다. 그 순간 어둠은 남겨진 자의 마음의 세계에 침입해 온통 까맣게 칠해버린다.

화장터에서 유골을 수습할 때, 유골을 안고 돌아올 때, 묘 앞에 설 때, 사랑하는 사람이 무덤 안에 있다는 것이 도저히 믿겨지지 않는다. 남겨진 자의 마음은 고인의 모습을 찾아 우주 끝까지 헤맨다. 당장이라도 사랑하는 사람이 손끝에 닿을 것 같고, 목소리가 들릴 것만 같은 곳까지 갔다가 허무하게 돌아올 때의 회한. 그 슬픔은 사람의 마음을 여러 갈래로 흩어놓는다. 문학작품을 보아도 에드거 앨런 포의 〈갈까마귀〉라는 시에 보이는 암흑의 벽과 같은 절망. 테니슨(Alfred Tennyson, 영국의 시인)의 〈인 메모리엄(In Memoriam)〉에 보이는 조용한 포기와 슬픔. 로세티(Dante Gabriel Rossetti, 영국의 시인, 화가)의 〈축복받은 다모젤〉에 보이는 애절하고 아름다운 천국의 환상. 그리고 《신곡》에는 《신생》의 애처로움과는 차원이 다른 죽은 자의 장대한 세계가 구축되어 있다. 일본 문학에도 이런 예는 적지 않다. 산 자와 죽은 자의 세계 사이의 경계가 허물어진 듯한 인상을 주는 작품으로 미야자와 겐지가 여동생의 죽음을 노래한 일련의 시들, 특히 〈종곡만가(宗谷挽歌)〉를 들 수 있다.

인생에 대한 꿈이 무너진다는 것

펄 벅(Pearl Buck)의 소녀 시절 꿈은 '자신의 집이 아이들로 가득한 것'이었다고 한다. 펄 벅은 후에 딸 하나를 낳았는데 '절대 어른이 되지 않는 아이', 즉 정신지체아였다. 펄 벅은 이 사실을 알게 되었을 때의 심경을 슬픔의 글[5]에서 다음과 같이 기록했다.

> 그때 내 감정은 말로 설명할 수 없다. …… 내 몸 안에서 피가 절망적으로 철철 흐르는 느낌이라고 해야 할 것이다. …… 떨쳐버릴 수 없는 슬픔을 안고 살아가는 법을 익히기 위해 어떻게 해야 할지를 깨닫는 첫 번째 단계는 끔찍하고 혼란스러웠다. …… 세상 어떤 것에서도 기쁨을 느낄 수 없었다. 모든 인간관계가 무의미하고 모든 것이 무의미했다. 풍경, 꽃, 음악도 공허했다.
> 　나는 일에 몰두했다. …… 사회적인 책무를 다했다. 그러나 이런 일은 모두 아무 의미가 없었다. 단지 손이 기계적으로 움직여 일할 뿐이었다.

인생에 대한 꿈은 여러 가지가 있을 수 있지만, 펄 벅의 경우처럼 사랑의 대상에 관련된 꿈이 파괴되는 것은 사는 보람을 상실하게 만드는 가장 큰 원인이 될 수 있다. 이것은 여성에게만 해당되는 얘

기가 아니다. 칼라일(Thomas Carlyle, 영국의 평론가)의 다분히 자전적인
《의상철학》(Sartor Resartus, 육체나 자연 같은 눈에 보이는 것을 눈에 보이지 않
는 신의 상징인 의상이라고 생각하는 의상철학에 대해 쓴 자전적 저서)에는 실연
의 충격이 다음과 같이 그려져 있다.

> 운명의 끝없는 파괴의 소리가 울려퍼지자마자 어둠의 두터운 장막
> 이 그의 영혼을 순식간에 덮쳤다. 산산조각 난 우주의 폐허 속에서
> 그는 심연으로 끝없이 떨어졌다. …… 마법 같은, 눈에 보이지 않는
> 투명한 벽이 나를 모든 생명들로부터 가로막았다. …… 거리의 혼
> 잡함과 번잡함 속에서도 나는 고독하게 걸었다. 마치 정글의 호랑
> 이처럼……. 나에게 우주는 생명도 목적도 의지도 적의마저도 완전
> 히 결여된 것이었다. 그것은 하나의 거대한, 죽은, 계측할 수 없는
> 증기기관처럼 냉정한 무관심 속에서 덜컹덜컹 전진해 내 몸을 뿔
> 뿔이 치어버렸다…….

뒤에 이어지는 묘사는 그야말로 분열증 증상인데, 할리데이(James
Halliday)[6]가 지적한 대로 단순히 상상만으로 그렇게 구체적으로 기술
했다고는 생각할 수 없다. 칼라일이 이 '영원한 부정'의 세계에서 어
떻게 '영원한 긍정'의 세계로 비약했는지는 그의 전기에서 가장 흥
미로운 점이다.

꿈이 파괴되는 경험은 일이나 사업에서도 얼마든지 겪을 수 있
다. 어떤 일에 모든 것을 걸고 깊이 몰두해온 사람에게 그 좌절은
사는 보람을 빼앗기에 충분하다. 또 어떤 사상이든 신앙이든 자신의

모든 것을 맡기고 그것에 따라 살아온 사람이 그 신조를 버릴 수밖에 없는 상황에 처했을 때, 그 사상이나 신앙을 대신할 것이 없는 경우에는 삶의 방향을 잃게 된다.

지금까지의 사고방식은 전부 틀린 걸까? 그 위에 쌓은 인생설계는 결국 모래 위의 누각에 불과한 걸까? 앞으로 어떻게, 어떤 방침으로 살아야 하나!

이 젊은이의 수기에는 사상을 잃고는 살 수 없는 인간의 심각한 위기가 보인다.

죄를 짓는다는 것

요즘 나는 너무 외롭다. 특히 내 마음의 상처에 대해서는 비관적이다. 어떤 이유가 있었든지 간에 그것과는 상관없이 생각할 때마다 슬프다. …… 가까운 친구는 물론이고 누구에게도 말하지 못하는 슬픔은 진흙탕 속에서 기어나와 은밀히 몸에 밴 냄새를 씻어내려는 것처럼 헛되다. …… 역시 내가 그런 짓을 저질렀다는 것은 슬픈 일이다. 몇 번이나 악몽에 시달렸는지 모른다. 내 팔이 잘렸는지 팔을 보며 우는 꿈을 꾸었다. 사람들에게 손가락질 당하는 꿈. 아니, 꿈이 아니라 실제 그런 기분이 든다. 어떤 생각을 하다가 그쪽으로 주의가 미치면 한 발자국도 움직일 수 없는 연약함을 통절히 맛보는 그런 꼴이다. …… 전력(前歷)은 지울 수 없다, 아무리 해도.

과거에 자신이 저지른 죄 때문에 아무도 모르게 고민하는 사람의 심경을 적은 글이다. 주변 사람들은 그 일에 대해 모르고 고백할 필요도 없는 상황이지만 자신 대 자신 사이에서는 가책을 느낀다. 대외적으로는 오래 전에 청산되었어도 자신을 똑바로 마주볼 수 없어서 고민하는 것이다. 따라서 이것은 정신분석에서 말하는 무의식에 억압된 죄책감은 아니다.

그러나 눈에 보이는 확실한 범죄를 저지르지는 않는다 해도 죄를 저지를 가능성은 모든 사람의 마음에 잠재해 있지 않을까? 타인에 대한 증오와 적의와 질투, 다양한 욕구는 범죄 행위의 싹이라고 할 수 있다. 우리가 죄를 범하지 않을 거라고 누가 장담할 수 있겠는가!

그렇지만 인간의 둔한 양심에는 누가 봐도 명백한 죄를 저질렀다는 자각만큼 절실하게 느껴지는 것은 없다. '자신이 그런 짓을 저질렀다는 사실', 즉 자신이 그런 일을 할 수 있는 인간이라는 것을 순순히 아무런 자기변명 없이 받아들일 수 있을 때 비로소 부버(Martin Buber, 오스트리아 태생의 유대계 독일 철학자)[7]의 '자기조명(自己照明)'이 생길 것이다.

전후 일본 사회에는 종군 중에 저지른 악행으로 혼자 양심의 가책을 느끼는 사람이 적지 않았다. 그에 대한 속죄로 사회봉사로 방향을 전향한 사람도 있다. 애생원에서도 이 양심의 가책 때문에 신경증에 걸렸을 거라 짐작되는 전직 군인을 만났는데, 그 사람은 지금도 밤에 잠이 들면 과거에 자신이 저지른 숱한 나쁜 짓들이 꿈에 나타나 가위에 눌려 식은땀을 흘리며 잠에서 깬다고 한다. 이 경우

책임은 개인보다는 전쟁이라는 사회악에 있기 때문에 괴로워할 필요는 없다고 말할 수 있다. 전쟁이라는 상황에서는 모두가 일반적인 도덕률에서 벗어난 행동을 하는 거라고 자기변호를 할 수도 있다.

그러나 사회적 상황이 어찌됐건 자기와 마주하며 사는 인간에게는 부버가 말하는 '실존적 죄악'이 문제가 된다. 부버는 이것 때문에 생겨난 신경증의 예를 들고 있는데,[8] 정신의학에서 이것을 어떻게 다룰지는 중요한 과제다.

죽음과 직면하는 것

내가 암에 걸렸다는 사실을 알았을 때 정말 놀랐다. 갑자기 턱 하고 머리를 맞은 느낌이었다. 암에 걸린 사람의 이야기는 들었지만 하필 그게 내가 될 줄이야! 모든 것이 갑자기 내게서 멀어졌다. 남편도 아이도 세상도 길게 드리워진 막 저편의 세계가 되고 나는 막 이쪽에서 홀로 죽어 이 세상을 떠난다는 현실과 마주하고 있었다.

나는 인생에 많은 꿈이 있었다. 그 대부분을 아직 이루지 못했다. 죽음이라는 것이 찾아오면 아무리 어중간한 인생이라도 그 어정쩡한 상태 그대로 사라져야 한다는 사실에 새삼 놀랍고 두려웠다.

암을 선고받은 한 주부의 수기다. 죽음에 직면했을 때의 심경은 사람의 성격, 연령, 처지, 살아온 길 등에 따라 저마다 다를 것이다. 다음은 더욱 심각한 경우 중 하나다.[9]

나는 사형수다⋯⋯. 뭐라고 형용할 수 없는 감정이 용솟음치며 이성을 밟아 부수고 창으로 집중된다. 과거를 흘러간 과거라고 깨끗이 덮어버릴 수 없는, 너무 깊은 고뇌를 나는 이 창을 향해 얼마나 많이 내던졌을까. 놀람, 분노, 절망, 고독⋯⋯. 그 다음에는 마지막 순간 마음의 무너짐과 상실 말고 대체 내게 무엇이 남을까⋯⋯.

죽음에 대한 공포와 이별의 슬픔 속에도 이 사람들의 마음을 못 살게 구는 것은 되돌릴 수 없는 과거일 것이다. 살아 있는 시간이 이렇게 제한되어 있지 않으면 아직 어떻게든 해볼 수도 있겠지만 죽음이 바로 눈앞에 다가온 지금은 그 벽 앞에서 홀로 과거의 자신과 마주하지 않을 수 없다. 죽음에 직면한 사람의 마음에 반드시라고 할 만큼 잘 드러나는 것이 모든 것에 소원해지는 현상이다. 세계가 긴 장막으로 가로막혀 있는 것처럼 보인다고 말할 때 그 사람은 이미 모두가 사는 세계에서 밀려나와 다른 세계에서 세상을 본다. 세상을 보는 눈이 달라지고, 다른 가치기준으로 판단을 내린다. '죽음의 양상'으로 인생을 볼 때 얼마나 많은 것들이 그 중요성을 잃을까? 어떤 것이 새로운 의미를 띨까?

그때 많은 사람의 마음에는 자신의 일생이 산 보람이 있었나 하는 물음이 가득할 것이다. 죽음이 다가와 많은 사는 보람을 빼앗겨도 얼마 안 되는 남은 삶의 시간 속에서 새로운 사는 보람을 찾아 과거의 인생에 새로운 의미를 부여할 수도 있다.

6 사는 보람을 상실한 사람의 마음 세계

앞 장에서 설명한 것 외에도 사는 보람을 상실하는 상황은 많을 것이다. 상황에 따라 차이는 있겠지만 사는 보람을 상실한 사람의 마음의 세계는 일반적으로 어떻게 되는지 공통점을 찾아보자.

파국이라는 느낌과 터전의 상실

급격한 정신적 타격을 받았을 때 파국을 맞았다고 느끼게 된다는 것은 앞에서 설명한 대로다. 이런 느낌의 정도가 지나치면 기절하거나 무감각, 무감동의 얼떨떨한 상태가 되는데, 일종의 방어라고 봐도 될 것이다.

　파국이라는 느낌은 지금까지 안주했던 마음의 세계가 갑자기 '소리를 내면서' '와르르' 무너지고 '산산조각' 나버리는 상태에서 오는 것이다. 발밑에서 땅이 갑자기 무너져내리면서 '끝을 알 수 없는 어둠 속으로 떨어져버리는' 것이다.

　야스퍼스[1]와 쿨렌캄프[2]가 '터전' 또는 '입장'이라고 표현하는 것이 결코 추상적인 개념이 아니라는 것은 사는 보람을 상실한 사람들의 표현이 놀랄 정도로 일치한다는 점에서도 알 수 있다. 게다가 초등학교밖에 나오지 않은 일본의 나병 환자가 하는 말과 영국의 문호 칼라일이 하는 말이 신기할 정도로 유사하다는 데서도 터전의 상실이라는 말이 단순히 표현이나 문화의 문제가 아니라 인간의 본성 자체에 뿌리내린 체험의 문제임을 알 수 있다. 인간이 모두 어떤 터전을 갖고 태어난다는 것은, 그 터전을 잃었을 때 그제서야 비로소 깜짝 놀라 의식하게 된다.

이와 함께 대부분의 사람들이 입을 모아 말하는 것이 눈앞이 캄캄해졌다는 표현이다. 똑같이 물리적인 빛을 받고 있어도 마음의 세계가 무너진 사람은 무섭고 이상한 어둠에 싸이게 된다. 메를로 퐁티(Merleau Ponty, 프랑스의 철학자)[3]는 "어둠은 자신 앞에 있는 대상물이 아니다. 그것은 자신을 감싸 온갖 감각을 통해 자신 안으로 침입하여 추억들을 질식시키고 자신의 개인적인 본성(identity)을 지워버린다"고 말했다. 또 민코프스키[4]의 말을 빌리면 '어둠은 구조도 없고 표면도 없고 나와의 사이에 거리도 없는 단순한 심연'이다. 이 어둠 속에서 사람은 방향을 잃고 계속해서 떨어져도 단단한 지반에 도달하지 못한 채 그저 허공을 헤맬 수밖에 없다. 대체 자신은 어떻게 될지, 어떻게 해야 좋을지, 그것을 알 수 있는 실마리가 될 만한 것은 하나도 없고 뭔지 모를 것들로부터 사방팔방에서 위협을 받는다.

나는 항상 불안해하고, 겁에 떨고, 주뼛대며 그것이 무엇인지 자신도 모르는 것을 이리저리 생각했다.

토이펠스드뢰크(칼라일의 정신적 자서전 《의상철학, 세 권으로 담은 토이펠스트뢰크 씨의 인생과 견해》의 주인공으로 사실은 칼라일 자신을 지칭), 즉 칼라일이 말하듯 세계는 더 이상 안주할 수 있는 곳이 아니다. 도처에 위험한 존재들이 자신을 엿보는 것 같다. 여기에서 민감관계망상(敏感關係妄想)이 발생해 한 걸음 밖으로 나가면 모두가 적이라는 의식도 생겨난다.

이런 위기 상황에 처한 인간은 허무 세계의 위협에 벌벌 떠는 한낱 생물체에 불과하다. 모든 에너지는 자기를 방어하는 데 집중해 사용된다. 그래서 자유를 잃고 개성이 질식되어 더 이상 인격적 존재라고 할 수 없는 상태가 된다. 갑자기 사는 보람을 상실한 사람들이 놀랄 정도로 닮은 모습을 보이는 것은 그 때문일 것이다. 이 패닉 상태가 심하면 파국감, 환각, 망상 등이 생길 수 있다. 애생원 환자 중에도 나병 선고를 받고 요양소까지 먼 길을 자전거에 흔들리면서 오는 동안 갑자기 빙의 상태가 되어 이후 2년간 분열증 증상을 보인 사람이 있었다.

가치체계의 붕괴

마음의 세계가 무너지고 터전을 잃게 된다는 것은 그 세계를 지탱하던 기둥인 가치체계도 무너진다는 것을 의미한다. 지금까지 삶의 목표로 삼았던 것을 잃게 될 때 사람은 앞으로 무엇을 위해 살지, 무엇을 소중하게 생각해야 할지 판단할 기준도 잃게 되는 것이다.

가치체계의 붕괴는 감정과 욕구와 감각 같은 생체험의 여러 방면에 영향을 미친다. 사람은 지각에 있어서조차 가치판단과 의미 부여를 하는데, 가치체계가 붕괴되면 이러한 능력, 즉 화이트헤드가 말하는[5] '상징적 관련짓기' 능력까지 손상된다. 그래서 지각 자체도 변화해 사물의 형태나 의미가 애매해지고, 모든 것이 이상하고 낯선 양상을 띠게 된다. '이인체험'(離人體驗, 자아에 대한 인식을 잃어버리거나 외계에 대하여 실감이 따르지 않는 병적인 상태를 이인증이라고 함)과 소외감도 이런 점에서 생각하면 이해가 된다. "무엇이 좋고, 무엇이 나쁜지조차 알 수 없게 되었다." 사는 보람을 상실한 사람에게서 이런 말을 자주 듣는다. 가치체계가 마음의 세계에 일정한 질서와 통합을 가져다준다는 것이 이런 실존적 위기에서 뚜렷이 드러난다. 뿌리와 기둥을 잃은 마음의 세계는 이리저리 흩어지고 갈피를 잡을 수 없게 되어 혼돈 그 자체가 되어버린다.

소외와 고독

마법처럼, 눈에는 보이지 않는 어떤 벽이 모든 살아 있는 것들로부터 나를 격리시켰다. …… 나와 이야기를 해도 내 주위의 남자와 여자는 단순한 영상(image)에 불과했다.

칼라일의 글에서처럼 사는 보람을 잃은 사람은 모두 고독해진다. 인생의 밝은 큰길에서 밀려나 이전까지 살았던 평화로운 세계가 갑자기 멀어지고, 화려하고 바쁜 타인들의 생활은 나와 아무 관계도 없어진다. 외톨이가 된다. 더 이상 사회에도 가정에도 비집고 들어갈 틈이 없다. 모두의 기쁨과 슬픔이 전혀 와닿지 않는다. 마음에 호소할 수 있는 것은 이제 아무것도 없다.

이런 '소원함'과 사회나 가정에서 느끼는 소외감은 나병이 발병했을 때의 경험에서도 많이 이야기된다. 그러나 이 사람들도 요양소에 들어오면 같은 병을 앓는 사람들의 사회를 발견하고 제2의 사회에 소속감을 갖는다. 고독과 소외감이 가장 집요하게 이어지는 경우는 오히려 통원치료를 받는 대학병원의 외래 환자들에게서 볼 수 있었다(1957년의 조사를 근거로 한다). 일반인들 사이에서 병을 감추고 사는 나병 환자의 고독이 심각한 것은 당연한 현상이다. 이것이 대인관계를 어색하게 만들고 타인이 끊임없이 자기를 주시한다는 기분을 느끼게 한다.

소속된 집단에서 느끼는 소외감은 인생 전체에서 소외되었다는 느낌을 준다. 자신은 아무에게도, 무엇을 위해서도 필요한 존재가 아니라고 느끼는 사람의 정신 상태는 사르트르의 《구토》(한 역사학자가 실존적 자아에 눈을 떠가는 과정을 일기체로 쓴 소설)에 잘 나타나 있다.

무의미하다는 느낌과 절망

애생원 환자를 대상으로 했던 문장 완성 테스트 가운데 '이곳에서 나는 대부분의 시간을……'로 시작되는 문장이 있었는데, '프롤로그'에서 소개한 대답과 비슷한 대답이 놀랄 정도로 많았다. 이를테면 다음과 같은 것들이다.

'멍하니 시간을 때운다.'
'무의미하게 보낸다.'

'먹고 잠만 잔다.'

이런 무의미하다는 느낌을 표명한 사람은 다른 항목에서도 앞날에 어떤 목표나 희망도 없다고 썼다. 나병 환자뿐 아니라 사는 보람을 잃어버린 사람의 마음 세계에서 미래로 향하는 길은 막혀 있고 시간은 멈춰 있다. 살아 있지만, 자신의 안에도 밖에도 새로 생겨나고 발전하는 것은 아무것도 없다.

무엇보다 내가 더 이상 미래라는 것을 생각할 수 없게 되었다는 것. 거기서 완벽한 암흑의 세계밖에 볼 수 없다는 것이 나를 자꾸 절망으로 내몬다.

이 글을 쓴 청년은 나병 환자가 아니다. 좋은 가정환경에 뛰어난 재능을 갖고 있으면서도 대학 중반에 사는 목표를 상실한 사람이다. 이런 상황에서도 '실존적 우울증'[6]이나 '가치상실 우울증'[7]이 생길 수 있다. 다음은 애생원의 중증 병동에 누워 있던 한 지식인 청년이 내게 낮은 소리로 했던 말이다.

저는 그나마 건강할 때는 사회주의 혁명의 이상에 불타 동지들과 혁명을 위해 열심히 운동하는 것을 사는 보람으로 느꼈어요. 그렇게 하면 일본 전체도 살기 좋아지고, 사회보장제도도 완벽해져서 우리 나병 환자도 행복해질 거라고 믿었어요. 열심히 활동하면서 기쁨을 느꼈죠. 그런데 막상 이렇게 병이 심해지고 보니 운동에도 참여할 수 없고 친구들은 차츰 발길을 끊고, 몸의 고통은 심해지기만 해서 다른 사람의 도움만 받는 처지가 되었어요. 마음의 고통과 이렇게 매일 마주하면서 역시 그것이 인간에게 가장 큰 문제라는 것을 알게 되었죠. 사회주의운동으로 사회가 좋아진다 해도 마음의 깊은 고민은 해결되지 않는다는 걸 깨달았어요.

요즘엔 병이 악화되어선지 너무 피곤해서 집중해 생각할 기력도 없고, 제가 살아 있는 의미도 모르겠어요. 하지만 저 자신의 마음을 뛰어넘는 더욱 위대한 입장에서 보면 저 같은 존재도 뭔가 의미가 있을 거라고 믿기로 했어요. 그렇게 믿고 살려고요.

이 청년의 말에서는 자신의 존재 의미를 '믿기로 하고' 절망 끝에서 견뎌내는 사람의 모습을 볼 수 있다.

부정 의식

'일체의 부정'이라고 후지이 다케시가 노래했듯이 부정(否定) 의식은 사는 보람을 전부 상실한 사람에게서 거의 예외 없이 볼 수 있다. 이토 다케시(伊東壯, 경제학자, 평화운동가)[8]에 의하면 원폭 피해자들의 정신 상태의 특징도 이런 부정 의식이라고 한다.

내 머리가 (전쟁)이라는 말을 잊을 때가 있어도 내 피부는 (그날)을, 그날 이후의 검붉고 너덜너덜한 여정을—그리고 언제 끝날지 모를 광기와 죽음에 대한 투쟁을—계속해 기억하고, 반추하고, 예지한다.

히로시마 평화공원 자료관에 있는, 도저히 똑바로 쳐다볼 수 없는 수많은 자료들을 보고, 원폭 돔 폐허 앞에 선 사람이라면 원폭증 환자의 말이 결코 과장이 아니라는 것을 알 수 있을 것이다. 그것이 모든 인간적인 것, 문명과 문화라 불리는 것의 부정이 아니고 무엇이랴. 이 환자의 글에는 개인을 뛰어넘는, 인류의 울림이 있다.

그러나 이토 다케시에 의하면 원폭 피해자들은 일반적으로 모든 것을 부정하면서도 자기 부정에는 도달하지 않는다고 한다. 그들이 갖고 있는 일종의 특권 의식이 자기 긍정을 가능하게 하기 때문이다. 이것은 나병 환자에게서도 자주 볼 수 있다.

하지만 부정 의식은 자신에게 향했을 때 비로소 철저해지고 심각한 것이 된다. 모든 외적인 것을 부정하면서도 자신을 마지막 의지할 곳으로 여길 수 있는 사람이라면 아직은 자신을 터전으로 외부의 것들과 싸울 수 있다. 혹은 자신 안에 틀어박혀 '자폐'라는 자세를 취할 수도 있다.

원폭증 환자는 특정 국가의 파괴적인 힘에 분노한다. 나병 환자는 나병에 대한 세간의 편견과 그 편견으로 생기는 차별대우에 분노하고 싸우려 한다. 그러나 그런 파괴적인 의지와 편견의 뿌리는 인류의 마음에 있는 것이고, 따라서 자신의 내부에도 내재해 있지 않을까? 만일 권력과 건강을 가진 입장이라면 그들 역시 그런 파괴와 편견에 가담하지 않았을까?

이런 부분에까지 생각이 미친다면 싸워야 할 상대가 반드시 외부의 것들에만 있지 않고 자신의 내면에도 존재한다는 것을 알 수 있다. 다음은 그 사실을 깨달은 한 히로시마 사람이 쓴 시의 일부이다.[9]

계속되고 있다, 확실히 계속되고 있다
끝나지 않았다, 확실히 끝나지 않았다
그것은 거의 잊어버린 일
한 사람 한 사람이 잘못을 저지른 것
평화는 손을 잡는 간단한 것
진짜 전쟁은 자신을 향해 나가는 것임을 아무도 알려 하지 않는다

최근 출판된 《히로시마 시집》에는 이런 깊은 반성을 담고 있는 작품이 여럿 실려 있어서 20년 동안 '부정 의식'이 더욱 깊어졌음을 엿볼 수 있다.

육체와의 관계

당신은 문둥병입니다,
하는 말을 들은 그 순간
초산을 뒤집어쓴 것 같았다
나의 스물다섯 해 역사의 모든 리듬이
끝도 없는 나락으로…… 아아, 싫다!
나 혼자 문둥병이라니 도저히 참을 수 없다
모두 문둥병에 걸려라 모두
나는 어찌되든 좋다
이미 나의 피부 아래서는
깊은 속으로 들어가는 갱도를 뚫고 있다

내일이라도
저 전율적인 장미와 같은 결절이
화산처럼 폭발하는 것이다
아아 그래도 나는
이 육체 안에서
자신을 맡긴 채
심연 속에서 호흡할 수밖에 없을까.

위 시는 한 청년이 노래한 나병 '선고기'[10]다. 나병이나 원폭증, 암 같은 병을 선고받은 사람에게선 육체와의 관계가 이처럼 더욱 선명하게 분리해 대립한다.

    그러나 이런 현상은 질병의 경우에만 한하지 않는다. 사는 보람을 전부 상실한 사람의 의식에서 마음과 몸은 뿔뿔이 흩어지는 경향이 있다. 원인이 무엇이든 자기가 살아갈 의미를 잃은 사람은 더 이상 이 세상을 살고 싶지 않다. 그래도 살지 않으면 안 되는 것은 육체가 정신의 그런 상태와는 무관하게 살아가기 때문이다. 나병에 걸린 사람은 자기 육체에 강한 혐오감을 갖는 것이 관찰된다. 발가락을 잃어 조리(샌들 모양의 일본식 짚신)를 신을 수 없는 사람이 적지 않다. 그럴 때 '육체에게 모욕을 당하는 기분'이라고 그들은 말한다. 또 나병이라는 병 자체가 사람을 죽음에 이르게 하는 일은 거의 없어서 육체가 살아 있는 한 그들은 살아갈 수밖에 없다. 사랑하는 사람을 잃은 사람은 더 이상 살고 싶지 않을 만큼 깊은 슬픔의 수렁에 빠져 있는데도 자기의 육체가 먹을 걸 원하는 것을 슬퍼한다. '산송장'이라는 말은 이럴 때 쓰는 말일 것이다.

그러나 아무리 정신이 육체를 원망해도 사는 보람을 상실한 위기를 극복하게 해주는 것은 역시 육체의 생명력일지 모른다. 그 점에 대해서는 나중에 자세히 살펴보자.

자기와의 관계

사는 보람을 상실한 사람은 자신과의 관계도 이전과는 완전히 달라진다. 가정과 사회 안에서 '번듯하게' 살고 있을 때 대개의 사람은 자신의 가치나 자기 존재의 필요성에 대해 자신감을 갖고 생활한다. 프롬[11]의 말처럼 그런 사람이 하는 행동의 대부분은 타인이 자기에게 기대하는 역할을 다하는 것으로 사회적인 역할이 한 사람의 자아 대부분을 차지하는 경우가 많다.

그러나 이런 사람들이 나병에 걸려 이름을 바꾸고 행방을 감춰 요양소에 들어간다면 어떻게 될까? 요양소 사회에서는 더 이상 상층부에 자리 잡고 있을 수 없다. 요양소 사회는 외부 사회와 가치 기준이 달라서 질병의 진행 정도나 지체 부자유 정도가 가벼운 사람일수록 가치가 높게 인정된다. 그밖에 문제가 되는 것은 성격 정도이고, 사회에서의 전력은 무시된다. 아니, 스스로 감추는 경우가 많아서 문제가 될 수조차 없다. 이런 곳에 들어오면 이전 생활에서 자신을 감싸고 지탱해주었던 것들이 전부 벗겨지고 알몸의 자기와 마주하게 된다.

요양소는 약간 극단적인 예인지도 모르지만, 어떤 일로 사는 보람을 잃은 사람은 대부분 고독 속에서 '자기'를 상대하게 된다. 게다가 그 자기란 삶의 목표를 잃고 통일성을 잃은 존재이기 때문에 이보다 더 무력하고 비참한 일은 없다. 그저 불안에 가득 차 공연히 과거를 돌아보며 후회와 원망에 묻히게 된다. 마음 깊이 숨어 있던 파괴적이고 원시적인 감정도 그대로 떠올라 자포자기하는 상태로 내몰린다.

이렇게 있는 그대로의 자신을 보면 사람은 '죄'나 '업'이라는 것과 맞닥뜨린다. 자신이 이렇게 추하고 약한 존재였나 하는 자괴감에 자존심이 산산조각난다. 다른 사람의 눈은 속일 수 있어도 자기 자신 앞에 설 수는 없다. 자신의 존재를 잊을 때도, 있는 그대로의 자기 모습은 우주 앞에 드러나 있다. 어떤 사람은 이렇게 노래했다.

오늘 밤도 우주는 나를 보고 있네
셀 수 없이 많은 눈을 뜨고
나의 뼈의 뼈, 골수의 골수까지
끝없이 용서 없이 —

이 심각한 자기혐오의 늪에서 사람은 어떻게 헤어나올 수 있을까? 자기에 대한 증오가 심한 나머지 자살하려는 사람도 있고, 술과 마약과 향락에 빠지는 사람도 있다. 어차피 이렇게 된 거 어쩌겠느냐며 타협하고는 다시 가면을 쓰고 살아가는 사람도 있다. 반면에 자기자신을 엄격히 마주보고 있는 그대로의 자기를 변명 없이 받아들이는 사람도 있다. 이런 상황에서 자기에 대해 어떤 태도를 취하느

나에 따라 이후의 삶에 큰 차이가 생길 것이다.

불안

나는 항상 불안해하고, 겁에 떨고, 주뼛대며 그것이 무엇인지 자신도 모르는 것을 이리저리 생각했다.

토이펠스드뢰크의 말은 불안의 모습을 잘 나타내고 있다. '자신도 무언지 모르는 것'을 생각하는 것이 불안의 특징이다.[12]

사는 보람을 상실한 상태에는 반드시 불안이 동반한다. 그중에는 생리적인 불안과 사회적 상황에서 생기는 불안도 섞여 있지만, 그들 모든 불안과 뒤섞여 서로 영향을 주고받으면서 그보다 더 깊은 곳에서 오는 불안, 이른바 '실존적 불안' 또는 '세계관적 불안'[13]을 모든 경우에서 볼 수 있다. 틸리히[14]에 의하면, 실존적 불안에는 세 종류가 있다. 첫 번째는 죽음의 불안, 두 번째는 무의미함의 불안, 세 번째는 죄의 불안이다.

어느 것이든 이 실존적 불안은 인간이 처한 상황과 관계없이 인간의 삶 자체에 내재되어 있다. 이러한 인간의 조건을 생각하면 불안을 느끼는 것이 당연하지만, 평소에는 바쁜 생활이나 더 얕은 기쁨과 고민에 가려져 있다가 사는 보람을 상실할 정도의 한계상황에서 드러나는 것이다.

이런 근원적 불안은 다른 사람이 임의적으로 조작할 수 있는 것이 아니다. 회피하지 않고 불안을 겪는 것으로 정신적으로 커다란 비약을 하는 경우도 있다. 정신과 의사라도 신중하게, 존중하는 마음으로 접근하지 않으면 안 된다. 차라리 인간은 홀로 이 불안과 직면해 대결해야만 한다.

고통

사는 보람의 상실에는 반드시 고통이 따른다. 고통은 육체적인 고통과 정신적인 고통으로 나뉘는데 그 구별이 명확하지는 않다. 육체적 고통과 정신적 고통은 동일한 현상의 양면이라는 설[15]도 있다. 육체적인 고통이 종종 불안과 초조감을 동반하고, 정신적인 고뇌가 몸 여기저기에 장애와 고통을 일으킨다고 알려져 있다. 그러나 육체적 고통 때문에 오히려 정신적인 고통이 경감되거나 없어지기도 한다. 그만큼 이 둘의 관계는 간단하지 않다. 애생원 환자에게서도 그런 예를 볼 수 있다.

서른 살이 되는 한 환자는 삶의 목표를 상실해 오랫동안 고민해 왔는데, 분명 그래서 생겼을 심장발작에 시달리고 있었다. 그러다 어느 날 방광염과 신우염에 걸려 고열이 나 두 달 가까이 병실에서 요양했다. 그는 그동안 몸은 고통스럽지만 정신적으로는 오히려 편하다고 직접 말했고 심장발작도 한 번도 일어나지 않았다. 그런데 병이 낫자 병을 앓기 이전과 똑같은 정신 상태로 돌아갔고, 심장발작도 다시 일으키게 되었다.

이것은 왜일까? 그는 요양 중에 의사나 간호사로부터 주의를 듣고 보살핌을 받았다. 그것이 고독한 마음에 편안함을 주었을 것이다. 그러나 더 근본적으로는, 병이 나아야 한다는 확실한 목표가 생기고 그 목표를 위해 매일 살아갈 수 있었기 때문에 마음의 통일과 안정을 가질 수 있었던 게 아닐까? 실제로 그는 매일 체온의 변화와 소변 검사 결과에 적극적인 관심을 보였다. 쾌유하기 위해 노력하며 충실함을 맛보았던 것 같다. 결핵을 오래 앓은 사람에게서도 이런 현상을 볼 수 있다. 일단 병이 치료되고 나면, 사회복귀와 새로운 삶의 목표를 찾는 것이 어려워 요양할 때보다 오히려 더 많이 고민하는 경우가 있다. 무엇을 위한 쾌유인가 하는 것이 문제가 되는 것이다.

육체적 고통보다 훨씬 심각한 것은 정신적인 고뇌다. 몸의 고통이 말초적이고 감각적인 데 반해 정신의 고뇌에는 자아의 중심이 관계하기 때문일 것이다. 그래서 사는 보람의 상실에는 고통이 따른다.

정신적 고뇌 가운데 경제적인 것과 대인관계에 관한 것은 일반인들이 일상에서 갖는 고민 가운데 가장 큰 부분을 차지한다. 이런 고민들은 시대의 변천과 사회 변혁으로 덜해질 수 있지만, 흔히 말하는 '세계고'(世界苦, 세계의 공통적인 고민)에 속하는 고뇌, 이를 테면 죽음이나 질병, 죄에 관한 고민은 결코 사라지지 않는다. 이런 종류의 고뇌가 사는 보람을 상실한 사람의 마음 세계를 차지한다는 것은 이미 많은 예를 통해 살펴보았다. 또 특별한 외적 원인이 없어도 사람에 따라서는 자조적이고 허무적인 면을 타고나서 자연스레 사는 보람을 상실하는 사람도 있다. 이런 사람은 윌리엄 제임스(William James, 미국의 심리학자)가 말하는 '두 번 태어난' 사람으로, '허무주의의 고민'[16]이 떠나지 않는 사람이다.

정신적인 고뇌는 타인에게 말함으로써 가벼워진다. 왜일까? 이 이야기를 들어주는 상대의 이해와 애정에서 위로받고 격려를 얻을 수 있기 때문일 것이다. 그러나 무엇보다 고뇌를 개념화해 말로 표현하는 것이 고뇌와 자기와의 사이에 거리를 만들어주기 때문이 아닐까? '남에게 차마 말하지 못할' 고뇌를 말로 표현하려고 할 때 사람은 상당한 노력을 기울여 자신으로부터 고뇌를 끌어내 그것을 하나의 대상으로 보려 한다. 이때 혼자가 아니라 누군가 다른 사람이 같이 봐주면 그만큼 고뇌를 객관화할 수 있다. 고통은 그 실체가 확실해질수록 고통에 압도되는 정도가 줄어든다. 그래서 동정의 말보다는 가만히 고민을 들어주는 사람이 필요한 것이다.

그런 듣는 역할을 해줄 사람이 아무도 없을 때, 혹은 고민을 감추지 않으면 안 될 때 고뇌는 표출할 길이 막혀 마음속에서 소용돌이치고 폭발한다. 가슴이 터질 것 같다는 말 그대로의 상태가 되는 것이다.

이것은 위기 상황이다. 어떻게 해서든 정신 내부의 압력을 낮추지 않으면 고뇌는 더욱 안쪽으로 향하게 되어 정신적 파국을 맞게 된다. 자살하거나 미칠 수도 있다. 고뇌를 털어놓을 사람이 도저히 없을 때는 글로 쓰는 것도 안전밸브 역할을 한다. 그런 계기로 탄생한 문학작품도 적지 않다. 예를 들어 키르케고르의 《이것이냐 저것이냐》는 레기네 올젠과의 파혼에 따른 고뇌의 산물이고, 뮈세(Alfred de Musset, 프랑스의 시인)의 수많은 아름다운 시는 조르주 상드와 헤어진 실연의 아픈 경험이 낳은 걸작이다.

고뇌를 얼버무리거나 고뇌로부터 도망치는 방법은 많다. 술, 마

약, 도박도 그런 방법 가운데 하나고 일에 몰두하는 것도 그중 하나
일 것이다. 그러나 고뇌와 정면으로 대결하지 않고 도망치기만 해서
는 아무것도 해결되지 않는다. 이전의 사는 보람은 무너진 그대로이
고 새로운 사는 보람도 찾지 못한다. 새로운 출발점을 찾으려면 고
통을 피하지 말고 철저히 괴로워하는 수밖에 없다.

슬픔

사는 보람을 잃게 만드는 슬픔에 대해서 생각해보자. 리보는 정신적
인 고뇌라는 하나의 개념 안에 슬픔도 포함시켰는데, 고통을 정신적
인 것으로만 한정한다고 해도 역시 슬픔과는 구별되어야 하지 않을
까? 고통에는 뭔가 움직이는 것이 있다. 이에 반해 슬픔의 세계에서
사람은 저항도 멈추고 몸부림치지도 않는다. 발버둥치는 것을 멈춘
순간 슬픔은 밀물처럼 밀려와 마음 구석구석까지 스며들어 외부 세
계의 것까지 전부 애수의 색으로 물들여버린다. 거기에는 번민하고
조바심내는 상태에서 볼 수 없는 통일과 체념의 조용한 아름다움이
있다.

고통은 정신의 일부만을 차지하는 경우가 많지만, 슬픔은 한층
더 생명의 기반에 가까운 곳에 뿌리를 내리고 그 영향은 육체와 정
신 전체에 퍼져나간다. 그래서 깊은 슬픔에 빠진 사람은 몸을 움직
이거나 생각하는 것도 불가능해진다. 고통은 그나마 생명에 대한 발
버둥이라고 할 수 있지만 슬픔은 생명의 흐름 자체가 정체하기 시
작했음을 의미한다. 스피노자(Baruch de Spinoza, 네덜란드의 철학자)가 거

듭 슬픔은 악이라고 말한 것도 이 관점에서 보면 이해가 된다.

그래서 깊이 생각하면 슬픔은 죽음과 허무를 지향한다고 할 수 있다. 우울증에서 '실존적 공허'(겝자텔, V.E. Gebsattel)의 감정은 죽음의 예감이며 허무의 '예체험(豫體驗)'이라는 설[17]도 있다. 어느 쪽이든 깊은 슬픔에 빠진 사람의 마음의 눈에는 모든 것이 '죽음의 시작'으로 보인다. 시간은 정지하고 미래는 캄캄한 동굴처럼 가도 가도 밝은 곳으로 나갈 수 없을 것 같다. 활짝 핀 꽃도 이리저리 팔랑거리는 나비도 모두 무의미하다. 아이들의 웃음소리도 연인들의 속삭임도 가식적으로 들린다. 가정을 꾸리며 부지런히 노력하고 심혈을 기울여 일해봐도 죽음은 바로 등 뒤에 다가와 있다. 자신의 마음에조차 의지할 수 없다. 이전에는 희망과 야심에 불타고 애정도 넘쳤는데 이제 모든 것이 메마른 사막처럼 꿈도 향기도 없다. 인생은 허망하고 사는 보람도 없다. 모든 노력이 허사로 여겨진다. 이런 '부정적 태도', '가치 상실의 감정'[18]이 지속되면 필연적으로 자살로 향하게 된다. 이는 우울증 환자의 거의 전부라 할 만큼이 죽음을 생각하고 자살을 기도하는 것을 봐도 알 수 있다. 오랜 시간을 거쳐 어떤 방법과 경로로 이 세계에서 벗어났다 해도 일단 사는 보람을 잃을 정도의 슬픔을 경험한 사람의 마음에는 지우기 힘든 슬픔이 각인되어 있다. 그것은 평소에는 의식에 떠오르지 않을 수 있지만, 타인의 슬픔과 고통에 쉽게 공명해 소리를 내는 현(弦) 같은 작용을 한다. 또한 현세와 자신에 대한 일종의 허무주의를 자아내어 자기도 모르는 사이에 가치판단에도 영향을 미친다. 그 허무주의는 자칫 현실세계의 일이나 사람들과의 연결고리를 느슨하게 할 수 있어, 사랑의 마음이 만들어내는 따뜻함이 부족하면 차가운 냉소주의나 조소하는 태도, 사람을 싫어하는 마음이 생겨 날 것이다. 그러나 만일 그 허무주의에 따뜻함이 있다면 거기서부터 타인에 대한 배려가 생기지 않을까!

그런 깊은 슬픔을 체험한 사람과 그렇지 않은 사람은 커다란 차이가 있음을 펄 벅은 앞서 소개한 책에서 이야기한다.

> 내가 세상 사람들을, 떨쳐버릴 수 없는 슬픔을 아는 사람과 전혀 모르는 사람 두 종류로 구분하는 법을 배운 것도 그 무렵이었다. 세상에는 달랠 수 있는 슬픔과 달랠 수 없는 슬픔, 두 가지 종류가 있기 때문이다. …… 달랠 수 있는 슬픔은 살면서 묻고 잊을 수 있는 슬픔이지만, 달랠 수 없는 슬픔은 삶을 바꾸어 놓으며 슬픔 자체가 삶이 된다.

펄 벅처럼 정신지체아라는 숙명을 가지고 태어난 아이의 불행을 평생 지켜봐야 하는 사람이나 나병 같은 질병과 평생 함께 살아야 하는 사람은 바로 이 '살아 있다는 슬픔'에 빠진 사람이라고 할 수 있다.

그러나 만일 브라우닝(Robert Browning, 영국의 시인)이 말했듯이 깊은 슬픔이 삶의 흐름에 던져진 돌이라고 해도 그 돌 때문에 삶의 흐름이 조급히 흐르지는 않는다. 그 돌을 움직일 수는 없어도 돌을 헤치고 나가는 것이 생명의 힘이리라. 이렇게 해서 사람은 질리지 않고 슬픔 속에서 다시 일어나 새로운 사는 보람을 발견하고 거기서 새로운 기쁨을 찾는다. 그러나 새로운 보람을 발견했다 해도 한 번 깊은 슬픔을 겪은 사람의 기쁨은 슬픔을 뒤집은 상태다. 이때의 긍정은 심각한 부정 위에 서 있다. 자기를 포함한 인간이라는 존재의 허무함, 나약함을 뼈저리게 깨달았기 때문에 그 안에서 다시 자라는 생명력의 발현을 애처로워하는 마음이다. 그 애처로움의 깊이는 자신이 거쳐온 슬픔의 깊이에 비례한다.

고뇌의 의미

지금까지 살펴봤듯이 사는 보람을 상실한 사람의 마음 세계는 견딜 수 없는 고뇌로 가득하다. 사는 동안 이런 상황을 지나야만 한다면 그 고뇌는 그 삶에서 어떤 의미를 가질까?

육체적 고통이든 정신적 고뇌든 괴로움은 쾌락에 비해 길게 느껴진다. 격렬한 고통으로 괴로워하는 사람에게 시간은 긴 고문과 같아서 한시라도 빨리 고통이 끝나주기를 기도한다. 고통에 대한 고전적인 저서를 쓴 이오티코(Josefa Ioteyko, 벨기에의 노동생리학자)[19]는 고통이 쾌락보다 의식에 오래, 깊이 각인되기 때문에 그만큼 더 쉽게 상기되고 훨씬 생생하게 기억된다고 한다. 단테의《신곡》에 더 없이 행복한 천국보다 지옥의 가책(呵責)이 훨씬 박력 있게 그려져 있는 것도 우연이 아닐 것이다. 인간의 마음은 고통스러웠던 일을 가능한 한 잊어버리려고 하지만, 고통을 완전히 잊어버렸다 해도 의식 아래서는 그 고통이 생생하게 존재한다. 이것은 최면술 실험으로도 증명되었다.

고뇌가 반성적 사고를 촉구한다. 이는 고뇌가 사람의 마음에 미치는 작용으로 일반적으로 인정되는 것이다. 괴로워할 때 정신적 에너지는 행동에 의해 외부로 발산되지 않고 정신의 내부로 역류하는 경향이 있다. 그러면서 여러 가지 감정과 원망과 사고의 소용돌이가 생겨나고 사람은 거기에 눈을 돌려 자기와 대면한다. 인간이 진실을 생각하고 자기를 깨닫는 것도 고뇌를 통해서 비로소 진지하게 이루어진다. 실존철학의 말을 빌리면, '즉자'(卽自, 헤겔의 변증법에서 그 자신이 독립적으로 존재하는 상태)로 사는 것이 아니라 자기와 마주하는 '대자'(對自, 헤겔의 변증법에서 즉자의 직접 상태에서 발전한 제2의 단계)로 사는 인간 특유의 생존양식이 이때 비로소 확립되는 것이다. 이것이야말로 고뇌의 최대의 의미라고 할 수 있다. 이런 의미에서 '인간의 의식을 만드는 것도 고뇌'라는 괴테의 지적은 정확하다. 괴로워하는 것으로 사람은 비로소 인간다워지는 것이다.

인간은 의미를 추구하는 욕구가 강해서 고뇌할 때조차도 거기에서 어떤 의미를 찾으려고 한다. '대체 무엇 때문에 매일 이렇게 괴로워해야 할까' 하고 중얼거린다. 괴로워하는 것으로 무엇을 얻을 수 있다면, 어떤 목적을 달성할 수 있다면, 고통도 아직은 견딜 수 있다.

고통에서도 의미를 발견하고 싶어하는 인간을 납득시키기 위해 옛날부터 고통에 많은 의미를 부여했다. 모든 것이 전생의 인연이라는 불교적인 견해에서 몸의 불운을 달관하고 차분한 포기와 묵묵히 참고 견디는 인종(忍從)의 경지에 이른 사람은 동양인인 우리 주위에 적지 않다. 교육을 받지 못한 사람 중에도 이런 경지에 이른 사람의 마음 세계는 옅은 슬픔의 색으로 물들어 있고, 범할 수 없는 침착함과 품위를 갖고 있다. 그 포기가 내세에서의 복을 구하는 것이 아닐 때, 대가를 바라지 않는 것일 때는 더욱 조용한 아름다움을 띤다.

또 다음과 같은 기독교적인 견해도 있다.

그러나 그것이 사람의 마음에 육체에
더욱 참기 어려운 슬픔이라도
그것은 신의 말씀으로 오는 것
그가 가까이 계심을 느끼게 하는 것
……
예수도 버려지셨다
그렇다면 당신도 버려져야 하느니
그렇지 않으면서 무엇을 고난이라 하는가
밤새 술을 마시는데 주님이 오셔서
술통을 밟으실 때
당신은 주님의 얼굴도 보지 않고 손도 잡지 않고
그저 가혹하게 짓밟는 주님의 발만 느끼는 것이니
눈에 보이는 것이 아닌 신앙으로
인내하고, 인내하고, 끝까지 충성하라[20]

마지막까지 참고 견딘 자가 천국에서 행복해질 수 있다고 말하면서 '이 세상에서 신을 위해 괴로워하는 것이 당신에게 주어진 일'이라고 위로한다. 이런 인식으로 격렬한 심신의 고통을 견디며 적극적인 기쁨과 희망에 찬 세상을 산 사람도 있다. 빅토르 프랑클이 '태도의 가치'라고 부르며 설명한 것도 이런 기독교적 토양 위에서 자란 것이라고 이해할 수 있다.

막스 셸러(Max Scheler, 독일의 철학자)[21]는 "사람은 고뇌를 올바른 의미로 사랑하게 된다. 그것은 신이라는 조각가가 한 인간의 삶이라는 소재에 정을 휘둘러, 소재 내부에서 관능의 혼미 속에서 상실되었던 이상적인 자아상을 새겨내는 것이다"라고 말한다. 바꿔 말하면 고통은 인격을 향상시키고 완성시키는 데 도움이 된다는 것이다. 이것은 셸러도 알고 있듯이, 고통 자체를 즐기는 마조히즘과 비슷해 보이지만 신의 뜻을 이루는 것과 인격을 완성한다는 목적 의식이 있다는 점에서 마조히즘과 본질적으로 다르다. 수행을 위해서는 고행이 필요하다는 사고방식은 동양에서도 볼 수 있고, 그런 사고방식이 다양하고 기묘한 현상을 만들어왔는데, 이것은 스스로 원해서 혹은 어떤 목적을 위해 고행하는 것이기 때문에 이야기가 다르다.

어느 쪽이든 자신에게 주어진 고뇌를 참고 견딤으로써 그 안에서 뭔가 자기의 삶에 도움이 되는 것을 얻었다면 그것은 완전히 독자적인 체험이고 자기창조라고 할 수 있다. 그것은 자기 마음의 세계를 만들어내고 가치체계를 변혁하고 삶에 대한 의식을 완전히 바꾸기도 한다. 사람은 자기 정신의 가장 큰 의지처가 되는 것을 고뇌로부터 만들어낼 수 있는 것이다. 지식과 교양처럼 외부에서 더해지는 것과 달리 내면으로부터 생겨난 것이야말로 시간이 지나도 사라지지 않는 그 사람의 것이고, 무엇에게도 빼앗기지 않는 것이다. 성 프란시스(Saint Francis)가 《작은 꽃들》[22]에서 말한 그대로다.

고통과 슬픔의 십자가야말로 우리가 자랑할 수 있는 것이다. 왜냐하면 '그것이야말로 우리들의 것'이기 때문이다.

7 새로운 삶의 보람을 찾아서

사는 보람을 잃고 절망과 허무의 어두운 계곡으로 떨어진 사람 가운데 많은 이들이 자살을 생각한다. 이것은 어느 나라나 마찬가지로, 미국의 크레인스(S.H. Kraines)[1]는 매우 슬픈 사건에 조우했을 때 정상인의 50퍼센트가 자살을 생각한다고 말한다. 일본에서는 그 비율이 더 높아질지도 모른다. 유소년 시절에 발병한 경우를 제외하면 나병에 걸린 사람이 대개 적어도 한 번은 자살을 생각하며 자살기도를 두세 번 정도 반복한 예는 드물지 않다.

　사는 보람을 상실한 사람이 죽고 싶다고 생각할 때 가장 번거롭게 느끼는 것은 자신의 육체다. 그러나 실제로는 그 육체야말로 자기도 모르는 사이에 그를 지탱해준다. 그 생명력을 펼칠 수 있게 해주는 시간이야말로 은인이라 해야 하지 않을까? 자살미수자의 대다수(80%)는 나중에 '죽지 않아서 다행'이라고 말하며, 대부분(75%) '마음가짐이 바뀌었다'고 그 이유를 들었다는 조사 결과가 있다.[2] 자살한다고 환경이 바뀌거나 소원이 이루어지는 것은 아니다.

　시간은 마음이 아니라 내면의 자세를 바꿔간다. 견디기 힘든 고통, 슬픔, 질병, 노화, 죽음도 시간이 극복하게 해준다. 몸의 상처는 시간이 지나면 자연스럽게 딱지 지고 조직이 재생된다. 이런 현상이 정신 영역에서도 이루어진다. 이에 관여하는 중요한 요소가 망각이라는 신비한 작용이다. 이 끝없는 심연에는 얼마나 많은 것들이 빨려 들어갔을까!

　모든 것이 자기 것 같은, 사물에 집착하는 것이 인간이다. 그래서 과거의 고민이 불쾌한 것이 아닌 한 잊고 싶지 않다, 슬픔으로부터 치유되고 싶지 않다고 바라는 마음도 있다. 그러나 시간의 힘은 예외 없이 작용한다. 그 치유의 과정이 무엇보다 육체에 갖춰진 생명력에 의한 것임을 펄 벅도 깨달았다.[3]

　내가 워낙 신체적으로 건강했던 것도 내 영혼의 전환에 다소 관계가 있다. 나는 해가 뜨고 지는 것을 보았고, 계절이 지나고 정원에 꽃이 피고, 길에 사람들이 지나가고 웃음을 터뜨리는 것을 보았다. 슬픔과의 융화 과정이 시작된 것이다.

시간이 흐르면 외부 상황도 바뀌고 새로운 환경, 새로운 대인관계, 새로운 사태를 맞게 된다. 인간은 좋든 싫든 그런 새로운 자극에 대응하지 않으면 안 된다. 그렇게 낡은 감정과 욕구와 꿈은 차례로 의식 밖으로 물러난다. 그러나 물러난다고 해서 그런 낡은 감정 등이 사라진다는 의미는 아니다. 프로이트가 말했듯이 자신에게 안 좋은 것은 억압되어 무의식 세계로 밀려나는 것도 사실이지만, 많은 경우 사는 보람을 상실한 상황은 간단히 무의식 안에 가둘 수 있는 것이 아니다. 단지 의식 주변으로 밀려나와 계속 존재하면서 의식의 중심을 차지하는 것들의 배경이 되어 영향을 미친다. 그것은 허무와 암흑이 배경이라서 마치 암시야(暗視野) 현미경으로 사물을 보는 것처럼 대상의 존재가 또렷하게 드러나 보이는 게 아닐까 싶다.

자살을 단념하게 하는 것

스스로 자기 생명을 끊고 싶다는 마음을 억제하게 만드는 것은 무엇일까? 우울증이 심한 사람처럼 그 생각을 실행에 옮길 만큼의 용기와 기운이 없는 소극적인 경우도 있고, 가족이 받을 충격과 슬픔을 생각해 실행하지 못하는 경우도 많다.[4] 윌리엄 제임스는 〈믿으려는 의지〉[5]라는 글에서 종교나 철학이 없는 사람도 자살 직전 세 가지에 의해 자살을 단념할 수 있다고 한다. 첫 번째는 동물도 갖고 있는 단순한 호기심으로, 살 의욕을 완전히 잃은 인간도 내일 신문에 어떤 기사가 실릴지, 어떤 우편물이 도착할지 알기 위해서 자살을 24시간 후로 미룰 수 있다고 한다. 두 번째는 미움과 공격심으로, 마음속에서 사랑이나 존경 같은 감정은 죽었어도 자신을 이렇게 내몬 대상과 싸우자는 심정으로 자살을 단념할 수 있다고 한다. 세 번째는 명예심으로, 지금까지 자신이 존재하기 위해서 얼마나 많은 희생이 치러졌는지, 이를테면 얼마나 많은 동물들이 자기를 위해 도살되었는지를 생각하면 자신 역시 제 몫을 다해야 하므로 이 정도의 고통은 견뎌내자는 마음을 갖는다는 것이다.

   동물의 도살 부분은 서양인의 의견답게 흥미로운데, 이 명예심을 자존심으로 바꿔 생각하면 이해가 된다. 일본의 대학생들에게 자살에 대한 의견을 적게 했더니 자살은 비겁한 행위라고 지적한 사람이 많았다. 자존심과 삶에 대한 책임감이 자살을 단념하게 하는 데 도움이 된다는 것이 확실하다.

   내일에 대한 호기심은 앞에서 말한 시간 문제로 이어진다. 절망한 사람에게는 미래가 존재하지 않으므로 하루라도 기다리는 마음을 가질 수 있다면 그것은 이미 긍정적인 자세라고 할 수 있다. 시간이 지나도 이대로 비참한 자신일 수밖에 없고, 사태는 늘 절망적이라고 포기하는 것이 자살을 생각하는 사람들의 공통점이다. 그러므로 이 사람들이 시간이 갖는 가능성을 신뢰하는 것은 매우 중요하다. '그저 서서 기다린다'(밀턴)는 것이야말로 절망에 대한 복종을 거부하는 첫 걸음이다.

자살을 단념하게 만드는 데 가장 큰 계기가 되는 것은 뭐니 뭐니 해도 두 번째의 공격심일지 모른다. 치면 반격하는 것이 인간의 원시적, 본능적인 반응이다. 운명의 타격을 받은 인간이 최초로 내는 신음소리는 펄 벅처럼 '왜 나만 이런 지경에 처해야 할까' 하는 원망이다. 이 원망과 공격심이 자신에게로 향하면 자살이 되고, 어디에도 향할 데가 없을 때 그것은 항상 마음속에 응어리로 남아서 막스 셸러가 말하는 '원한을 가진 인간'[6]을 만들어낸다. 원망과 공격심이 자기보다 운이 좋은 사람들을 향해 발산되어 질투나 증오, '샤덴프로이데'(Schadenfreude, 남의 불행에 기쁨을 느끼는 심리)의 형태를 취하는 경우도 드물지 않다. 또한 지나치게 엄격하게 타인을 단속하는 도덕주의자를 만들어내기도 한다. 이런 원망의 마음 때문에 일어난 범죄 사건도 꽤 있는 것으로 알려져 있다.

그러나 원망하거나 복수하고자 하는 마음도 적당한 방향으로 발산할 수 있는 배출구만 있으면 한 번 터전을 잃고 쓰러진 사람을 다시 일으킬 수 있는 발판 역할을 할 수 있다. 긴 절망의 시간 끝에 펄 벅을 다시 일으킨 것은 '이 일을 무의미하게 끝낼 수 없다, 딸의 불행을 사회적으로 의미 있도록 해야 한다'는 격렬한 의욕이었다.

하니 고로(羽仁五郎, 역사가)는 사랑하는 자식이 한 살 반 되던 해에 죽자 그 깊은 슬픔을 계기로 다음과 같은 심경에 이르렀다고 한다.[7]

세계에서 유례를 찾아볼 수 없을 정도로 일본의 영유아 사망률이 높은 데 대해, 그 원인인 일본제국주의의 잔혹함에 맞서 끝까지 싸울 것을 결심하게 되었다.

전도사인 후지이 다케시가 사랑하는 아내를 잃고 비탄의 늪에 빠졌을 때 그를 다시 일으켜 세운 것도 이 복수심이라고 해야 할 마음이었다. 다음은 당시 그가 어떤 사람에게 보낸 편지의 일부이다.[8]

나는 이런 일을 하는 인생에 분개하지 않을 수 없다. 나는 가장 아름다운 것을 만들어냄으로써 인생에 복수할 것이다.

이렇게 해서 그는 아내가 세상을 떠나고 죽기 전까지 7년 동안 자녀들을 데리고 독신생활의 부자유와 외로움을 견디며 더욱 깊은 신앙생활을 하면서 장편시 〈어린양의 혼인〉을 비롯한 많은 글로 형이상학적인 세계를 창조했다.

암이나 결핵에 걸려 완치될 희망이 없음을 자각한 사람이 있다고 해보자. 그가 그 사실 때문에 완전히 쓰러질 만큼 타격을 받지 않는 강한 공격심을 가진 사람이라면, 그 공격심이 시간으로 향하는 경우도 있다. 자신에게 남은 생이 앞으로 몇 년, 혹은 몇 개월뿐이라는 인식은 일종의 종말론적인 의식과 절박함을 낳는데 그것이 모든 사고와 행동의 배경이 된다. 자기에게 허락된 얼마 안 남은 시간을 최대한 활용해 질적인 영원을 확립하려는 강한 의욕이다. 그때는 육체적 고통이나 정신적인 고뇌가 오히려 지렛대 역할을 한다. 영국의 작가 캐서린 맨스필드(Katherine Mansfield)는 폐병으로 고독한 요양생활을 하면서 건강을 회복해 남편과 함께 행복한 가정을 꾸리는 날을 꿈꾸었지만 결국 꿈을 이루지는 못했다. 하지만 그 고뇌 때문에 보석 같은 단편들을 창조해냈다. 그녀가 죽기 2년 전에 쓴 일기를 인용해보자.

> 인간의 고통에는 한계가 없다. '이것으로 나는 바다의 밑바닥에 닿았다. 더 이상 내려갈 수 없다'라고 생각하는 순간 더 깊은 곳으로 내려간다. 이런 식으로 영원히 계속된다. …… 고통도 극복할 수 있다는 나의 신조를 기록으로 남기지 않고 죽고 싶지는 않다. 나는 그것을 확신하니까. …… 삶은 하나의 신비다. 무시무시한 고통도 결국에는 쇠약해진다. 나는 일을 해야 한다. 나는 내 고민을 무언가에 던져넣어야 한다. 그것을 변화시켜야 한다. '슬픔도 기쁨으로 바꿀 수 있다.'

운명에 대한 반항에서 수용으로

사는 보람을 상실한 사람은 마음의 세계가 파괴된 사람, 터전을 잃고 허공에 떠도는 사람이다. 정서적인 면에서는 심각한 불안과 고뇌와 슬픔의 위협을 받고, 지성적인 면에서는 가치체계가 무너져 가치판단을 내릴 수 없게 된다. 말초적이고 습관적인 행동은 훌륭히 해내도, 큰 맥락 속에서 구체적인 사항을 하나하나 파악하는 것이나 새로운 사태에 대처하는 능력을 상실한다. 이것은 골드슈타인이 뇌 손상 환자에게서 관찰한 것과 매우 흡사하다.[9]

특히 사는 보람을 상실한 사람은 사회로부터 소외된 경우가 많기 때문에 상식적인 가치기준을 받아들이지 못하고, 반발심이나 공격심에서 자포자기해 반사회적인 행동을 할 수도 있다. 애생원에서도 그런 사람을 가끔 볼 수 있다. 그러나 이런 형태의 사는 보람이 인간에게 진정한 사는 보람을 느끼게 하지 않는다는 것은 분명하다. 이런 것들이 인간의 성장 가능성을 키울 수 있는 마음의 세계를 만들 수 없기 때문이다. 뮈세는 조르주 상드와의 열렬한 사랑이 깨지고 난 후 슬픔과 방탕과 술로 세월을 보내 조숙하고 화려했던 그의 시적 재능도 더 이상 향상되지 않았다.

자포자기해서 자살, 범죄, 방탕, 향락에 빠지는 사람들을 보면 몇 가지 공통점이 있다. 그 가운데 가장 두드러지는 것은 시간에 대한 불신감과 인내심 결여이다. 한마디로 모두 성미가 급하다. 어차피 끝이라며 자신을 단념하고 상황도 좋아질 리 없다며 세계와 시간의 가능성에 대해서도 단념한다. 그리고 참을 수 없는 고뇌를 잘라내고 대강 넘어가기 위해 '단락반응'(短絡反應, 단순반응, 욕구불만이나 갈등에 빠졌을 때, 문제를 합리적으로 해결하려 하지 않고 충동적, 직관적으로 행동하는 것)을 하는 것이다. 사는 보람을 상실하고 새로운 사는 보람을 발견하고 싶다면 먼저 모든 것을 단념해버리고 싶은 마음, 조급한 마음을 억제하는 것에서부터 시작해야 한다. 플라톤도 《국가론》에서 이렇게 말한다.

불행한 때는 가능한 한 조용히 있는 것이 좋다. 그리고 불만스런 감정은 전부 억누르는 것이 좋다. 왜냐하면 이런 상황 속에 좋은 일과 나쁜 일이 얼마나 포함되어 있는지 우리는 평가할 수 없기 때문이다. 또한 성미 급하게 행동해도 아무 도움도 되지 않기 때문이다.

피할 수 없는 고통과 슬픔을 대강 얼버무리지 않고 견디기 힘든 삶을 어떻게든 살아가기 위해서 당장에는 스토아적인 억제와 인내가 필요하다. 아무리 시대가 변해도 스토아 철학이 갖는 용감함, 결백함은 이런 면에서 항상 필요할 것이다. 물론 인내만으로 진정한 사는 보람감이 생기지는 않는다. 그러나 이런 인내를 통해서만 도달할 수 있는 정신의 깊이, 준비되는 정신적 비약도 있다. 그런 의미에서 스토아학파의 심리치료적 의미와 실천은 라이프브란트(Werner Leibbrand, 독일의 정신과의사)의 말대로[10] 더욱 연구되어야 한다. 사는 보람을 상실한 사람이 인내심을 가질 수 있다면 오랜 시간이 지난 뒤에는 운명이 가져온 현실을 받아들일 수 있을 것이다. 피할 수 없다면 받아들이는 수밖에 없다. 고통과 슬픔을 안고 살아가는 방법을 익혀 어쩌면 니체의 말처럼 '운명에 대한 사랑(amor fati)'이 저절로 마음속에 싹틀지도 모른다. 그것은 길고 고통스러운 '황야'에서의 여정이다. 슈프랑거(Eduard Spranger, 독일의 철학자)는 이렇게 말한다.[11]

결연한 부정이 현세적인 모든 가치의 긍정을 차단하는 시기가 있다. 그런 시기에 모든 생명 에너지는 내면으로 향해 파괴된 세계를 보다 훌륭하고 보다 아름답게 구축한다. 이 절제와 금욕의 시기는 황야의 시련과 같다. 커다란 힘이 축적되었다가 결국 다시 해방되어 지상의 세계로 흘러나와 새로운 의미에서 이것을 소유하게 된다.

이 '황야'의 시기가 사람의 일생에서 매우 건설적인 의미를 갖는다는 것은 많은 사람들의 전기에서도 알 수 있다. 다음으로, 가혹한 운명을 받아들인다는 것이 구체적으로 무엇을 의미하는지 알아보자.

슬픔과의 융화

먼저 슬픔과 융화하는 것이다. 그러나 피할 수 없는 슬픔을 그대로 받아들인다는 것은 머리로는 생각할 수 있어도 실제 생활에서는 긴 여정을 기력이 다할 때까지 걸어야 하는 것이다. 앞에서도 말했듯이 슬픔이라는 감정이 삶의 기반에 자리를 잡고 뿌리를 내려 집요하게 생명력을 억압하려 하기 때문이다. 바닷가에 모래로 성을 아무리 높게 쌓아도 밀려오는 파도에 무너져 내리듯이 머리로 만든 마음의 자세는 이후에 밀려드는 슬픔의 눈물에 깎여간다. 그 생생한 과정의 흔적을 펄 벅은 작가다운 섬세함으로 그려냈는데, 어떤 설명보다 뛰어난 기록이다. 앞에서 소개한 문장에 이어지는 내용을 인용해보자.

아무튼 슬픔과의 융화라는 여정이 시작되었다. 첫 번째 단계는 있는 그대로 사실을 받아들이는 것이었다. …… 이것은 바꿀 수 없는 사실이고, 언제나 내 곁에 있을 현실이고, 아무도 나를 도와줄 수 없는 이상 받아들여야 한다고 깨달은 순간이었다. 그러나 이 단계를 몇 번이나 다시 밟아야 했다. 나는 또 무너지고 수렁에 빠졌다. 이웃집의 정상적인 아이들이 말을 하고 내 딸은 절대 할 수 없는 일을 하는 것만 보아도 내 마음은 무너져버렸다.

그러나 나는 주저앉아 있지 않는 법을 배웠다. …… 이것이 내 삶이니 어떻게든 살아야 한다고 결심했다.

어느 날 나는 내 아이가 살 장소를 찾아보기로 했다. 결정을 내리고 나니 마음이 편했다. 목표가 생긴 것이다. 수렁 안으로 동아줄이 내려왔고 그것을 붙들자 매일매일 조금씩 절망에서 빠져나올 수 있었다. 그러는 동안에 목표는 차츰 내가 알 수 있게 명확해졌다. 무슨 일을 해야 할지 알고 어떻게 해야 할까 생각한다고 해서 슬픔이 사라지지는 않지만, 목표를 알고 그것을 생각하는 것으로 살아갈 힘을 얻었다.

원망하고 탄식하는 데 힘을 다 쏟아붓지도 않았다. '왜'라는 질문이 계속 머릿속에 맴돌게 두지도 않았다. 가장 큰 변화는 나와 나의 불행에 대해 생각하기를 멈추고 아이만 생각하게 되었다는 것이다.

…… 나를 중심에 두고 생각하면 견디기조차 힘든 삶이다. 그렇지만 중심을 조금만 옮겨도 쉽지는 않지만 슬픔을 견딜 수 있다는 것을 이해하게 되었다.

여기서 주의를 끄는 부분은 펄 벅이 '중심을 조금만 옮겨 쉽지는 않지만' 슬픔을 견딜 수 있는 방향으로 향했다는 점이다. 이 말은 자신의 슬픔이나 슬퍼하는 자신에게 주의를 집중하는 동안에는 슬픔으로부터 벗어날 수 없다는 의미이다.

이렇게 해서 펄 벅은 차츰 자연을 보게 되고, 독서를 하고, 음악을 듣는 데서도 기쁨을 재발견하게 된다. 물론 슬픔이 완전히 사라진 것은 아니다. 슬픔이 의식의 시야의 중심에서 차츰 밖으로 밀려났을 뿐이다. 그것을 가능하게 한 것은 시간의 흐름과 육체의 생명력일 것이다. 또한 정신적이고 의식적인 면에서는 딸에게 좋은 학교를 찾아주겠다는 하나의 삶의 목표를 세운 것이 도움이 되었을 것이다. 이것은 평생 유지될 정도로 커다란 목표는 아니지만 여기서는 이런 구체적인 단기 목표가 필요했던 것이다. 펄벅은 당시의 주의와 에너지를 쏟을 수 있는 목표를 설정함으로써 슬픔에 집중하는 것을 막을 수 있었고, 이렇게 해서 슬픔의 수렁에서 벗어난다. 새로운 목표는 차츰 확장되어 딸의 불행을 무의미하게 두지 않겠다는 마음으로 커진다. 그 과정을 다시 그녀의 말을 통해 알아보자.

떨쳐버릴 수 없는 슬픔을 인내하는 법은 혼자 깨닫지 않으면 안 되기 때문이다. 또 단순히 참는 것만으로는 충분하지 않다. 억눌린 슬픔은 씁쓸한 뿌리처럼 삶에 박혀 사람을 병들고 우울하게 하는 열매를 맺어 다른 사람의 삶까지도 파괴해버리기 때문이다.

인내는 시작에 불과하다. 슬픔을 받아들이는 마음을 가져야 한다. 슬픔을 완전히 받아들이면 그에 따르는 보상이 있다는 사실을 알아야 한다. 슬픔에는 어떤 마력이 있기 때문이다. 슬픔은 지혜로 모습을 바꿀 수 있고, 지혜는 기쁨은 몰라도 행복은 줄 수 있다.

내 딸이 영원히 어린아이로 머물 수밖에 없다는 것을 처음 알았을 때 내 마음에서 터져 나온 말은 '왜 하필 내게 이런 일이 일어날까'라는, 피할 수 없는 슬픔이 닥쳤을 때 사람들이 내지르는 해묵은 원망의 소리였다. 이 질문에는 아무 해답이 없다는 것을 마침내 깨달았을 때 나는 무의미한 것에서 의미를 찾아내어 스스로 만들어낸 것일지라도 해답을 얻어야겠다는 결심을 했다. …… 내 딸의 조건 자체, 있는 그대로의 아이의 존재가 인류에게 무언가 쓸모가 있어야 한다.

이렇게 장기적인 삶의 목표도 명확해짐으로써 그녀의 마음에는 통일과 안정이 찾아온다. 그녀의 슬픔은 지금도 계속되고 있다. 정신지체아인 딸을 시설에 맡기고 정기적으로 방문한다는 펄 벅의 이야기를 3년 전 미국에 갔을 때 그 시설 관계자에게 들었다. 40대가 되었다는 딸도 보았다. 펄 벅은 정신지체아 연구를 위해 기부를 했고, 자택에서 다양한 국적의 고아를 맡아 돌보고 있다.

육체와의 융화

오랜 진화의 역사 속에서 인간의 의식은 육체로부터 차츰 분리되었다. 그로 인해 한 인간 안에서 정신이 육체를 바라보면서 예속, 도취, 수용, 반항, 배척, 무시, 경멸 등 다양한 태도를 취할 수 있게 되었다. 그리고 이 분리는 이런저런 기회에 의식으로 올라올 수 있는데, 난치병에 걸렸을 때만큼 이 분리가 강렬하게 의식되는 경우는 없을 것이다.

　나병에 걸린 사람이 병에 걸렸다는 사실을 안 순간 타인은 그에게서 뒷걸음질했을 것이고 스스로도 자신의 육체에 대해 공포와 혐오감을 느꼈을 게 분명하다. 이것은 그들의 수기를 보아도 알 수 있다. 그러나 이제 그런 육체와 어쩔 수 없이 함께 지내야 한다. 조리도 제대로 신을 수 없어 나를 모욕하는 것 같은 발도 내 일부로 인정해야 한다. 이전의 외모는커녕 희로애락도 제대로 표현할 수 없게 된 얼굴도 내 것, 내 존재를 드러내는 것으로 받아들여야 한다.

　이런 과제 앞에 서게 된 나병 환자는 오랜 시간에 걸쳐 차츰 자신의 육체와 융화해 사는 마음의 자세와 기술을 익히게 된다. 손가락이 거의 없는 손으로 식사를 준비하고 빨래를 하는 것은 물론이고 글도 쓰게 된다. 손가락 끝의 신경이 마비된 맹인은 혀로 점자를 읽게 된다. 그러나 전후에 발병한 사람은 나병 치료제인 프로민 덕분에 병이 심해지는 것을 막을 수 있어서 육체에 대한 관계도 이 전에 발병한 사람들과 매우 다르다. 특히 젊고 건강한 애생원 내 고등학교 학생들은 일반적으로 경증인데다 스스로 자신의 병을 인식해 병에 지지 않고 장래 희망을 위해 열심히 공부한다. 이것은 정신이 육체를 받아들여 육체와 융화하고 또 육체를 끌고 나가는 자세다.

　그런데 이 수용과 융화라는 상태를 조금 더 자세히 살펴보면 사람에 따라 다양한 차이가 있다. 육체를 받아들였다 해도 보기 흉하고 불편해진 몸은 육체로서의 가치가 떨어진다. 그 하락한 가치가 그대로 자기 존재 전체의 가치를 떨어뜨린다고 인식하면 열등감이 생길 수밖에 없다. 나병 환자들 사이에서 이런 가치관이 쉽게 사라지지 않는 것이 사실이다. 이것은 병의 경중에 사회적, 경제적 이해가 얽혀 있기 때문이기도 하다. 그래서 그들은 나병을 앓지 않는 건강한 일반인에 대해서 그들이 건강하다는 사실만으로도 특별한 존재처럼 느껴 그들에게는 큰소리도 칠 수 없다고 생각한다. 반대로 이 열등감을 위압적인 태도로 드러내는 사람도 있다. 다음은 한 환자의 글이다.[12]

> 사람들은 건강하다, 건장하다는 말을 자주 한다. 건강한 사람은 훌륭하고 강하고, 병자는 생각조차 할 수 없는 일을 뭐든지 할 수 있고, 또 건강한 사람은 아름답고 머리도 좋고……. 아무튼 뭐든지 병자보다 한 단계 위로 보인다. …… 병자는 건강한 사람 앞에서는 아무것도 할 수 없는 노예 같은 존재가 되는 것 같다.

안타깝게도 건강한 사람도 이런 가치기준을 갖는 경우가 적지 않아, 이 양자가 작용해 환자와 건강한 사람 사이에 눈에 보이지 않는 벽을 만들어, 똑같은 인간으로서 공동 의식이 생기는 것을 방해한다. 그 벽은 때로 사르트르 소설에서 사형수와 의사를 가로막고 있는 '벽'만큼 강하다.

그러나 인간 존재의 가치가 인격에 있고 정신에 있다는 생각을 갖고 있다면 자신의 육체가 어떻든 간에 정신의 독립적인 가치를 인정할 것이다. 병자가 자기의 존재에 긍지를 갖고 자존심을 유지하며 적극적으로 사는 보람을 느끼려면 이 길밖에 없다. 물론 머리로 생각하는 것은 쉽지만 삶 자체에까지 배어들게 하기란 쉽지 않다.

그 단계에 이르기까지 이런저런 미로에 빠져 헤매게 된다. 가령 정신의 독립을 강조한 나머지 육체를 무시하거나 경시해 치료를 게을리하거나, 병에 나쁘다는 것을 알면서도 무절제한 생활을 하는 사람도 있다. 또 자신의 육체가 약한 것을 있는 그대로 인정하려 하지 않고 무리하게 허세를 부리며 에너지를 소모하는 사람도 있다. 드물게는 정신력만으로 살겠다며 약도 복용하지 않고 식사까지 거부하기도 하면서 극단적인 금욕을 하는 사람도 있다. 빠진 눈썹을 심는 수술이나 성형수술을 받아 조금이라도 일반인처럼 보이려고 애쓰는 사람도 있는데 인간으로서 당연한 일이다. 자신의 몸 상태를 객관적으로 보지 못하고 조금만 몸이 이상해도 민감하게 반응하는 건강염려증에 걸려 육체에 예속되는 사람도 있다. 육체와 적절한 거리를 유지하는 것이 인간에게는 어려운 일일까. 육체로부터 오는 제약을 있는 그대로 받아들이고 인정해 괴로울 때는 괴로워하고, 치료가 필요할 때는 치료를 하는, 육체가 갖고 있는 자연치유력을 믿고 의학의 힘을 인정하면서도 그에 얽매이지 않는 태도, 육체와는 별개로 자기 존재의 가치를 적절하게 의식하는 태도……. 환자들은 그렇게 생각하고 그런 태도를 갖는 것이 얼마나 어려운 일인지를 다양한 모습으로 보여주고 있다.

건강한 사람에 대해서도 눈에 보이지 않는 벽을 뛰어넘어 비굴하거나 공격적이지 않으면서 똑같은 인간, 대등한 인간으로서 품위와 우정으로 대할 수 있는 환자는 소수에 지나지 않는다. 그런 소수의 사람들이야말로 '육체를 가진 존재'로서 인간의 가장 본질적인 문제와 대결해 육체를 올바르게 인식하는 길을 알면서 동시에 정신의 자유도 쟁취한 사람들이다.

과거와의 대결

사는 보람을 상실하고 비탄의 수렁에 빠진 사람에게 미래는 완전히 닫혀 있는 것처럼 보인다. 프레이스(Paul Fraisse, 프랑스의 심리학자)[13]도 말했듯이 그것 하나만으로 '과거의 우세'가 나타나는 경향이 있다. 미래에 아무것도 기대할 게 없다고 느끼는 사람은 모든 것이 과거에 의해 결정된다고 믿고 과거만을 바라보며 과거의 추억에 매몰된다.

슬픔에 잠긴 사람은 과거에서 무엇을 볼까? 단테의 지적처럼 지난 어느 날의 행복을 떠올리는 것은 현재의 불행한 느낌을 강화할 뿐이다. 또 현재의 불행을 가져온 원인을 과거에서 찾으면 '그 일만 아니었으면 이렇게 되지 않았을 텐데'하고 푸념하게 되는데, 이것 역시 현재의 '불행한 느낌'을 키울 뿐이다.

특히 사랑하는 사람을 갓 잃은 경우에는 그 사람과의 추억과 관련된 사람이나 물건이 슬픔의 감정을 불러일으키기 때문에 추억 속에 사는 것은 곧 슬픔 속에서 사는 것을 의미한다. 가까운 사람을 잃었을 때의 슬픔에는 종종 후회하는 마음도 섞여 있다는 연구[14]가 프랑스의 정신의학 관련 잡지에 실렸다. 생각만큼 잘해주지 못했다는 죄책감을 느낀다는 것이다. 살아 있는 사람이라면 앞으로 살면서 보충할 수 있지만 죽은 다음에는 되돌릴 수 없다. '그때 이렇게 할걸······' 하는 후회가 뇌리에서 떠나지 않아 슬픔을 견딜 수 없을 만큼 괴롭고 쓰게 만든다.

까다로운 병에 걸린 사람은 병에 걸린 원인을 탐색하는 데 주의가 집중되기 쉽다. 이때도 역시 무엇이 잘못되었나 하는 생각으로 마음이 요란스러워진다. 지금 와서 원인을 규명한다고 뭐가 달라지지는 않지만 책임 소재를 확실히 하는 것만으로도 마음 둘 곳이 생겨 조금이나마 타격이 적어질 거라고 착각한다. 그래서 자신이 잘못했으면 자신을 비난하고 타인이 나쁘면 타인을, 운명이 나쁘면 운명을 비난하게 된다. 로젠츠바이크(S. Rosenzweig)[15]의 '무엇도 비난하지 않는' 심경에 이르기는 쉽지 않다.

죄를 저지른 사람의 경우, 죄책감 문제는 더욱 심각해진다. 처음에는 주위의 비난이나 소외에 반항하거나, 죄의식에 기가 꺾이는 것에 스스로 저항해 타인이나 자신에게 억지로 오만하게 구는 사람이 있다. 그러나 외부의 사태가 안정되고 타인도 차츰 그 일에 대해 잊을 무렵이면 고독 속에서 자기의 과거와 대면해 과거의 죄를 마음의 눈으로 보며 괴로워한다. 특히 자기정당화에 대한 욕구도 유별나게 크고 죄책감이나 열등감도 그에 못지않게 강한 사람, 흔히 말하는 '기가 센' 사람의 마음은 그 갈등 때문에 찢어져 상처나고 고통받는 경향이 있다. 자신을 용서하고 싶지만 도저히 용서할 수 없는 고뇌다. 이런 마음에 필요한 것은 자신과는 무관한 권위 있는 타인의 용서다. 용서의 목소리는 스승을 통해 들을 수도 있을 테고 경전에서 들려올 수도 있다. 또는 어딘지 알 수 없는 곳에서 조용히 울리는 경우도 있다. 어쨌든 그것은 문자나 사상이 아닌 생체험으로 느껴지는 목소리여야 한다. '죄 많은 인간 그대로 상관없다', '있는 그대로 괜

찮다', '너의 죄는 용서받을 것이다' 하는 용서의 목소리. 만일 그런 소리가 세계의 어딘가에서 들린다면 죄를 지은 사람은 놀라서 환희의 눈물을 흘리며, 꾸미려는 마음도 버리고 있는 그대로의 자신을 던져 그 용서를 받아들일 것이다. 이를 통해 자신과 융화할 수 있게 된다. 자신을 받아들이고 수용할 수 있게 된다. 그리고 갈가리 찢긴 자신, 파괴적이고 모순으로 가득 찬 자신의 실체를 응시하고 제대로 인식한 상태에서 존재하며(부비)[16] 다시 시작할 수 있게 된다. 과거의 죄 많은 자신이 사라지지는 않지만 더 이상 과거의 모습에 구속되지 않고 과거가 만든 현재의 자기를 토대로 건설적인 삶을 만들어 내는 자유를 느낄 것이다. 그런 삶은 과거의 죄와 실패에 대한 어떤 속죄 행위보다도 과거를 의미 있게 만드는 길이 될 것이다.

　죄라고 부를 정도의 행위를 범하지 않은 사람의 경우도 근본적으로는 똑같다. 자유를 부여받은 인간은 항상 죄를 지을 위험에 노출되어 있다. 그렇기 때문에 항상 혹독한 자기반성과 늘 겸허하게 다시 시작하는 자세가 필요하다.

죽음과의 융화

죽음과의 융화를 생각해보자. 원인이 무엇이든 죽음이 다가오는 것을 순순히 받아들인 경우 마음의 세계는 어떻게 변화할까?

　죽음을 최초로 자각했을 때의 충격이 가라앉은 후 사람의 마음은 자연스레 과거를 점검하기 시작하고 지금 죽어도 될까, 죽을 수 있을까 자문한다. 주변 사람들과의 관계도 차례로 검토하면서 그들에게 해야 할 도리를 다해왔는지 생각할 것이다. 자기의 사명을 다하지 못했다면 적어도 남은 기간 동안만이라도 사명을 위해 최선을 다하고 싶을 것이다. 그런 과거 점검이 끝난 이후의 삶은 죽음에 대한 의식적인 준비이다. 충분히 이성적인 정신세계를 갖고 있다면 종교적 신앙이 없어도 침착하게 이런 마음의 태도를 취할 수 있다는 것은 여러 가지 예를 통해서도 알 수 있다. 이탈리아의 주부 마리나 세레니(M. Sereni)[17]와 미국의 신문기자 워튼베이커(L. Wertenbaker)[18]가 암 선고를 받은 후의 삶이 그랬다. 워튼베이커의 마지막 장면에 동감하지 못하는 사람도 죽음을 앞두고 이 신문기자 부부의 애정이 일사불란한 팀워크를 보이면서 죽음으로 착착 다가가는 모습에는 경탄을 금하지 못했을 것이다. 생의 위기감이 오히려 두 사람의 생활의 밀도와 긴장을 높여주고 의미감을 강하게 했다고 할 수 있다.

결국 죽음에 공포와 혐오의 감정이 결부되는 것은 워초프[19]의 말처럼 사람이 무의식적으로 '죽음-회피적 움직임'에 열중해 살기 때문이다. 이런 방어 태세를 거두고 죽음을 자신의 삶 안에 정면으로 받아들이면 죽음은 의외로 삶의 친구가 되어준다.

죽음을 앞둔 사람이 가장 먼저 깨닫는 것은 자신이 벌거숭이로 의지할 데 없이 죽음 앞에 서 있다는 것이다. 현재 소유한 그 무엇을 저 세상에 가지고 갈 수 있을까! 현실세계에 대한 집착이 허무함을 알게 된다. 지위와 돈과 명예는 물론이고 타인에 대한 애착 역시 아무 소용없다. 어린 자녀를 남겨두고 죽어야 하는 어머니의 경우도 어린 자녀를 남의 손에 맡기고 가야 한다. 그래서 사람은 죽음으로 끊어질 연(緣)을 미리 자신의 마음속에서 끊는 것을 배운다. 그럴 수 있게 되면 그 순간 몸도 가벼워지리라. 그리고 사람들과 함께할 수 있는 얼마 안 남은 시간은 그 각오로 더욱 풍요로워질 것이다.

전혀 자기 생명을 방어할 필요가 없을 때 사람은 더욱 자유로워진다. 더 이상 허식이 필요 없고 현실에서 살아가기 위한 이해타산도 필요 없다. 정말로 하고 싶은 일, 하지 않으면 안 될 일만 하면 된다. 그럴 때 사람은 스스럼없이 '살아 있는 움직임'으로 향하게 된다. 그 안에서는 놀랄 만큼 순수한 기쁨이 샘솟을 수 있다.

이런 상태에 있는 사람의 시간 의식은 일반인의 시간 의식과는 다르다. 그것은 프레이스[20]가 말하는 '무시간(無時間)'으로의 비약, 혹은 도피라고 할 수 있을 것이다. 죽음을 앞둔 사람에게는 일종의 종말론적 시간 의식이 생겨서 시간의 밀도가 비약적으로 커진다. 순간의 무게가 평생과도 비교되지 않을 정도로 커진다. 그러나 이 시기가 너무 길어 절박감이 결여되면 토마스 만(Thomas Mann, 독일의 소설가)의 《마의 산》(결핵에 걸려 요양소에 머무는 젊은 귀족의 이야기)에서처럼 일종의 진공 상태에서 오는 공허함이 생길 수 있다. 따라서 종말론적 시간 의식에는 절박감이 반드시 필요한 조건이다. 기독교 재림신앙의 심리적인 의미도 같은 종류일 것이다.

또 하나, 죽음을 앞둔 사람의 눈에는 사물이 다르게 보인다는 특징이 있다. 자연 풍경의 빛깔과 모양이 선명해지고 그 빛이 강해진다. 가리키 준조(唐木順三, 철학자, 사상가)의 말처럼 '거사(去私, 작은 나를 버린다는 뜻)의 세계에서는 사물이 나에게 말을 걸어오기'[21] 때문인지도 모른다. 다음은 가리키가 인용한 《일언방담초》(一言芳談抄, 단초라는 승려가 쓴 《일언방담》의 주석서)에 있는 사성(死聖) 교붓보(敬仏房)이라는 스님의 말이다.

> 이 세상에서 가장 높이 출세한다 해도 결국 그것은 죽음의 한 과정일 뿐이다.
> 때가 되면 죽게 된다는 것을 알면 세상에 소중한 것도 없으니.
> 자기 몸을 사랑하고 목숨을 아깝게 여기는 것에서 모든 번뇌가 생기는 것이거늘
> 실수로 죽게 되었을 때 오히려 그것이 기쁨임을 알 수 있다면
> 비로소 무엇이든지 어렵지 않게 채워질 수 있으리.

죽음에 대한 체념을 나타내는 무상감은 불교세계에 스며들어 있는데, 위의 글에서 볼 수 있는 태도는 그와는 달리 오히려 적극적인 죽음 예찬이라고 할 수 있다. 여기에는 더 이상 생명을 보호하고 방어하려는 태도도 없고, 남은 삶을 풍요롭게 하려는 자세도 없고, 삶의 어떤 부분만을 살려는 선택도 없다. 생명에 대한 집착은 일절 사라지고 죽음에 대한 동경만 있다. 이런 사람이 현세에서 사는 모습은 그야말로 망령과 같다고 할 수 있을 것이다. 그 정신구조는 충분히 연구할 만한 가치가 있다.

가치체계의 변혁

이상에서 살펴본 정신의 상태는 당연히 가치체계의 변혁을 필요로 한다. 변혁하지 않고는 살면서 어떻게 해야 할지 알 수 없게 된다.

애생원 사람들을 괴롭히는 열등감은 참 많지만 그중에서도 남성에게서 특히 두드러지는 것이 자기가 밥벌레라는 열등감이다. 물론 땀을 흘려 생활의 양식을 얻는 것이 올바른 인간의 길이다. 고생을 한 적이 없는 사람은 매사가 느긋하고 타인의 고생을 배려하지 못하는 경향이 있다. 또 경제적으로 독립하지 못하면 독립심이나 자율성을 갖기 어려운 것도 사실이다. 그래서 건강이 허락하는 한 요양원 사람들 역시 생산하고 자립할 가능성을 펴나갈 필요가 있다.

그러나 생계를 위해 일하지 않는 자는 인간으로서 가치가 없다고 하면 세상에는 나병 환자 외에도 같은 줄에 설 사람이 많을 텐데, 그들 모두 가치가 없다는 것인가?

이런 생각에는 인간의 가치가 경제력으로 결정된다는 가치판단이 바탕에 깔려 있다. 병 때문에 또는 그밖의 사정으로 일을 할 수 없게 된 사람은 자신도 지금까지 무의식중에 가치기준으로 삼았을 그런 사고방식을 재검토하고 변혁하지 않으면 열등감을 극복할 수 없다.

난치병에 걸린 사람은 특히 몸과 관련해서 열등감이 강하게 나타난다. 갑자기 육체가 자기로부터 분리되어 비참하고 가치가 하락한 존재로 눈앞에 있을 때, 사람은 정말 그 육체와 자신을 동일시하여 하락한 가치 그대로를 자기 전체의 가치로 받아들일 수 있을까?

펄 벅은 훌륭한 어머니로 사는 것이 어릴 적 꿈이었다. 그것이 인생 최고의 사는 보람이라고 느꼈을 것이다. 그런데 하나뿐인 딸이 평범하게 자랄 수 없다는 사실을 알았을 때 타인은 '호기심의 눈'으로 그녀를 바라보고 보이지 않는 데서 비난했다. 그로 인해 펄 벅이 얼마나 고통받았는지는 조심스럽게 써내려간 그녀의 글을 통해 엿볼 수 있다. 이것은 병약한 자녀를 가진 엄마, 결함 있는 아이의 엄마, 아이를 '죽게 한' 엄마에게 쏟아지는 차가운 비난이다.

세간의 성급하고 피상적인 가치판단을 그대로 받아들인다면 이런 사람들은 설 자리가 없어진다. 겉으로는 별 지장 없다는 듯이 행동할 수 있을지 모르지만, 마음속에서 똑바로 얼굴을 들고 살기 위해서는 자신만의 새로운 가치체계를 만들어낼 필요가 있다.

그래서 그들은 이전까지 어울려 살았던 사회나 집단과 거리를 두고 그곳에서 통용되는 가치기준을 다시 검토해보게 된다. 그러면 많은 경우 그 기준이 상당히 무책임하다는 것을 발견할 것이다. 사회적 관습에 의해 정해진 가치기준이든, 집단 유력자들의 의견으로 좌우되는 가치기준이든, 단순히 많은 사람들이 받아들인다는 이유만으로 어떤 가치기준이 정당화되는 경우가 적지 않다. 똑같은 일도 시대가 다르고 집단이 다르면 다른 기준으로 판단된다.

그런 기준에 의해 사회로부터 외면당하고 소외된 사람의 눈은 날카롭게 그 사회의 판단을 비판하기 시작한다. 그것은 지난한 과정이긴 하지만 낡은 가치기준에서 벗어나기 위해, 그리고 그들의 비난을 극복하기 위해 반드시 거쳐야 할 과정이다.

구체적으로 어떤 가치체계를 새롭게 세울 것인가는 다음에 말하는 삶의 목표에 달려 있는데, 어느 경우든 가치판단의 방식을 아주 조금만 바꿔도 세상은 놀랄 만큼 다르게 보인다. 건강한 사람, 외모가 아름다운 사람이 인간으로서 가치 있는 존재라고는 할 수 없다. 학식이나 성공, 사회적 지위가 인간의 가치를 결정하지도 않는다. 유능한 남편과 똑똑한 자녀를 둔 주부라고 인간으로서 가치가 높은 존재인 건 아니다. 이런 부정의 판단만이라도 자기 것으로 할 수 있다면 적어도 열등감이나 타인의 비평 때문에 고통받지는 않을 것이다.

배척된 사람의 행방

'이것으로 인생도 끝이구나 생각했다.'
'산송장이라는 기분으로 살았다.'
'늘 죽기를 바랐기 때문에 몸뚱이만 숨쉬고 있는 그런 기분이다.'

나병에 걸린 사람들이 애생원에 왔을 당시의 심경을 남긴 글들이다. 일반적으로 사는 보람을 상실할 정도의 극한상황에 있는 사람은 모두 그것으로 자신의 삶은 끝났다, 나머지는 그냥 사는 거다라는 생각을 갖는다.

시간 축 위에서

시간의 신기함은 이럴 때 비로소 알 수 있다. 삶에 목표가 있고 매일의 대략적인 일상이 정해져 있을 때는 시간은 멈추지 않고 경과하기만 하면 그것이 어딘가로 자신을 데려갈 거라고 느낀다. 그런데 아무 목표도 없는 생활에서는 단순히 밤낮의 차이와 식사 시간이 있을 뿐, 미래에는 사막처럼 아무 구조물도 없는 시간이 펼쳐질

뿐이다. 여가라는 것도 일에 쫓기는 사람에게는 기대하지 못했던 선물처럼 반갑고 즐거운 것이지만, 생활 전체가 여가가 되어버린 사람에게는 권태와 고통이다. 시간을 '때우기' 위해서 이런저런 것들을 시도해 봐도 공허함과 무의미함을 느낄 뿐이다.

시간으로부터 밀려난 인간은 오랫동안 폴 프레이스가 말한 '무시간(無時間)' 속에서 떠돈다. 과거를 생각하는 것은 참을 수 없는 고통이고 미래를 생각하기조차 두려운 사람은 현재라는 시간에도 현실성을 느낄 수 없다. 다음은 결핵을 앓고 있는 한 여성의 이야기다.

나에게는 더 이상 시간이란 것이 없는 것 같다. 남아 있는 것은 단지 고통스러워하는 자신, 그 고통의 의식뿐이다. 세월이 지나도 바뀌지 않을 것이다. 주위에서 어떤 일이 일어나든지 나와는 아무 관계도 없다. 있는 것은 단지 고통의 영원한 반복뿐이다. 시계 바늘이 아무리 돌아도 나는 그저 이 견딜 수 없는 상태에서 살아갈 뿐이다.

그러나 '무시간' 속에 멈춰 서 있는 사람도 결국 자신의 의지와는 상관없이 현실의 시간에 대해 태도를 정하지 않으면 안 된다. 현실의 시간은 현실세계에 차곡차곡 쌓이는 역사적 시간이다. 그 역사적 시간을 발견할 때 사람은 흔히 말하는 '시간의 부과성(負課性)'[22]을 깨닫는다. 이 '역사적 의식'에 대해서는 나중에 설명할 테지만, 어쨌든 남은 인생도 이 시간을 어떻게 사느냐, 어떻게 활용하느냐에 따라 그저 남아 있는 삶이 아닌 하나의 새로운 삶으로 바뀔 수 있다.

공간의 확대 속에서

사는 보람을 상실한 사람은 시간이라는 축에서 배척될 뿐 아니라 넓은 공간에서도 소외된다. 지금까지 살고 있던 세계로부터 갑자기 아무 쓸모없는 '무용자(無用者)', '아웃사이더', '소외자'로 밀려난다. 혹은 스스로 나가버린다.

인생의 허무함을 깨닫고 출가하는 사람은 옛날부터 여러 문화권에서 볼 수 있었다. 가라키 준조[23]에 의하면 일본에는 '아웃사이더'의 전통이 있고, 그것이 문화적으로 큰 역할을 해왔다. 또 가와카미 데쓰타로(河上徹太郎, 문예평론가)[24]의 지적처럼 근대 일본에서도 '아웃사이더'가 문화적으로 크게 활약했다. 《겐지이야기》(11세기에 지어진 장편소설)의 세계에 자명하게 그려져 있듯이, 세상을 버리는 것이 전통이라는 맥락에서 인정될 때는 개인적으로 그럴 필요를 느꼈을 때 누구나 큰 저항 없이 그 길을 선택할 수 있다. 사이교(西行, 일본 전통의 정형시인 와카의 명인)나 바쇼(松尾芭蕉, 일본의 전통 단시인 하이쿠 시인)처럼 의기양양하게 출가할 수 있을지도 모른다. 속세를 버린 사람은 가모노 조메이(鴨長明, 수필가)처럼 작은 암자를 지을 수도 있고, 방랑을 떠날 수도 있고 절에 들어갈 수도 있다.

서양에도 아웃사이더의 계보가 있음은 윌슨(Colin Wilson, 영국의 평론가)의 책[25]을 봐도 알 수 있다. 특히 가톨릭교회의 수도원 제도는 세상에서 밀려난 사람과 세속적인 생활을 싫어하는 사람에게 알맞은 은퇴 장소를 제공해왔다. 특히 여성이 정신세계에 집중해 살고자 한다면 수녀원에 들어가는 것이 가장 흔하고 쉬운 길이었을 것이다. 파스칼(Blaise Pascal, 프랑스의 철학자)의 여동생 자클린이 포르루와얄수

도원에 들어간 것도 좋은 예다.[26]

현대인에게도 이런 제도가 있고 쉽게 접할 수 있는 곳이 있다면 도움을 받을 사람이 적지 않을 것이다. 퀘이커 교도는 생활 속에서 명상의 시간과 장소를 갖춰야 한다고 생각해 정기적인 안거수행(retreat) 제도를 현재까지 실행하고 있다.

이상은 주로 스스로 속세를 버리는 경우였지만, 질병이나 다른 이유로 어쩔 수 없이 공동체를 떠나야 하는 사람들의 경우는 어떨까. 다양한 요양시설이나 갱생시설 등 특수한 집단에 가보면 미묘한 차이는 있지만 공통적으로 일반 사회 바깥에 있는 세계, 다른 세계라는 독특한 분위기를 느낄 수 있다. 그것은 호스피털리즘(hospitalism, 시설병, 오랜 요양소 생활로 사회 복귀나 독립 의욕이 상실된 상태)이라는 용어로는 표현할 수 없는 특별한 느낌이다. 그런 느낌을 극한적 형태로 대표하는 것으로, 다시 애생원 사람들이 입소했을 때의 심경을 들여다보자.

'무덤에 왔구나 싶었다.'
'유배됐다고 생각했다.'
'무기징역형을 받고 형무소에 들어온 느낌이다.'
'다른 어둡고 어두운 세계로 들어가는 기분이다.'

요양소에 대한 선입견도 이런 심경에 큰 영향을 미쳤을 텐데, 직접 와보면 생각지 못했던 안주할 수 있는 공간을 발견하고 안심하는 사람도 적지 않다. 이전까지는 일반 사회에서 병에 걸린 사실을 감추거나 병을 의식하고 신경 쓰며 살았지만, 이제 같은 병에 걸린 사람들과 살 수 있다는 안도감을 느낀다. 또 그들 중에는 적극적으로 사는 보람을 느끼며 생활하는 사람도 적지 않다. 애생원의 초대 원장인 미쓰다 겐스케(光田健輔, 병리학자, 피부과의사)가 이 섬에 요양원을 만들었을 당시 전임지인 전생원(全生園)에서 몇 명의 '개척자'를 데리고 왔다. 그 가운데는 부부도 있었다. 그들은 원장에게 모든 것을 바친 사람들로 정신력과 체력이 뛰어나 직접 괭이질을 하고 삼태기로 흙을 날라 섬에 길을 내고 집을 짓고 나무를 심었다. 그 공로자들은 지금은 나이가 들어 부자유스러운 몸이 되었지만 그들과 이야기를 나눠보면 자기 삶의 의미를 자랑스럽게 여긴다는 걸 알 수 있다. 그들의 미간에는 인간으로서의 당당한 자신감과 위엄이 감돈다. 하나의 사회를 건설하기 위해 평생을 바친 삶이 인간 존재에게 어떤 의미를 갖는지 그들은 분명하게 보여주고 있다. 한편, 비교적 나이도 젊고 몸도 부자유스럽지 않은 사람 중에 원내 조직을 비판하고 환자의 인권을 위해 투쟁하는 것에서 사는 보람을 찾는 사람도 있다.

증상도 가볍고 전염력이 없는 사람은 사회로 복귀하는데 막상 그들을 받아들일 사회가 병에 대한 이해가 없는 경우에는 병을 숨기면서 남모르는 고생을 해야 한다. 가끔 일반 사회에 '일시 귀가'를 하는 사람도 많은데, 귀가라고는 하지만 가명을 쓰고 행불자가 되어 모습을 감춘 사람은 대부분 집에 돌아갈 수 없는 처지라서, 가족의 소식이 궁금해 집 주변을 어슬렁거리거나 잘못 건 양 전화를 걸어 어머니의 목소리를 듣기도 한다.

나병 환자뿐 아니라 일단 사회에서 배척된 사람은 어디를 가든지 이 세상에서는 일종의 망령 같은 존재가 아닐까? 프랑스어로 망령을 '르브넝(revenant)'이라고 하는데, 다시 돌아오는 자라는 의미다. 인간사회에서 배척된 사람은 다른 세계로부터 다시 돌아오는 망령과 같은 존재인 것이다.

자연 속에서

지금까지 사람들과 같이 살던 세계를 벗어나 그 바깥으로 나가는 사람은 그것이 자발적이든 억지로 내보내졌든 가는 곳이 인간의 집단인 한 그곳에서 다시 타인과 더불어 살 수밖에 없다. 같이 살기 위해서는 그들의 가치체계를 받아들이고 그곳의 규율과 습관을 따르며 집단의 일원으로 책임을 다해야 한다. 특수한 사회로 도망치면 골치 아픈 인간관계도 없을 거라고 기대한 사람은 실망하게 될 것이다. 닫혀 있는 작은 사회에서의 사회생활이 더 번거로운 경우가 적지 않다.

특히 사는 보람을 상실해 고뇌하는 사람은 단순히 사는 사회를 바꾸어 동고동병(同苦同病)하는 사람들이 사는 곳에 들어왔다는 것만으로는 고뇌가 사라지지 않는다는 것을 머지않아 깨닫게 된다. 요양소에 있던 한 사람은 다음과 같이 말했다.[27]

> 의식주만 어떻게 해결된다고 그것으로 다가 아니다. 인간이 인간답게 살기 위해서는 그 이후의 세계가 필요하다. …… 지위를 잃고, 직업을 잃고, 가족을 잃고, 고향을 잃고, 사람의 형체마저 잃고 천

지 간에 살 곳이 없어진 사람의 모임이다. 살다 보면 이곳도 이곳 나름대로 하나의 사회가 되어 생활도 있고 희로애락의 감정도 생기겠지만...... 몇 년, 몇십 년을 산들 그 삶 안에 무엇이 있을까. 성장도 생산도 표현도 갖지 않은 삶이라고는 하나 어딘가 의지할 섬이 있을 것이다. 아무 생각할 힘이 없어도 이것만은 이곳 사람들이 의식의 근저에 갖게 된다.

이것은 나병에 걸린 사람에 한하지 않는다. 물론 그들의 처지가 한계상황임은 분명하지만 인간이 갖는 본질적인 문제가 극단적인 형태로 나타난 것에 불과하다. 어차피 사는 보람을 상실한 사람은 새로운 사는 보람을 발견하지 않는 한 어디를 가도 그곳은 '임시 거처'에 불과하다. '산송장'인 한 현세는 단지 육체를 한동안 보관하는 장소에 불과하다.

그렇기 때문에 사회에서 배척된 사람은 현실세계에서 어디를 가고 어떤 행동을 하든 마음속에서는 늘 방랑자다. 출가이고 망령이다. 그에게 더 이상 안주할 곳은 없다. 정녕 그가 조금이라도 쉴 수 있는 곳은 없는 걸까?

그 사람이 쉴 수 있는 곳, 그곳은 바로 자연이다. 자연이야말로 사람을 만들어낸 모태이고, 언제 어느 때나 상처 입은 사람을 맞아 위로하고 낫게 해주는 곳이었다. 그것을 본능적으로 알고 있기 때문에 옛날부터 고통받는 사람, 고독한 사람, 배척된 사람은 모두 자연의 품으로 돌아갔다. 성현들도 인생에 대해 고민할 때 모두 자연에서 홀로 지냈다. 자연에는 안팎의 구별도 없고 나가고 쫓겨나는 일도 없기 때문이다. 사는 보람을 상실한 사람은 다음과 같이 노래한다.

말로 다할 수 없는 탄식을 품은 마음을
들판에 누워 올려다본 하늘
초원에 누워 올려다보면
나도 작은 꽃이 되네
대지에 활짝 피네

발판을 잃고 혼자 허공을 헤맨다고 여겼는데, 대지는 그런 자신을 받아들이고 지탱해주었다. 그리고 자연은 사람처럼 이런저런 말을 하지 않고 묵묵히 손을 뻗어 감싸준다. 참담한 모습 그대로, 지리멸렬한 모습 그대로, 있는 그대로 그곳에 몸을 던질 수 있다.

이는 피 흘리는 마음에 얼마나 큰 위안인가! 얼마나 커다란 해방인가! 그렇게 자연 속에서 조용히 상처가 치유되기를 기다리는 동안 숲의 나무에서 하늘의 별에서 산봉우리에서 속삭이는 소리가 들리기도 한다. 자연의 소리는 사회의 소리, 사람의 소리보다 인간의 진정한 모습에 의미 깊은 계시를 줄 수 있다. 사회는 인간이 지혜를 짜내 인공적으로 만든 것이라서 자연이 주는 많은 좋은 것들을 왜곡하고 파괴하는 경우가 많다. 인간사회를 떠나 자연으로 돌아갈 때, 인간은 그때만 본래의 인간성으로 돌아갈 수 있다는 루소의 주장은 근본적으로 옳다. 적어도 깊은 고뇌 속에 있는 사람은 어떤 책이나 사람보다 자연에 자신을 맡겨 자연이 갖는 치유의 힘—이 힘은 그의 내부와 외부 모두에 작용한다—으로 치유되고 새로운 힘을 회복한다.

지상 어디에 있든 인간이 자연에 다가갈 수만 있으면 된다. 나병 환자의 섬에서도 마찬가지다. 작은 요양원 사회 안에서 숨이 막힐 것 같은 사람도 거기서 살짝 빠져나와 언덕 정상에 올라 푸른 바다와 넓은 하늘을 보고 반짝이는 초목이 자신의 몸을 에워쌀 때 상처받은 몸과 마음이 차츰 치유되어 강해지는 것을 느낀다. 자연 속에서 깊이 가라앉음으로써 완전히 끊어졌다고 생각한 사람들과의 관계도 보다 넓고 깊게 이어져 있음을 발견한다. '프롤로그'에서 소개한 환자는 다음과 같이 노래하고 숨을 거두었다.[28]

언덕 위에는 소나무가 있고 바다가 있고
소귀나무가 있고 벚나무가 있네
나무는 아직 어리고 키도 작지만 서로 그늘을 만들고
꽃향기를 나누고
폭풍우가 칠 때는 서로 몸을 의지해 살아가지

이곳은 세토나이카이의 작은 섬
그러나 언덕 정상에서 보는 하늘 저편은 끝이 없고
바람은
남쪽에서 북쪽에서 동쪽에서 서쪽에서
잘 익은 여러 과일의 향기
한창 싹트는 새싹과
파란 가시가 있는 나무

꽃말을 싣고 불어오네
그것은 여유로운 혼성합창이 되어
언덕 위 나무들을 흔들고
하늘과 땅 사이
모든 것은 빛 공기 물에 의해
하나로 이어진다는 것을 가르쳐주지

바람은 쉼 없이 부네
구름 낀 날
비 내리는 날
타는 듯 더운 날이 있지
모두 그 속에서 목이 말라 간절히 원하네
나무는 흔들리면서 생각하지
머지않아 이곳에 커다란 숲이 생기리라
꽃과 열매가 잔뜩 맺혀
세상의 모든 새와 나비가 오가며
아침마다 떠들썩한 환성에 잠이 깨리라

8 새로운 삶의 보람의 발견

사는 보람을 상실한 사람이 '실존적 공허'에 빠져 '황야'에서 헤맬 때 그를 유혹하는 것은 많다. 자살, 술, 마약, 범죄, 허무주의, 윤리적 타락. 고뇌로부터 도망치기 위해 이런 길을 택하지 않는 것이 오히려 신기할 정도인데도 그 고뇌는 크고 깊다. 고뇌 속에서 운명과 화해할 수 있다 해도 아직 새로운 삶의 보람을 찾지 못한 사람은 사회에서 밀려난 상태 그대로다. 모두가 사는 세계에 아직 정상적으로 돌아가지 못하는 것이다.

만일 새로운 삶의 보람을 찾지 못하는 상태가 계속된다면 마음의 세계는 무너진 채로 혼돈스러운 세계로부터 벗어나지 못하고 허무와 포기 속에서 헤매게 된다. 애생원에서 실시한 조사지에 케 세라 세라(que sera sera), 될 대로 돼라, 먹고 자는 것이 최대의 즐거움이라고 쓰고, 매일의 생활에 대해서는 시간 때우기가 어렵다, 오락으로 때운다, 잡담하거나 잠을 잔다, 화로 옆에서 서성거리는 정도라고 말하며, 가장 큰 바람은 오늘 하루를 잊는 것이라고 적은 사람들의 모습이 바로 그렇다고 할 수 있다.

그들의 경우는 질병, 병의 증상, 환경을 생각하면 이해가 되지만, 이와 크게 다르지 않은 모습을 도시의 건강한 사람들 사이에서 많이 볼 수 있다. 가령 주말 한낮의 영화관, 백화점 옥상, 파친코 센터, 무료 행사장 등에 가보면 남아도는 시간을 주체하지 못하는 사람이 많은 데 놀라지 않을 수 없다. 관광지에서 고급 관광을 하는 사람 중에도 그런 사람이 드물지 않다.

이들 중에는 실업자도 있을 것이고 직장에서 도망 나온 사람도 있을 것이다. 어떤 이유에서인지 평범한 생활을 하지 못하는 사람도 있을 것이다. 직업이 있고 없고를 떠나서 사는 보람을 상실한 사람은 모두 인생에서 낙오된 실업자라고 할 수 있다. 사람들이 바쁘게 움직이는 떠들썩한 세계에서 제쳐진 존재가 되어 다시 돌아가고 싶어도 돌아갈 수 없다. 어둡고 쓸쓸한 인생의 뒷골목 세계에서 어떻게 살아야 할지 그것도 알 수 없다. 나는 이 세상에 존재할 필요가 없다. 그저 거추장스러운 방해꾼일 뿐이다.

이런 생각을 하는 사람에게 필요한 것은 단순한 위로나 동정이나 설교가 아니다. 돈이나 물건도 도움이 되지 않는다. 그는 자신의 존재가 누구를 위해, 혹은 무엇을 위해 필요한지를 강하게 느끼고 싶을 뿐이다.

더 이상 살 의미도 자격도 없다는 극도의 열등감에 빠져 자살을 기도하려던 청년이 한 어린아이로 인해 마음을 달리 먹게 되었다는 이야기가 있다. 바다에 빠진 아이를 우연히 구해주는 운명이 되면서 자기도 아직 누군가에게 도움이 될 수 있다는 발견의 기쁨을 맛보고 절망에서 벗어났다고 한다.

사는 보람을 상실한 사람에게 새로운 삶의 목표를 가져다주는 것은 그것이 무엇이건 하늘의 사자(使者)와 같다. "너는 절대 쓸모없는 인간이 아니다. 죽어서는 안 된다. 네가 아니면 할 수 없는 일이 있기 때문이다. 보아라, 여기에 너의 손을, 너의 존재를 기다리는 상대가 있다. "만일 이런 호소가 어떤 '만남'을 통해 그 사람의 마음에 직접 전해진다면 그 사람은 정신을 차리고 온몸으로 그 소리를 받아들일 것이다. '나에게는 아직 살아 있을 의미가 있었다, 책임과 사명이 있다'는 자각은 그를 정신적인 죽음으로부터 되살릴 것이다. 그것은 지옥에 떨어진 죄인을 향해 던져진 동아줄과 같다.

새로운 삶의 목표는 갑자기 단번에 발견되기도 하고 괴롭고 힘든 암중모색을 거친 후에야 찾아지기도 한다. 어쨌든 그 새로운 목표가 그에게 사는 보람감을 가져다주려면 그것이 그의 내부에 있는 본질적인 기준에 맞아야 한다. 그렇게 된다면 그는 마음 깊은 곳에서부터 솟아나는 기쁨에 황량했던 마음의 세계에도 다시 생기가 돌 것이다. 새로운 길에 어떤 고난이 있어도 이것 외에 살 길이 없다는 것을 깨달은 사람은 과감히 높은 곳에서 뛰어내릴 각오로 그 길을 선택할 수밖에 없다. 폴 틸리히가 말하는 '생존에 대한 용기'를 불러일으킬 수 있느냐 없느냐에 따라서 그 이후의 삶은 크게 달라진다. 이 결단과 선택과 '도박' 앞에서 뒷걸음질한다면 그것은 '실존적 욕구불만'이라는 씨앗을 뿌리는 것이다. 씨앗은 깊게 뿌리 내려 신경증과 '거짓 삶', 자살을 불러온다. 프랑클에 의하면[1] 인간의 '의미에 대한 의지'의 욕구가 채워지지 않을 때 그 욕구불만으로 일어나는 신경증이 전체 신경증 가운데 14퍼센트를 차지한다고 한다.

삶의 목표의 변화 양식

사람이 인생을 다시 시작할 때 새로운 삶의 목표를 정하는 방식에는 몇 가지 종류가 있다. 크게 나눠보면 이전의 목표와 똑같은 형태로 보상(補償)되는 방식과 형태가 완전히 바뀌는 방식이 있다. 형태가 바뀌는 것에도 본질적으로는 똑같은 마음의 작용, 똑같은 욕구가 표현만 바꾸어 나타나는 경우와 외형적으로나 내용 면에서 이전과는 근본적으로 다른 삶의 목표가 채용되는 경우가 있다. 이 세 가지를 보상, 변형, 치환이라 이름 붙이고 차례로 살펴보자.

같은 형태의 보상

하나뿐인 아들을 잃고 비탄에 빠진 아버지도 시간이 지나면 후사를 생각해 양자를 들인다. 이런 흐름은 많은 사람에게서 볼 수 있다. 이 경우 적어도 겉보기에는 이전과 같은 삶이 다시 이어질 수 있다. 이것을 보상이라고 하자.

물론 죽은 아들이 마음에 남기고 간 구멍은 시간이 지나도 절대 메워질 수 없다. 사랑하는 사람의 소중함은 그 사람을 잃고 나서야 비로소 절실하게 깨닫게 된다. 그런 사랑의 대상을 잃은 깊은 슬픔과 무상함은 남겨진 자의 마음을 이전보다 부드럽고 자상하고 넓게 바꾸는 경향이 있다. 이것은 많은 관찰을 통해서도 알 수 있다. '사랑하고 잃는 것이 사랑을 하지 않는 것보다 낫다'는 영국의 시인 테니슨의 이 유명한 시 〈인 메모리엄〉은 이런 의미에서 옳은 이야기다. 그러나 양자를 들인 아버지의 삶에서 가치체계의 변혁과 마음 세계의 커다란 변화는 일어나지 않을 수도 있다.

배우자와 사별한 뒤 재혼하는 사람의 경우도 비슷하다. 이때도 가정이 깨진 아픈 경험을 한 사람은 그런 경험이 없는 사람보다 겸허해지고 감사하는 마음을 알게 된다. 애생원 환자 중에도 고향에 아내와 자식, 혹은 남편을 남겨두고 떠나온 사람이 많은데 이들이 원내에서 새로 결혼하는 경우도 적지 않다. 부부에게는 주거를 비롯한 특전이 주어지기 때문에 그런 이해에서 결혼하는 사람도 있지만, 부자유스러운 몸을 서로 달래주며 사는 부부들 중에 깊은 정신적 결합의 모습을 보여주는 경우도 있다.

똑같은 형태로 사는 보람이 보상되는 방식은 원내 작업에서도 볼 수 있다. 사회에서 목공 일을 했던 사람은 입원 후에 자신이 믿는 종교의 사원을 짓는 일에서 큰 긍지와 기쁨을 발견했다. 전직 교사였던 한 부인은 원내 초등학교 교사로서 아이들을 가르치는 데 보람을 느낀다고 했다. 이처럼 자신이 갖고 있던 기능이나 직업을 그대로 활용하는 사람이 가장 쉽게 새로운 삶의 목표를 발견할 수 있다.

그러나 누구에게나 이런 길이 열려 있는 것은 아니다. 가령 나병에 걸린 사람은 세계적으로도 여성보다 남성의 수가 많아서 요양소에는 독신으로 지낼 수밖에 없는 남성이 압도적으로 많다. 그래서 여성 중에는 원내에서 결혼해 가정에서 사는 보람을 발견하는 사람이 많지만, 남성 환자는 가정도 꾸리지 못하고 보람 있는 일도 갖지 못하는 상황이 대부분이다. 그들 중에 사는 보람을 상실한 사람이 많은 것은 당연하다.

변형

변형과 치환에 관련된 생각은 프랑스 심리학자 리보가 '정열은 어떻게 끝이 날까'하는 매우 흥미로운 문장²으로 설명한 글에서 아이디어를 얻었다. 리보는 어떤 대상에 대한 정열이 형태만 바뀔 뿐 그 기반에는 공통점이 있을 때 이것을 변형이라 하고, 반대로 완전히 성질이 다른 것이 이전까지의 정열을 대신할 때 이를 치환이라 부르는 것이 적합하다고 생각했다.

변형이 일어나기 위해서는 두 가지 전제가 필요하다. 먼저 남아도는 에너지가 있어야 한다고 리보는 말한다. 한 가지 정열을 상실해도 거기서 다시 일어나 새로운 정열을 갖고 살기 위한 에너지 말이다. 극악무도한 사람이 위대한 성도(聖徒)로 바뀔 수 있고, 예술에 대한 정열로 사는 사람이 한 걸음 삐끗하면 범죄자가 될 수 있다는 것도(베토벤 같이) 이것으로 설명된다. 또 하나는 새로운 이념이다. 단순한 추상적 관념으로서가 아니라 원래 그 사람의 인격 구조 속에 그 이념에 부응하는 사고가 잠재해 있다가 그것이 다른 사람이나 책, 일과의 '만남'을 통해 상기될 때 정열의 변형이 일어날 수 있다. 이상이 리보의 가설인데, 이것을 사는 보람의 대상에도 적용할 수 있다.

변형 가운데 가장 많이 볼 수 있는 것이 특정한 한 사람에 대한 사랑이 더욱 많은 사람에 대한 사랑으로 변하는 경우일 것이다. 나카하라 주야(中原中也)의 시 〈봄의 광태(狂態)〉에서 그런 모습을 볼 수 있다.

사랑하는 사람은 죽었으니까
분명 그 사람은 죽었으니까 더 이상 어쩔 수 없으니까

그 사람을 위해서, 그 사람을 위해서
봉사하는 마음을 가져야 한다.
봉사하는 마음을 가져야 한다.

애생원에도 애정이 많아 몸이 부자유스러운 사람을 돌보는 일에서 새로운 보람을 찾은 한 중년 남성 환자가 있었다. 그는 최근 지체부자유자에게 지급되는 연금을 받게 되면서 자기보다 몸이 불편한 사람을 돕는 작업에 종사할 수 있는 자격을 잃었고, 동시에 사는 보람도 상실했다. 그 때문에 신경쇠약에 걸려 갑자기 늙어버린 그는 내게 이렇게 말했다. "이렇게 될 바에는 차라리 연금을 돌려줄 테니 다시 일하게 해달라고 했는데 안 된다고 하더군요."

이 외에 사람에 대한 사랑이 신에 대한 사랑으로 바뀌는 경우도 있다. 신비주의자에게서도 많이 볼 수 있고 실연을 당해 수도원에 들어가는 사람 중에도 이런 사람이 있다. 장 라신이 만년에 작품 활동을 접고 경건한 생활에 들어간 것에 대해 유명한 서간(書簡)작가 세비니에 부인은 라신이 애인들을 사랑했듯이 신을 사랑했다고 말한다.

또 종교적 광신이 정치적, 사회적 광신으로 바뀔 수 있고, 투쟁과 복종에 대한 정열도 목표를 바꿀 수 있다. 이그나티우스 로욜라(Ignatius de Loyola, 스페인의 성직자, 성인)는 처음에는 자유분방하고 호전적인 군인이었는데 부상을 입고 몸을 움직일 수 없게 되었다. 깊은 고뇌에 빠진 그는 병상에서 마음이 바뀌었고, 군대 같은 규율이 특징인 예수회(Jesuits) 수도원의 창립자가 되어 예수에 봉사하는 별종

군인이 되었다.

이상은 원래의 정열과 사는 보람이 다른 가면을 쓰고 이어진 경우라고 할 수 있다. 현재 어떤 목표를 향해 열중하는 사람을 보면서 그런 자질로 어떤 다른 인생을 만들어낼 수 있었을까 생각해보는 것은 흥미로운 일이다. 그것은 인생에서 우연과 운명과 결단의 역할에 대해 깊이 생각해볼 수 있는 기회이기도 하다.

정열은 때로 정반대로 보이는 형태로 바뀌기도 한다. 애정이 증오로, 종교적 광신이 반종교적 광신으로, 쾌락주의가 금욕주의로 바뀌는 경우도 드물지 않다. 감정 자체가 완전히 극을 이루는 반대의 감정으로 변하기도 하고, 때로는 정반대의 감정이 공존하기도 하는 것은 인간의 마음에서 많이 볼수 있는 현상이다. 이 경우도 정열의 대상이 바뀌었다기보다는 감정의 질이 달라진 것에 불과하다고 할 수 있다.

치환

리보가 정열의 치환이라고 부른 것은 사는 보람의 대상도 그대로 적용되는데, 여기에는 복잡한 문제가 있다. 먼저 인간은 나이에 따라 사는 보람의 대상이 바뀌는 경향이 있다. 프랑스에는 20대는 연애, 30~40대는 일, 노년에는 탐욕이라는 말이 있는데, 이런 경향은 생리적, 사회적 조건과 관련이 있다.

나이를 고려하지 않았을 때, 치환이 일어날 수 있는 것은 한 인간 안에 몇 가지 사는 보람의 가능성이 공존하는 경우다. 20대에는 그 가능성들을 차례로 추구해보는데, 결국 한 가지 커다란 목표가 결정을 맺어 다른 모든 것을 대신하는 것처럼 보인다. 바이런은 스스로 말하기를, 원래 모험과 탐험을 좋아하고 시는 어쩔 수 없이 썼다고 한다. 그래서 그리스의 독립전쟁에 참전했다가 전사한 것은 본래 그의 가장 강한 경향에 따른 일이라고까지 말할 수 있다. 카이사르(Julius Caesar)와 나폴레옹도 태어나면서부터 활동적인 야심가는 아니었다. 카이사르는 오랫동안 몸이 약했기 때문에 학문과 예술에 몰두하는 딜레탕트(아마추어 예술가) 면모가 있었고, 나폴레옹도 몽상을 하는 경향이 있었는데 의식적으로 자제했다고 한다. 18세기 이탈리아의 극작가 비토리오 알피에리(Vittorio Alfieri)는 스물일곱 살 때까지 여행, 여자, 말(馬)에 열중했는데 그 무렵 정신의 전환이 일어났다. 한 전기작가는 "그때 그는 자신과 사람들에게 약속을 하고 극작가가 되기로 결심했다"고 했다. 알피에리는 그 이후 쉰둘의 나이로 사망할 때까지 일에 몰두했고 너무 격렬히 글을 써서 죽었다고까지 말할 정도다. "갑자기 그는 세상 밖으로 나와 문학에 빠졌다. 그것은 마치 옛날 종교적인 시대에 수도원에 들어간 것과 같았다"라고 전기작가는 말한다. 물심양면으로 부유한 시민이었던 주식 중매상 고갱(Paul Gauguin)이 서른다섯 살 때 직업을 버리고 그림에 몰두해 현세의 평범한 행복을 전부 파괴해버린 것도 치환의 예라고 할 수 있다.[3]

위의 예들은 인생의 중간에 이전까지와는 전혀 다른 삶의 목표를 향해 나간 것처럼 보이는데, 사실 그 다른 경향, 그 가능성은 이전부터 그 사람 안에 잠재되어 있었다고 할 수 있다.

결국 자신의 내면에 다양한 가능성을 갖고 있는 사람은 한 가지 사는 보람을 상실하면 다른 방향에서 사는 보람을 찾게 될 것이다. 크레치머의 천재론[4]에도 사는 보람을 상실한 경험이 있는 사람이 그것을 계기로 과학 연구를 시작해 결국 위대한 업적을 이룬 예가 있다. 현재 활약하고 있는 미국인 생물학자도 비슷한 사례이다. 이 사람은 원래 첼리스트를 꿈꾸며 공부했는데 사고로 손가락 부상을 입고 고민하다가 결국 진로를 바꿔 다시 출발했다. 그런데 자세히 보면 그의 경우에도 원래 음악적 소질과 함께 자연과학에도 흥미를 갖고 있었다.

이상의 예로 생각하면 내재적 경향이 복잡한 사람일수록 사는 보람의 치환 현상이 일어나기 쉽다. 또 이런 사람일수록 어떤 곳에 던져져도 그곳에서 삶의 목표를 발견해 잡초처럼 강하게 살 수 있다. 흔히 말하는 '적응의 폭이 넓다'거나 성격이 탄력적이고 유연하다는 것도 이와 관계가 있을 수 있다.

애생원에서 경증 환자들은 환자 자치회에서 다양한 작업을 시도한다. 자치회 임원으로 열심히 사는 사람과 정치, 종교, 예술 활동에서 사는 보람을 찾는 사람도 있다. 애생원에는 농촌 출신이 많기 때문에 이 경우는 '치환'의 예일 것이다. 사회에서 살았다면 능력을 싹틔울 기회도 없었을 문학이나 그림, 음악에서 재능이 발휘되기도 한다. 병에 걸려 애생원에 들어온 것은 큰 불행이 분명하지만, 많은 사람들의 내면에는 생활을 위해 시간에 쫓기지만 않는다면 능력을 키울 수 있는 가능성이 감춰져 있다. 다음은 한 환자가 쓴 〈전업기〉(轉業記)[5]의 일부다.

나는 애생원에 들어와 바로 옹기를 만드는 도공 일을 시작했다. 특별히 경험이 있는 것은 아니다. …… 단지 분위기가 좋아서 권유받은 대로 도공부의 부원이 되었다. 하지만 이 작업은 …… 전쟁이 시작되고 전황이 불리해졌을 때 제일 먼저 폐지되었다. 몇 년이었지만 고심하던 작품이 생각했던 색으로 구워졌을 때의 희열은 체험을 해야만 알 수 있다. 이후 물을 끓이는 탕비(湯沸)부에 들어갔는데 벌써 17, 18년 동안 이곳에서 일하고 있다. 애생원 내 작업이라고는 해도 일정한 임금을 받고 직업이 되면 …… 남모를 고생도 있고 책임감도 강해야 한다. 하지만 인간이란 게 묘해서 오랫동안 이런 일을 하면 오히려 그런 많은 고생이 따르는 데 사는 보람을 느끼고 기쁨을 얻는다. …… 나는 건강, 나이, 지리적 조건으로 봐도 이 작업이 하늘이 나에게 준 최상의 일이라고 생각한다.

이 사람의 전업은 여기에 그치지 않는다. 나중에는 방송부의 권유로 방송부에 들어가게 되는데 그곳에서 그는 새로운 사는 보람을 발견했을 게 분명하다. 왜냐면 이 사람은 원래 다양한 능력을 갖고 있는 데다 모든 것을 하늘의 섭리로 받아들이는 일관되고 순박한 종교적 마음이라 해야 할 사고방식을 갖고 있기 때문이다.

마음의 구조 변화

앞에서 설명했듯이 사람에게는 각각 독자적인 세계가 있어서 그 사람이 주된 사는 보람을 어디에 두느냐에 따라 그 세계의 넓이도 정해진다. 만일 어떤 사람이 사는 보람을 잃고 다른 사는 보람을 발견했다면 그의 독자적인 세계의 넓이는 어떤 식으로 달라졌을까? 도식적으로 말하면, 공간적으로 소위 사회화된 경우와 시간 축에 따라 역사화된 경우가 있다. 이 두 가지가 동시에 이루어지는 경우도 적지 않지만 여기서는 편의상 따로 살펴보자.

공간의 변화 : 사회화

살다 보면 수년 동안의 삶의 의미가 결정(結晶)되는 순간이 오기도 한다. 그 방 강단 위에 서서 수백 명의 아이들의 얼굴을 보았을 때 그런 순간이 찾아왔다. 이 아이들 하나하나의 모습 뒤에는 얼마나 많은 마음의 고통이 드리워 있을까. 얼마나 많은 상처와 눈물과 좌절감과 절망이 도사리고 있을까.

이것은 펄 벅[6]이 오랫동안 각지를 돌아다닌 끝에 겨우 정신지체아 딸을 맡길 시설을 발견하고 그곳에 처음으로 딸을 데리고 갔을 때의 감회이다. 이렇게 해서 그녀는 자신의 고통이 혼자만의 것이 아님을 사실로 받아들이게 되었다. 혼자 괴로워하는 사람에게 이것은 커다란 발견이다. 고통 속에서 사람들과 같이 있다는 자각은 머지않아 고통 속에서 사람들과 손을 잡으려는 적극적인 자세로 바뀔 수 있다. 펄 벅도 여기서 '내 아이를 절대 헛되이 살게 할 수는 없다'고 생각해 아이의 삶을 '인류에게 뭔가 도움이 되는 인생'으로 만들기로 결심한다. 이것이 그녀의 새로운 삶의 목표가 되었다. 그녀가 이 결심을 평생 버리지 않았음은 이후의 삶이 증명한다.

이 때 마음의 세계는 뚜렷하게 사회적으로 확대되었기 때문에 사회화라고 표현해도 될 것이다. 욕구와 감정의 사회화를 말한 것은 프랑스의 폴랑[7]이었다. 그가 말한 것과 대체적으로 같은 의미에서 펄 벅의 경우를 고통의 사회화, 소망의 사회화라고 하자. 이는 사람들 속에서 괴로워하고 사람들 속에서 치유받고 싶어하는 마음 이다. 이때 베르그송[8]이 말하는 '닫힌 영혼'이 슬픔을 경험하고 어느 정도 '열린 영혼'으로 변모했다고 할 수 있다. 베르그송은 닫힌 영혼에서 열린 영혼으로의 이행을 질적인 변화, 차원의 변화라고 생각했기 때문에 그 이행에는 단절과 비약이 필요했지만, 이를 똑같은 평면에서의 확대로 생각해도 좋다면 점진적인 이행 과정으로 생각해도 될 것이다.

이런 예는 무수히 많다. 정신병원에서 고뇌의 세월을 보낸 적이 있는 클리퍼드 비어스(Clifford Beers)[9]는 정신위생운동에 인생을 바쳤다. 사랑하는 아들을 잃은 아버지가 아들 또래의 불우한 청년들을 위해 육영사업을 시작한 경우도 있다. 결핵과 암으로 사랑하는 사람을 잃고 이런 병들을 연구하고 치료하는 의학의 길로 들어서는 경우도 있다. 원폭의 비극을 가까이서 체험한 사람이 평화운동에 정진하기도 한다.

이런 사회화의 길은 단순히 고민하는 것 말고는 할 수 있는 게 아무것도 없는 것처럼 보이는 상황에 있는 사람에게도 충분히 열려 있다. 로젠버그 부부(원폭 기술을 소련에 빼돌린 간첩죄로 1953년 사형당했다)의 기록[10]에도 이 두 사형수가 자신들이 받은 고통의 사회적 의의를 의식하고 있다는 것이 잘 드러난다. 그리고 그것이 그들의 정신을 지탱하고 그들의 삶과 죽음에 의미와 품위를 부여한다. 다음은 애생원의 한 중증 환자가 쓴 글이다.

> 이런 불쾌한 모습을 하고 살아가는 것이 때로 싫증날 때가 있다. 하지만 나의 고민은 인류의 고민이라고 마음을 고쳐먹고, 반대되는 의견이 옳다고 믿는 사람들에게 우리가 나갈 길을 이야기할 때 희망이 솟는다. 지금 나의 가장 큰 즐거움은 …… 어려움을 겪고 있는 사람과 힘을 합해 어려운 일을 해결하기 위해 노력하는 것이다.

생각해보면 이런 '인류 연대감'이 위기 상황에 있는 사람의 마음에 나타나는 것은 신기한 일이다. 결국 인간의 마음은 저 심오한 곳에서 융(Carl Jung)이 말하는 '집합적 무의식'으로 이어져 있는 것이 아닐까. 인간이 인간으로서의 생존을 위협받는 상황에 맞닥뜨렸을 때 이 유대가 의식의 표면으로 부상해 사람을 지탱해주는 게 아닐까?

그렇다면 독방에서 죽음과 직면하든 부자유한 몸으로 섬에 갇혀 있든 자신의 삶이 모든 인류의 삶의 일부이고, 자신이 모두에게 의미와 책임을 지고 있다고 생각할 때 사람은 얼굴을 들고 당당히 그 삶을 살아갈 수 있다. 적어도 그 가능성은 열려 있다. 그것은 '프롤로그'에 소개했던 환자가 쓴 시 〈토양〉[11]에도 잘 나타나 있다.

> 나는 땅을 간다
> 세상의 발소리가 울리는 이 흙을

…
원폭의 죽음을
해골의 차가움을
핏방울을
몇 억의 인간의
인종과 국경을 여기에 바수고
슬픔을 부패시킨다
나는
허둥지둥 저린 손으로 발아래 흙을 간다
흙투성이가 되어 언젠가 어둠 속으로 뻗어갈 뿌리에
모든 모체인 이 토양에
그저 귀를 기울인다

시간의 변화 : 역사화

사형을 선고받았다. 제대로 배우지도 못하고 나이 서른도 못 돼 이 세상을 떠날 운명······. 그러나 이것도 운명의 명령임을 알았을 때 체념이 되었다. 거대한 역사의 전환 시기에 나와 같은 이면의 희생이 얼마나 많았는지를 과거 역사를 통해 알았을 때, 무의미하게 느껴지던 나의 죽음도 세계사의 명령임을 감지했다.

 일본은 패배했다. 전 세계의 분노와 비탄의 한가운데서 패배했다. 일본이 지금까지 해온 셀 수 없이 많은 파렴치한 행위를 생각할 때 세계가 화를 내는 것은 당연하다. 지금 나는 세계 인류를 위로하기 위해 죽는 것이다. 내 죽음으로 인류의 마음이 조금이라도 나아지면 좋겠다. 그것은 앞으로의 일본에 행복의 씨앗을 남기는 것이다. …… 일본군에게 희생된다고 생각하면 도저히 죽을 수 없지만, 일본 국민 전체의 죄와 비난을 이 한 몸에 받고 죽는다고 생각하면 화도 나지 않는다. 웃으면서 죽을 수 있다.

2차 세계대전 때 싱가포르의 형무소에서 전범으로 사형을 받은 학도병의 수기[12] 중 일부다. 이 마음의 세계에서는 공간의 확대뿐 아니라 시간 축도 늘어나 과거부터 자신이 죽은 후인 미래까지 넓게 전개되고 있다. 그 안에서 자기의 삶의 위치와 역할을 의식함으로써 사는 보람을 느끼고 죽음에 대해서도 보람을 느낀다.

앞의 로젠버그 부부의 경우에도 사형을 앞두고 감옥에서 부부가 주고받은 편지에서 역사의식의 확대를 볼 수 있다. 자신들의 고뇌와 죽음이 지금 시작된 것이 아니라 중세의 종교재판과 마녀사냥의 희생자와 똑같은 고통이라는 의식. 자신들은 인간의 자유를 위해 싸우는 역사 속에 있고, 그 역사의 한 장면으로 당당히 살고 그리고 죽어야 한다는 의식. 이 역사적 의식과 사명감이 그들의 마음 세계를 동시대 사람뿐 아니라 과거의 사람, 그리고 미래의 사람과도 이어준다. 이 종적(縱的) 연대의식 역시 큰 의미가 되어 그들을 지탱해 주었다.

사람들이 사는 세계에서 배척되어 홀로 허공을 떠도는 사람에게 역사의 발견은 어떤 구원을 의미한다. 자신 역시 인류의 한 사람으로 인류 역사의 흐름 속에 서 있다는 인식은 하나의 '발판'의 발견이고 회복이다. 이것도 일종의 사회화다. 시간 축에서의 사회화, 즉 역사화다.

역사화 역시 마음의 눈에 새로운 관점을 가져다주어 고통받는 사람이 자신의 고통 속에서 개인을 초월한 의미를 발견할 수 있게 해준다. 자신의 미래를 단순히 일개 개인의 신상 경과라는 작은 단위가 아니라 역사의 운행이라는 거시적인 관점에서 바라볼 수 있게 해준다. 인류를 위해 더 행복한 미래를 바라는 마음, 그것에 자신의 삶이 기여할 수 있기를 바라는 마음이 많은 사람의 삶과 죽음을 지탱해왔다.

이 미래 의식이 종교적인 인물에게는 역사를 초월한 영원성을 띠는 경우도 있다. 그러나 이것도 넓은 의미에서는 역사적인 의식이라고 해도 될 것이다. 다만 마음의 세계가 시간의 축을 넘어 무한으로 펼쳐지는 것일 뿐이다. 이 무한을 구체적으로 생각하는 것은 인간의 정신 능력을 뛰어넘기 때문에 굳이 그 이미지를 표현하자면, 성서의 묵시록이나 단테의 《신곡》에서 볼 수 있는 기독교적 내세, 혹은 경전이나 역사가 오래된 고찰에 그려진 불교적 종말 세계의 형태를 취하게 된다. 이미지가 때로는 웃음을 자아내는 것이어도 그 배후에 있는 '영원 의식', '종말론적 의식'까지 부정할 수는 없다. 이 역시 인간의 정신이다. 이에 대해 더욱 주목해야 할 것은 이 영원 의식이 현재의 삶과 동떨어진 미래로 체험되는 것이 아니라 '지금' '여기서' 생생하게 체험된다는 점이다. 적어도 일시적인 영원이 아닌 '살아 있는 영원'은 그런 것이라고 생각된다.

마음의 깊이 변화

고통에 시달린 경험이 있는 사람의 마음에는 깊이가 있다는 말을 가끔 듣는데 이것은 어떤 의미일까?

똑같은 고통을 당해도 그 고통을 어떻게 받아들이느냐는 사람에 따라 다르다. 고통을 가볍게 흘려보낼 수 있는 사람과 약삭빠르지 못하게 고통을 전부 맛보지 않으면 거기서 빠져나오지 못하는 사람. 마음에 거의 상처를 남기지 않는 사람과 마음의 심층까지 후벼 파는 깊은 상처를 남기는 사람……. 깊은 마음이란 그렇게 깊이 패인 마음을 의미하는 것일까?

다르게는 마음의 깊이를 마음 세계의 깊이로 생각해보는 방법도 있다. 눈으로 사물의 깊이를 인식할 수 있는 것은 두 개의 눈을 갖고 있기 때문이다. 두 개의 눈이 다른 각도에서 하나의 대상을 보기 때문에 자신이 있는 곳에서부터 그 물체까지의 거리도 알 수 있고 그 물체의 깊이도 알 수 있다. 에른스트 카시러(Ernst Cassirer, 독일의 철학자)[13]는 다음과 같이 말한다.

> 인간 경험의 깊이도 …… 우리가 보는 각도를 바꿀 수 있고, 현실에 대한 견해를 변경할 수 있다는 사실에 의존한다.

이 경험의 깊이 내지 경험 방식의 깊이가 마음의 깊이를 만드는 것은 아닐까? 바꿔 말하면 사람의 마음에 두 가지 혹은 그 이상의 세계가 있어 각각의 세계로부터 서로 다른 각도로 똑같은 하나의 대상을 볼 때 이 마음의 복안시(複眼視)로 사물의 깊이와 마음의 깊이가 생겨나는 게 아닐까?

사는 보람의 상실이라는 고뇌를 경험한 사람은 적어도 한 번은 모두가 사는 평화로운 현실세계로부터 배척되었던 사람이다. 허무와 죽음의 세계에서 삶과 자신을 바라본 적이 있는 사람이다. 만일 그런 사람이 새로운 사는 보람을 발견해 새로운 세계를 찾았다면 거기에 하나의 새로운 시점이 있는 것이다. 그것만으로도 인생의 깊이가 이전보다 깊게 보일 것이다. 이제 그는 사물의 감각적인 표면만을 보지 않는다. 미소 뒤에 숨어 있는 고뇌의 눈물을 느끼는 눈, 번지르르한 말 이면의 아부와 허영심을 보는 눈, 허세를 부리려는 자신을 한심하게 보는 눈, 그런 마음의 눈은 전부 현실세계에서 한 걸음 떨어진 곳에 몸을 두는 사람의 눈이다.

현실에서 한 걸음 떨어진 곳에 몸을 두는 것은 생물 중에서도 정신 능력이 분화한 인간만이 가능하다. 이 능력 때문에 인간은 파스칼이 말하는 것처럼 우주에 눌려버릴 것 같을 때도 자신을 짓누르는 것이 무엇인지 알 수 있다. 동물처럼 현실에 묻혀 살아가는 것이 아니라 고통스러울 때는 고통스러워하는 자신을 바라볼 수도 있다.

마음의 깊이가 이런 현실과의 거리와 여러 마음 세계에서 오는 것이라면 이것을 '정신화'라고 불러도 될 것이다. 다음 장에서 자세히 설명하겠지만 고유한 정신의 세계는 자신을 현실로부터 떨어진 곳에 둠으로써 생겨나기 때문이다. 그래서 사는 보람을 상실하고 현실 사회에서 한 번이라도 배척되었던 사람의 마음에 이런 정신세계가 생기기 쉬운 것은 당연하다. 같은 이유에서 제임스가 말한 '두 번 태어나는' 인간이 정신화로 기울어지기 쉽다. 한 번 태어나는 사람, 즉 현실세계에 잘 적응하도록 타고난 사람은 현실에 밀착되어 사는 경향이 있다.

사는 보람의 상실이라는 사태는 야스퍼스가 말한 한계상황의 하나일 것이다. 야스퍼스는 한계상황에서 사람이 보일 수 있는 반응에는 세 가지가 있다고 생각했다.[14] 여기서 우리가 말하고 있는 '정신화'라는 형태로 이 한계상황을 극복할 수 있다면 그것은 야스퍼스가 말한 세 가지 가운데 세 번째에 해당될 것이다. 세 가지 반응 중 첫 번째는 불결단(不決斷)과 자기 능력 전체의 마비에 의해 파멸해버리는 경우, 두 번째는 타협, 포기, 자살 등의 방법으로 한계상황과 정면으로 대결하는 것을 회피하는 경우, 세 번째는 새롭게 '통일에 대한 의지'와 '형이상학적 세계에 대한 생각'을 굳힘으로써 힘을 획득하는 경우다.

이 분류에 따라 생각하면, 사는 보람을 상실한 충격 때문에 공황 상태에 빠져 하염없이 갈등하고 괴로워하는 나머지 이거다 싶은 새로운 사는 보람을 발견하지 못하거나 발견하려 하지도 않는 정신적인 폐인이 되거나, 미쳐버리는 상황에까지 내몰리는 경우가 첫 번째에 속할 것이다. 야스퍼스의 지적대로 한계상황의 본질은 이율배반이다. 그래서 한계상황에 처한 인간은 통일되지 않은, 모순된 힘에 의해 분열되기 때문에 과감히 용기 있는 결단으로 그 상황에서 벗어나지 않는 한 끝없이 마음의 지옥에서 허덕일 수밖에 없다.

그러나 빠져나왔다 해도 도피라는 두 번째 방식을 취한다면 진정한 의미의 대결과 결단이 아니다. 안이한 속임수일 뿐이다. 술과 마약에 빠지거나 포기, 자포자기, 낭비, 허무 속에서 헤매고 범죄를 저지르거나 신경증을 일으키게 된다. 이런 길을 가는 사람이 계속 생기는 것이 이상한 일은 아니다. 한계상황이란 인간이 자기 혼자의 힘으로 극복할 수 있는 간단한 일이 아니기 때문이다.

세 번째인 '형이상학적 세계에 대한 생각'—우리가 말하는 '정신화'—이야말로 한계상황을 진정한 의미에서, 즉 건설적인 방식으로 극복할 수 있게 해준다고 야스퍼스는 생각했다. 그가 '생각'과 '의지'를 항상 새롭게 할 필요가 있다고 지적한 것은 의미가 크다. 정신화란 그저 흘러가다 저절로 되는 것이 아니기 때문이다. 새로운 사는 보람을 정신화에서 발견했어도 언제 첫 번째와 두 번째 방식으로 미끄러져 떨어질지 모른다. 인간의 정신이란 것은 생물의 진화 역사에서 최근에야 나타난 것이기 때문에 그만큼 연약하고 깨지기 쉽다. 이 점을 인식하고 정신화라는 것을 생각하지 않으면 위험하다. 자칫 한심한 꼴이 될 수 있다.

정신화

바깥세상은 너무 절망적이라
안 세상을 나는 두 배로 존중하네
기만과 증오와 의심과 냉담한
의혹이 결코 떠오르지 않고
너와 나와 자유가 다툼없이
주인 행세를 하는 너의 세상을.

인간의 정신력만큼 신기한 것은 없다. 에밀리 브론테가 위 〈상상력에게〉라는 시에서 노래했듯이 자신을 둘러싼 환경에 어떤 불쾌한 일이 있어도 사람은 정신의 날개를 타고 자유롭게 날 수 있다. 또 오르테가의 말처럼 군중 속에 있어도 자신이 원할 때는 언제나 내부 세계로 혼자 물러나 조용히 깊은 세계로 잠길 수 있다. 감옥도, 섬에서의 격리도, 병의 고통마저도 정신을 가둬둘 수는 없다. 정신의 힘으로 인간은 시공을 초월해 장소와 시대를 불문하고 사람들과 손잡을 수 있다. 이해관계에서 벗어나 깨닫고 생각하는 즐거움에 잠길 수 있다. 빛깔과 모양과 소리의 아름다움을 느끼는 기쁨을 누릴 수 있다. 커다란 꿈의 전당을 세워 가난하고 비참한 현실을 아름다운 것으로 만들 수 있다.

정신은 누구에게나 있지만, 좋은 환경 속에 있는 사람은 그 고마움을 모르기 때문에 그 힘에 의지할 필요도 없고 절실하게 느끼지도 않는다. 일상생활에서 일어나는 많은 일들을 차근차근 해결하기 위해서는 '상식'이나 '실용적 사고'라는 다분히 반사적이고 기계적인 처리 능력만 있으면 된다. 지나치게 풍부한 상상력이나 질리지 않는 탐구심, 혹독한 자기반성 같은 것은 오히려 방해가 된다.

그렇지만 병상에 누워 있는 사람, 사지를 잃은 사람, 시력을 잃은 사람에게는 정신이 큰 의미와 역할을 갖는다는 것을 애생원에 있는 사람들을 조금만 관찰해보면 쉽게 알 수 있다. 애생원에서는 경증 환자나 병세가 더 진행되지 않는 사람은 원내 이곳저곳에 떨어져 있는 평범한 집에서 지내고, 중증 환자나 합병증이 있는 사람만 치료 병동에 입실해 있다. 그런데 이 입실 환자들 중에 문예나 종교

등에서 정신적인 사는 보람을 갖고 있는 사람만 인간다운 생기를 유지하고 있다. 이들에게는 정신세계에 사는 것 말고는 인간다운 삶의 길이 막혀 있기 때문이다. 그래서 건강한 사람보다 훨씬 더 절실하게 정신세계에 삶의 기반을 두는 경향이 있다. 만일 헬렌 켈러(Helen Keller)에게 정신세계가 없었다면 어떻게 되었을까? 또 만일 그녀가 오감을 갖춘 사람이었다면 그녀의 정신세계는 그 정도의 넓이와 깊이를 갖지 못했을 것이다.

이상과 같은 현상을 정신화라고 하는데, 사실 이것도 폴랑의 개념을 차용한 것이다. 단 폴랑[15]은 정신화를 다음과 같이 정의했다.

> 정신화란 인간의 기본적인 생물적 욕구가 정신적인 것으로 변화한 것을 의미한다. 그 욕구가 정신생활 전체에 깊숙이 들어가 다른 욕구, 관념, 감정, 행위와 결합되어 정신생활에서 커다란 부분을 차지하게 되는 것이다. 하지만 원래의 생물적 기반으로부터 멀어지면 오히려 유력한 것이 되지 못하고, 그것과 결합되어 있을 때 강력한 정신화가 일어날 수 있다.

폴랑은 이렇게 정의하면서 정신화의 좋은 예로 연애를 들고 있다. 아무튼 폴랑의 지적은 프로이트의 '승화' 개념보다 훨씬 명료하고 적용 범위도 훨씬 넓다. 그러나 여기서는 정신화라는 말을 조금 다른 의미로 사용하려고 한다. 폴랑은 인간 개개인의 감정의 정신화에 대해 생각하지만 우리는 인간의 삶의 방식 전체를 생각하기 때문이다. 삶의 무게와 기반이 전체적으로 정신 영역으로 기울어져 있다는 것을 말해두고 싶다.

또 하나, 폴랑과 의견을 달리하고 싶은 점은 정신이란 것이 그나 프로이트가 말하는 것만큼 생물학적 부분과 밀접하게 연관이 있다고 보지 않는다는 것이다. 물론 정신 기능은 동물적 단계에서 분화해 생긴 것이지만, 진화상에서 '동물적 습성과 절연했다'(프라딘느, Maurice Pradine)고까지 말할 수 있을 정도의 정신이 나타났다고 할 수 있지 않을까? 적어도 고도의 인식적 욕구와 심미적 욕구는 이미 생물적 필요와는 무관하고, 때로는 생물적 욕구의 이해에 반하는 경우마저 있지 않은가!

양서동물처럼 현실세계와 정신세계 두 세계에 걸쳐 사는 방식은 모든 인간에게서 볼 수 있는 현상이다. 이는 인간 존재의 이양성(二樣性)[16]이라 불리며 정신생활을 하는 인간의 기본적인 생활양식이다. 대다수의 심신이 건강한 사람은 현실세계에 단단히 발을 딛고 그곳에서 바쁘고 충실한 매일을 보낸다. 정신세계는 물론 존재하지만 그것은 일상의 현실에 종속적이다. 인식과 사색의 세계는 현실세계에서 능률적이고 효율적으로 살기 위한 수단이고, 예술과 미의 세계는 현실세계를 즐겁게 보내고 풍요롭게 맛보기 위해 있다. 종교세계도 현실의 삶을 근심 없이 평화로운 마음으로 보내기 위한, 그리고 죽음을 차분하게 맞이하기 위한 도움으로서 부차적인 위치를 차지하는 경우가 많다. 필요에 따라 정신 영역에 드나들기는 하지만 적당히 억제해 현실생활의 균형을 깨지 않도록 주의한다. 그 정도로 현실의 생활은 분주하고 힘들다. 원래 정신적인 욕구 자체가 적은 사람도 있지만 대개는 이런 힘겹고 바쁜 생활에 쫓겨 정신적 세계의 싹을 키울 기회도 없고 필요를 느낄 겨를도 없다.

그런데 앞에서도 말했듯이 성격 자체가 걱정을 많이 하는 사람이나 고통 속에 있는 사람은 정신화 경향이 강해져서 보통 사람의 경우와는 반대로 현실세계가 정신세계에 종속되어버린다. 개그의 소재가 되기도 하는, 학자들이 현실을 전혀 모르고 엉뚱한 말이나 행동을 하는 모습에는 정신세계에 지나치게 깊이 들어가 현실생활을 소홀히 해서 생기는 경우도 있을 것이다.

그렇지만 육체를 갖고 현실세계에서 살아가는 이상 누구도 현실 세계로부터 완전히 동떨어질 수는 없다. 오로지 정신세계를 누비며 날고 싶어하는 사람도 끝없이 현실로 끌려 내려와 두 세계로 갈라지게 된다.

하지만 두 세계로 갈라진다는 것은 생명이 약동하고 있다는 증거일 것이다. 어떤 정신병자는 정신화가 극단적이라 할 정도로 강해지는 데 반해 현실세계에서의 생활은 차츰 희미해진다. 가장 적당한 예를 애생원에서 찾을 수 있었다.[17] 그 환자는 나병이 발병해 깊은 절망에 빠졌다가 독자적인 종교 세계에서 새로운 삶의 보람을 발견하고 적극적인 사명감으로 타인에게 봉사하며 살게 되었다. 그런데 마지막에는 치료도 받지 않고 식사도 거절해 그것이 원인이 되어 일찍 사망했다.

결국 현세에 사는 한, 생명과 정신의 모순 속에서 살아가는 것이 인간에게 주어진 운명이리라. 파스칼의 말처럼 사람은 천사도 아니고 동물도 아니므로 어느 쪽을 부정한다 해도 결국 인간의 자리로 돌아오게 될 것이다. 중요한 것은 이 두 가지 가운데 어느 쪽에 삶의 무게를 둘 것이냐 하는 점이다.

그런데 어떤 사람이 정신화로 향하기 쉬울까? 이 부분에 대해서는 폴랑의 지적에 전적으로 동의할 수 있다. 폴랑은 사색하기를 좋아하는 사람, 정신이 풍요롭고 복잡한 사람, 억제력이 강하고, 민감해 감동하기 쉬운 사람, 선천적으로 내성적인 사람, 또는 외적인 사정 때문에 생각이 행동으로 바로 나오기 어려운 사람들이 그렇다고 말한다. 이런 사람이라면 욕구가 쉽게 행동으로 옮겨지지 않아 정신의 내부에서 사고, 반성, 정서, 두려움, 희망 등의 감정을 일으키고, 그것들이 서로 조화를 이루거나 대립을 할 것이다. 또 심리학적 의식이 뚜렷해 자기의 정신을 분석, 종합, 비교하는 데 익숙한 사람은 정신에 있는 것을 일단 완전히 분해한 후 한층 더 풍요롭고 광범위하고 다양하고 탄력적인 조합을 만들어내기 때문에 정신화의 정도가 더욱 강해진다. 그러나 이런 경향이 강한 사람은 정신생활이 정연하게 움직이지 않고 이상을 추구하는 경향이 있기 때문에 충분히 강한 현실 의식이 공존하지 않으면 돈키호테 같은 존재가 될 위험도 있다고 폴랑은 말한다.

정신화로 향하지 않는 사람은 지금까지의 내용을 뒤집어 생각하면 된다. 충동적이어서 생각한 것을 바로 행동으로 옮기는 사람, 확신이 강하고 자기에 대해 의심하지 않아 자기관찰이나 자기분석을 하지 않는 사람은 정신 속에 다른 관념을 받아들이는 일도 적어서 정신생활이 깊이를 갖거나, 여러 정신세계를 갖기 어렵다. 또 정신화와 가장 관계가 멀다고 생각되는 사람은 행동이나 말하는 것이 전부 판에 박은 듯 사회적 관습을 '건성으로 기억하는' 사람이다. 이런 사람은 직장이나 가정, 사교의 장에서 해야 할 일을 한 치의 오차도 없이 자동적이라 할 만큼 능률적으로 해내지만 관습이나 제도에 기대 대처할 수 없는 상황에서는 완전히 무력해진다. 지금까지 폴랑의 지적에 나름대로 부연 설명을 해보았는데, 이렇게 보면 정신화로 향하는 사람은 결국 야스퍼스[18]가 묘사한 '생기 넘치는 사람'과 정반대의 유형이라고 생각된다.

이제 고통받는 사람이 왜 정신화로 향하기 쉬운지 이해가 된다. 책을 사고 싶어도 사지 못하고 빌려서밖에 읽지 못하고, 공부할 시간을 갖고 싶지만 눈 뜨고 있는 시간은 해야 할 일로 채워져 있는 사람의 공부에 대한 열정은 그 열정을 방해받는 만큼 강하다. 밥 먹을 돈을 아껴 책을 사고 잠자는 시간을 줄여 공부하는 학생, 혀끝으로 점자를 읽는 나병 맹인……. 이런 사람들에게서는 지적 영역에서 두드러진 정신화가 나타난다. 이렇게 고통을 통해 얻은 지적 만족은 모든 것이 처음부터 갖춰진 사람과는 비교할 수 없을 정도로 예리하고 순수하다. 이것이야말로 사는 보람감이라고 해도 될 것이다.

이런 현상이 꼭 지식욕 같은 정신적인 면에만 한정되는 것은 아니다. 물질적인 욕망도 그 욕망이 채워지지 않을 때는 오히려 완전히 정신화되어 사는 보람의 문제가 될 수도 있다. 예를 들어 가난한 사람이 재봉틀을 갖고 싶은데 그럴 돈이 없는 경우를 생각해보자. 전쟁 직후에는 그런 사람이 많았다. 전쟁 후 일본 본토로 돌아온 귀환자 중에 재봉 실력이 있는 사람은 재봉틀만 있으면 옷을 만들거나 수선해 돈을 벌 수 있었다. 그런 사람들은 아무것도 없는 상태에서 다시 일어설 수 있다고 생각했다. 이런 경우 재봉틀을 구입하고 싶은 바람은 더 이상 단순한 물질적 욕망이 아니다. 재봉틀은 꿈과 장래에 대한 계획이 담긴, 밝은 미래의 상징이 된다. 고생 끝에 마침내 재봉틀을 갖게 되었을 때 거기서 솟아나는 기쁨은 현실의 제약에 대한 정신의 승리가 부르는 노래다.

극빈한 생활은 인간의 정신을 질식시키지만 어느 정도의 물질적 궁핍은 오히려 '정신화'를 촉진하는 경향이 있다는 것을 인정해야 한다. 이것을 인정하면 정신주의에 빠질 위험이 따른다고 해도 사실은 사실이다. 개인이든 집단이든 마찬가지다.

정신화와 사회화의 관계는 어떨까? 많은 경우 이 두 가지는 동시에 혹은 연이어 생겨나는 현상이다. 사회화되어 시간과 공간의 제약을 초월해 많은 사람과 마음을 나누고 많은 사람을 위해 살아가는 것은 정신이 작용했기 때문이다. 정신화의 과정이 동시에 일어나지 않으면 불가능한 이야기다. 또 인식의 세계든 미의 세계든 정신 영역에 발을 들일 때, 아무리 고독한 사람이라도 그 정신세계에서 전보다 훨씬 넓은 범위의 사람과 공감할 수 있고 친구를 찾을 수 있다. 정신화에는 사회화가 동반되는 경우가 많다.

하지만 반드시 그런 것만은 아니다. 때로 현세를 단념하고 새로운 사는 보람을 정신화에서만 찾는 사람도 있다. 출가를 하거나 은둔하는 사람이 그렇다. 순수한 정신화는 비사회성과 반사회성을 가져오기도 한다. 혼자 망상의 세계에 빠지는 사람, 자신만의 망상의 세계에서만 통용되는 논리로 남을 살해하는 정신병자 등에게서 그런 경향을 볼 수 있다. 반대로 사회화가 우세하고 정신화가 약한 경우도 많다. 행동파인 사람은 사는 보람을 상실하게 만드는 고뇌를 겪어도 이를 충분히 정신 속에서 음미할 여유가 없다. 오히려 고통을 피하려고 하기 때문에 이전보다 한층 더 분주한 활동으로 자신을 내몰 수 있다. 의미 있는 사회적 목표를 위해 바빠 활동하는 것은 타인뿐 아니라 자신을 위해서도 하나의 구원이 된다. 그러나 이것이 극단적이 되면 정신의 힘을 약하게 하여 정신세계의 깊은 맛과 미세한 느낌에 대해 마음의 눈을 차단하는 덮개가 될 수도 있다.

9 정신적인 삶의 보람

사는 보람을 상실한 사람이 정신세계에서 새로운 삶의 기쁨을 발견했다면 그 보람에는 어떤 것이 있을까? 이 책에서 말한 여러 가지 사는 보람에는 어느 정도 정신의 기쁨이 포함되어 있다. 물질적인 것으로 여겨지는 삶의 보람, 이를테면 돈을 저축하고 집을 짓는 것에도 꿈과 이상이 담겨 있다. 일상의 사소한 일들에서도, 느낄 수 있는 마음만 있으면 정신의 기쁨을 얻을 수 있다. 장바구니를 들고 시장에 가는 주부가 채소가게 앞에 진열된 채소의 모양과 색깔이 갑자기 선명하고 아름답게 마음에 들어오는 경험을 할 수도 있고, 손님을 부르는 생선가게 어린 점원의 목소리와 유머에 애수를 느끼며 문득 자신을 포함한 사람들로부터 아주 멀리 떨어진 곳에서 인생을 관조하는 듯한 기분을 느낄 수도 있다. 이것들은 모두 현실의 이해를 초월한 정신세계가 보내는 소식이다.

    순수하게 정신적인 삶의 보람을 느낀다는 것은 인간의 본성에서 봤을 때 무리다. 이번 장에서는 주로 정신적이라고 생각되는 대표적인 사는 보람의 예를 몇 가지 살펴보려고 한다. 극히 상식적인 분류라서 이외에도 셀 수 없이 많은 보람이 있을 수 있다.

인식과 사색의 기쁨

죽음을 앞두고 우연히 다나베 하지메(田辺元, 철학자)의 《철학통론》을 손에 넣었다. 콘크리트 바닥에서, 멀리 떨어진 고향과 내가 지나온 길을 생각하며 죽음의 그림자 속에서 며칠 후면 단두대의 이슬로 사라질 몸이지만 나의 정열은 역시 배움의 길에 있음을 마지막에 다시 한번 떠올릴수 있었다. 이 책을 읽으면 어디선가 즐거움이 솟는다. …… 끝없는 흥미에 매료된다.

…… 생의 막이 내려지기 직전에 이 책을 다시 읽을 수 있다는 것은 내게 마지막 즐거움과 휴식과 정열을 주었다. …… 진정한 명저는 언제 어디서나 어떤 상태의 인간에게든 타오르는 정열과 휴식을 준다. 나는 모든 목적으로부터 벗어나 단숨에 책을 읽었다. 그리고 다시 읽었다. …… 그것은 내게 있어 죽음 앞의 독경 같은 느낌이었다. 이전처럼 야심적인 학구열을 불태운 상쾌함이 아니라 모든 형용사를 초월한, 말로는 도저히 표현하기 어려운 느낌을 주었다. 이 책을 내가 쓰는 유언서로, 나라는 존재를 상징하기에 가장 적합한 기념물로 남긴다.

이것은 교토대학 경제학부 학생이라는 신분으로 전쟁에 동원되었다가 싱가포르의 형무소에서 전범으로 사형을 당한 청년이 책의 여백에 적어놓은 글의 일부다.[1] 또 한 사람, 뉴기니에서 전사한 학생이 병영에서 쓴, 친구에게 보내는 마지막 편지를 보자.[1]

내일 동원 명령이 떨어진다고 하는데 오늘 나는 여전히 수학책을 읽고 있다. 전우들은 전부 시끄럽다고 할 정도로 떠들고 있다. 이런 현실에 직면할 때 나는 나 자신의 강함을, 내성적 성격의 강함을 발견하지 않을 수 없다. …… 그렇지만 이것을 나의 오만불손한 반역이라고 생각하지 않기 바란다. 요즘 나는 절대자에 대한 생각 없이 인생의 존재가 어디에 있을지 진지하게 생각하지 않을 수 없기 때문이다.

그렇지만 우리는 단순히 중세의 은신처에 틀어박혀 하룻밤을 오직 신과 이야기해야 하는 걸까? 아니, 우리의 길은 단 하나, 창조적 세계의 창조적 요소로 하나하나의 행위에서 신의 말을 발견하는 것이다. 역사적 현실은 꿈과 편견과 아집으로 채워진 세계다. 이것이 그 본질이다. 단지 세계사의 한 부분 자체가 되어 생각하고 일 자체가 되어 행동하는 것, 수(數) 자체가 되어 생각하는 것, 그것이 요즘 나의 전부다. …… 친구여! 앞으로 혹독한 현실에 처해도 나는 여전히 걸을 것이다. 열심히 나의 길을 걸을 것이다. 내 뜻이 이뤄지지 않는다 해도 부끄럽지 않을 것이다.

밤마다 편지를 쓸 때면 인생의 비애도 증기와 함께 멀리 어딘가로 사라진다.

- 수학 옆에서 이사미

언제 올지 모르는 죽음을 앞둔 스무 살 학생의 모습에는 현실로부터의 도피라는 말로 표현할 수 없는 적극성이 있다. 내면의 세계와 내면으로 향하는 마음을 가진 사람에게서만 볼 수 있는 강함이라고 할 수 있다. 현실세계의 자극적인 것에 마음을 빼앗기거나 휩쓸리지 않는 강한 저항력이 있다.

　인식을 통해 얻는 기쁨은 미지의 세계를 탐구해 얻는 기쁨과 같다. 스페인의 철학자 오르테가[2]는 철학적 사색으로 얻을 수 있는 기쁨을 "아무도 발을 딛지 않은 해안이 우리 눈앞에 나타날 때 얼마나 커다란 환희가 우리를 덮칠까"하고 표현했다. 또 이탈리아의 만테가자(Paolo Mantegazza, 인류학자)[3]는 "순수한 지적 환희에는 결코 고통이 섞이지 않는다. 그것은 종종 슬픔으로부터 사람을 지켜준다. 그것은 '두 배로 우리 것'이 되고 결코 이기주의에 더럽혀지지 않는다. 몇 살이 되든 마음속에서 변화가 일어나고 마음에 어떤 폐허가 생겨도 이 기쁨은 우리를 배신하지 않는다"고 말했다. 이런 인용은 수없이 들 수 있다. 그만큼 인식의 기쁨은 인간에게 순수한 사는 보람감을 준다.

　그러나 현실사회에서는 학식을 이득이라는 관점에서 따지기 쉬워서 지식욕도 명예심이나 허영심 때문에 오염되는 경향이 있다. 순수한 지식욕과 지적 환희를 보고 싶다면 역시 현실세계로부터 배척된 사람들 사이에 가보는 것이 가장 빠른 길이다.

　지금 새삼 공부를 해도 그것이 실생활에 어떤 이익도 되지 않는 사람, 경제적인 상황이나 건강 문제, 그밖에 다른 이유들로 방해를 받는 어려운 환경 속에서도 어쩔 수 없는 정열 때문에 얼마 안 되는 시간과 돈을 마련해 공부하는 사람들에게서 대가를 바라지 않는 학구심을 볼 수 있다. 애생원 내의 고등학교에서 공부하는 청년들—그 중에는 대학에 진학할 수 있는 실력이 있는 사람도 약간 있지만—,

몸이 부자유스러운 사람이나 맹인들 중에도 그런 사람을 찾아볼 수 있다. 다음은 맹인이 점자를 혀로 읽으며 발견한 기쁨을 노래한 시[4]의 한 구절이다.

> 활활 타오르는 불꽃처럼 다가가기 어려운 열기가 되어
> ……
> 그들은 마침내 정복했다
> 미답(未踏)의 대지 울퉁불퉁한 광야를
>
> 삶의 뿌리 깊은 집착
> 그리고 그들은 보았다
> 희미하게 차오는 빛과
> 또 하나의 자신의 새로운 탄생
> 저 먼 땅 끝에서 뻗어오는 환상의 다리를
> 두 손을 흔들며 건너오는 수많은
> 미지의 친구의
> 친해지고 싶어하는 밝은 노랫소리
>
> 지금 그들은 잡으려 한다
> 고통만이 아는 삶의 가치와 기쁨과
> 쇠약을 모르는 태양의 빛을

심미와 창조의 기쁨

우리 같은 장기 요양자는 …… 사회 복귀도 직업훈련도 소용없다. 미래는 완전히 절망적이다. 그렇다고 해서 소중한 생명을 함부로 할 수는 없다. 앞길에 죽음의 벽이 가로막혀 있어도 이 세상에 태어난 이상 뭔가 흔적을 남겨두고 싶다. 그렇게 하려면 그림을 그려야겠다고 생각해 14년 동안 주위의 모욕과 조소를 받아넘기면서 오로지 그림을 그려왔다.

나는 그림은 즐겁게 그리는 것이라고 생각한다. 자연의 아름다움을 관찰해 화폭에 내 생각대로 붓을 움직이다 보면 오랜 요양 인생의 여로를 위로받는다.

이것은 애생원과 같은 섬에 있는 다른 나병 요양소의 환자가 쓴 〈나의 기쁨〉이라는 글이다.[5] 이 사람은 오랜 정진의 결과 오사카부(府)의 노동자 미술전에 출품해 입선해서 '사회인과 같은 수준의 작품임이 입증'되는 기쁨까지 얻었다. 다음으로 애생원의 맹인들이 악단을 조직해 10년 동안 악단을 꾸리면서 어떤 사는 보람을 느꼈는지 살펴보자. 글은 악단의 지휘자로 역시 맹인인 곤도 고이치(近藤宏一) 씨가 쓴 것이다.[6]

1953년 …… 우리는 보다 나은 삶을 위해 누가 먼저랄 것도 없이 하모니카 밴드를 조직하기로 하고 눈이 보이지 않는 사람 십여 명이 은밀히 만났다. …… '저녁노을'(동요) 합주를 시작했을 때 맹인이라는 의식은 먼 세계처럼 희미해지고 밝고 흥분된 기분으로 충만했다. 나는 의욕이 꺾인 상황에서 음악으로 위안받고 구원을 얻었기 때문에 이 작은 모임을 꼭 키워보고 싶었다.

이 모임에 파랑새 악단이라는 이름을 붙였다. 서로의 마음속에 있는 행복을 발견하자는 뜻이다.

그러나 눈도 보이지 않고 손가락도 마비된 사람들이어서 입술과 혀를 의지해 읽는 점자 악보 공부부터 시작해야 했다. '입술이 마비되고 혀끝에서 피가 배어나오는' 노력과 시간을 거쳐 마침내 함께 음악을 연주할 수 있게 되었을 때의 기쁨!

이전에는 부자유스러운 육체를 갖고 있던 우리지만 무한히 밝고 넓은 희망을 눈앞에서 보는 것 같은 전율을 느끼면서 탐욕스럽게 공부했다. 그것은 완전히 새로운 세계다. 이전 생활의 전반이 비생산적이었던 데 비해 그것은 새로운 하나를 만들어내려는 적극적인 체험의 세계였다.

그러나 '단원 중에는 혀끝으로도 점자를 읽지 못하는 사람이 있었다'고 곤도 씨는 말한다. 이들에게는 악보 전체를 말로 직접 읽어주고 외우게 하는 수밖에 없었다고 한다.

어떤 사람은 혀에 닿는 하모니카의 감촉으로 도레미파 음계를 머리에 그리고, 어떤 사람은 그래프 같은 파형을 그리고, 또 어떤 사람은 음계를 색깔로 바꿔 암기하기도 한다. 나는 인간의 노력과 능력이 얼마나 대단한지 새삼 깨닫게 되었다.

이것은 심리학적으로도 매우 흥미로운 사실이다. 이렇게 해서 악단은 크게 성장해 자신들만의 즐거움을 위해서가 아니라 다른 사람들도 위로하고 기쁘게 해주는 의미 있는 존재가 되었다.

불가능하다고 생각되는 일을 모두의 힘으로 정복했을 때 행복의 파랑새는 어느 사이에 마음속에서 크게 날갯짓했다.
오그라진 손에 움켜쥔 작은 하모니카는 언제나 나를 위로해준다. 모두가 만들어낸 기쁨과 희망이 가늘고 부드러운 음색과 함께 저녁노을 지는 창가에서 나의 마음을 흔들고 있었다.

여기에 쓰여 있는 기쁨은 진정한 삶의 충실감에서 솟아나는 것이다. 이 악단이 연습하는 모습을 보면 누구나 그렇다는 것을 알 수 있다. 필사적이라고밖에 말할 수 없는 지휘자의 정열적이고 엄격한 지휘 아래 전원이 힘을 짜내 만들어내는 하모니. 이렇게 멋진 생명의 연소를 나는 본 적이 없다.
이처럼 그림, 음악, 문학 같은 미의 세계에서 사는 기쁨을 발견하는 사람이 나병 환자 중에 적지 않다. 실명이 되었어도 혹은 실명했기 때문에 한층 더 열심히 시와 시조를 짓고, 노래를 만들고 연주에 전념하는 사람들이 있다. 그들은 이런 활동을 통해 사는 보람을 발견하고 일반인들과의 연대감도 회복한다. 그중에는 아카시 가이진(明石海人, 시인), 다마키 아이코(玉木愛子, 수필가), 호조 다오미(北条民雄, 소설가)처럼 사회적으로 이름을 떨친 사람도 있다. 하지만 여기서 그런 것은 문제가 되지 않는다. 중요한 것은 새로운 정신세계의 발견이다. 아카시 가이진은 말한다.

> 인간 세상을 떠나서 인간을 알고
> 혈육을 떠나서 사람을 믿고
> 빛을 잃고서 내면에 펼쳐진 청산백운도 보았네.
> 나병은 하늘의 계시였네.

앞 못 보는 한 환자는 벚꽃 한 송이를 두고 '혀와 입술로 사랑하고 거기서 고향 산의 향내 나는 벚나무를 보았다'면서 이것을 〈조용한 꽃의 잔치〉[7]라는 시로 노래하며 기쁨을 표현했다. 사물의 모양이나 색깔, 소리에 현실의 이해나 효용을 초월한 기쁨을 느끼는 마음이 인간에게 있다는 것은 놀라운 일이다. 이런 마음은 어린아이한테서도 볼 수 있어 인간의 선천적인 속성이라고 생각하지 않을 수 없다. 태고 시대의 유적에서도 인간의 예술적인 마음의 발로를 볼 수 있다는 점에서도 확실하다. '아름다운 것은 영원한 기쁨'이라는 존 키츠(John Keats, 영국시인)의 말은 시대와 상관없이 진리다.

화이트헤드는 문명의 개념에서 미(美)에 매우 큰 중요성을 두는데 그는 예술에 대해 다음과 같이 말한다.[8]

예술은 인류가 생존의 스트레스에 반응하는 정신병리적인 현상이라고 볼 수도 있다. …… 예술은 어떤 번득임 속에서 사물의 본질에 대한 내밀하고 절대적인 진리를 계시할 때 인간 경험에서 치유 기능을 갖는다.

'치유'라는 것은 사는 보람을 상실한 사람에게 적용된다. 나병을 앓는 사람을 관찰해보면, 이전까지는 미와 관계없어 보이는 생활을 했던 사람도 시나 노래 등을 통해 직접 무언가를 표현하다 보면 전과는 다른 섬세한 시각에서 사물을 보게 된다. 이 경우에도 표현하려 한다는 사실이 중요하다. 표현은 창조로 이어진다. 표현하려는 노력이 사물을 보는 관점과 느낌을 더욱 엄밀하고 세밀하게 해서 눈에 보이고 느껴지는 것이 스스로 표현의 길을 찾게 된다. 여기에 새로운 세계의 발견이 있고 창조가 있다. 이 '표현의 쾌락'은 토마스 만이 《토니오 크뢰거》(Tonio Kröger, 한 예술가의 정신적 자아와 시민에 대한 동경 등의 고뇌로 인식의 깊이를 더해가는 과정을 그린 단편집)에서 말했듯이 사람을 '음울'로부터 구제하고 '우리를 항상 생기발랄하게 하는' 힘이 있다.

이것은 사형수들에게 하이쿠를 지도한 기타 산가(北山河, 소화시대의 시인)의 저서 《처형전야》[9]에 가장 분명하게 예증되어 있다. 몇 가지 예를 인용해보자.

어떤 사형수는 이렇게 말했다.

하이쿠에 흥미를 갖고부터 하루하루가 너무 짧게 느껴진다. 마음도 가벼워졌다. 몸도 마음도 설렐 만큼 기쁘고, 밝고, 상쾌한 심정을 충분히 느끼게 되어 수양에 힘쓰려고 한다.

다음은 맹인 사형수가 죽기 며칠 전에 남긴 하이쿠다.

아이의 편지, 매미와 같이 읽었네.
그림을 그리고픈 마음이 드는 여름 하늘.
캐러멜로 매미와 이별의 차를 마셨다.
제비야 비둘기야 참새야 안녕.

이 사형수는 하이쿠를 배우게 된 이후의 심경을 다음과 같은 서툰 글로 소박하게 기록했다.

말과 글을 배우면서 내 친구들과 하이쿠를 공부했다. 하이쿠는 외로운 나의 마음을 가장 잘 이해해주는 친구다. 하이쿠를 배운 덕분에 매미와도 즐겁게 놀 수 있다. 불나방이 전등 주위를 붕붕 나는 것도 나를 위로해준다고 생각하면 기분이 좋다. 운동장의 푸른 나뭇잎서 짹짹대는 참새도 지붕에서 구구하고 우는 비둘기도 모두 나의 친구들이다. 얼마 전 기타 선생님이 예쁜 꽃을 독방에 나누어주었다. 꽃이 시들었을 때 흙에 묻어주고 싶었지만 여기서 그런 일은 할 수 없다. …… 여름이 되니 친구들이 많아져서 기쁘다. …… 밤에는 창을 열어 불나방을 부른다. 내 친구들은 모두 사랑스럽다.

여기에 나타난 마음은 고뇌의 수렁에서 허덕이는 모습이 아니다. 수렁에서 빠져나와 한 걸음, 두 걸음 떨어진 곳에서 자기의 슬픔과 주위 풍경을 보며 거기서 볼 수 있는 풍취를 느끼고 즐긴다. 꽃과 벌레와 마음을 나누며 거기서 정겨움과 위로를 느낀다. 독방에 수감된 이 사형수는 더 이상 고독하지 않다. 더 이상 소외되지 않았다고 할 수 있다. 이 공감에는 현실세계에서 사람과 교류하는 것 같은 생생함은 없다. 다른 세계에서의 다분히 비인격적인 색채를 띠고 있는데, 오히려 그렇기 때문에 모든 생물, 무생물에까지 공감할 수 있다.

    이 마음은 인식의 마음처럼 대상을 향해 매섭게 따지는 격렬함도, 정복이나 공격 같은 행동적 태도도 아니다. 그래서 현실로부터 멀어지는 소원함은 한층 더 크다고 할 수 있다. 수동적인 자세로 조용히 거기에 있는 것을 음미하고 즐긴다. 포기하는 자세와 닮은 여유와 초월이 있다. 슈프랑거[10]의 말처럼 관조의 세계에 사는 사람은 인식의 세계에 사는 사람 이상으로 삶을 간접적으로 사는 사람이라고 할 수 있다. 조용히 바라보며 음미하는 관조의 눈에는 주위의 자연과 사람이 풍요로운 특색을 가진 존재로 다가온다. 색깔과 형태의 아름다움은 물론 재미, 안쓰러움, 귀여움, 유머, 우스꽝스러움, 징그러움 등등 인간에게 주어진 온갖 정서를 뒤흔든다. 또 이 관조의 눈은 자신의 마음마저도 하나의 풍경으로 바라볼 수 있기 때문에 자신 안에 있는 추한 면, 자극적인 면, 이상한 면까지도 멀리서 거리를 두고 쓴웃음을 지으며 바라볼 수 있다. 그것으로 고뇌의 가시도 제거된다.

사랑의 기쁨

어느샌가
나는 인생의 한 구석을 사랑하게 되었네
이곳에는 아이도 청년도 노인도 있지
모두 같은 꼬리표를 달고 있지만
각각의 마음에
타오르는 불꽃은
얼마나 각양각색일까
……
꼬리표를 달고 있는 사람들이여
멈춰 서면 안 된다
목발로 의족으로 애꾸눈으로 걷자
건강한 사람은 쓰러진 사람을 등에 업고
우리는 서로 사랑하는 궤도를 걷네
큰 길을 꿈꾸는 사람들을 위해
한 구석에 사는 사람의 넓음을 보여주자
악몽에 시달려서는 안 된다
머지않아 희망의 문은 열릴 것이다
우리
한구석에 사는 사람은 구석의 가치밖에 없다는 사람들에게 저항하자
우리는 희망의 날을 위하여
한 구석을 사랑하고
인간의 향기 짙은 생활을 만들어가자.

이것은 이전 나병 선고를 받았을 때 "싫다! 모두 문둥이가 돼라"고 절규했던 청년이 그 후 요양소 생활을 하면서 도달한 심경을 노래한 〈대망의 시〉라는 시다.[11] '서로 사랑하는 궤도'를 걷는 것이 그의 새로운 대망의 목표, 사는 보람이 된 것이다. 실제 나병 요양원 사람들을 보면 이 시에서 노래한 것과 비슷한 모습이 보인다. 그 모습의 바탕에 있는 것이 진정한 사랑인지 아니면 단순한 이해 관계에 의한 것인지는 묻지 않기로 하자. 진정한 사랑은 스스로 말하지 못한다. 의식조차 못하는 것이 대부분이다. 사랑은 묵묵히 움직인다. 그래서 눈에 띄지 않고 눈치도 못 챈다. 따라서 새로운 사는 보람으로 사랑을 말하는 문장은 의외로 찾기 어렵다. 하지만 나병에 정박아, 농아라는 겹겹의 장애를 가진 소년에게 인내심을 갖고 사랑의 손길을 내미는 같은 병자들, 정신병으로 거칠게 날뛰어 감당할 수 없던 환자가 오랜 시간 친절한 간호 덕분에 인간성을 되찾아 "간호사 님" 하고 친절하게 불러주었다며 눈물을 글썽이는 간호사의 모습에서 사랑의 빛은 반짝거린다. 시오지리 고메이(―塩尻公明, 정치학자, 평론가)[12]도 이상적인 사는 보람을 '남의 기쁨을 내 기쁨처럼, 남의 슬픔을 내 슬픔처럼' 느끼는 것과 '남을 사랑할 수 있는 인간'이 되는 것이라고 했듯이 당장 그런 사람이 될 수는 없어도 '결국엔 사랑을 가질 수 있다는 신뢰와 희망'이 정신세계에서 최고의 기쁨 가운데 하나라는 것은 나병 환자 사회나 일반 사회나 똑같다.

　이런 사랑은 단순한 혈연이나 이성 간의 본능적인 끌림과는 다른, 더욱 본질적인 인간 동지로 연결되어 있다는 의식에서 오는 것이다. 한 환자는 산문시에서 이렇게 노래한다.[13]

상처에 붕대를 감아주면서 이 통증을 시원하게 씻어주는 자—땀과 피로 속에서 자기 자신을 사랑하고 나를 살리는 순수한—와 함께 하나의 샘을 파는 세계를 느끼네.

젊은 간호사와 이 환자는 같은 생명에 의해 구원받는 공동의 세계에 있다. 하나의 세계에서 하나의 목표를 위해 노력하는 동지로서의 우정이야말로 정신세계에서의 사랑이리라. 부부나 피를 나눈 형제도 이 우정이 뒷받침되지 않으면 그 관계는 진정한 사는 보람이 될 수 없다. 자유롭고 독립된 인격이 만나는 관계가 될 수 없기 때문이다. 애생원에 사는 부부들 중에는 단순히 이해와 편의 때문에 이어진 경우도 있지만, 함께 고통을 나누고 의지하려는 우애와 동지애를 일반 사회의 부부 사이에서보다 훨씬 많이 볼 수 있다. 번갈아 열혹(나병성 결절성 홍반으로 열과 반점이 나타난다)이 생겨 서로 간호하고 간호를 받는 부부, 기관절개를 받아 캐뉼라관(액체나 공기가 통하게 하기 위해 몸속에 삽입하는 관)으로 호흡하는 아내를 여러 해 동안 밝은 얼굴과 유머로 간호하는 남편⋯⋯. 이들의 부부애는 고통과 죽음에 끊임없이 위협받기 때문에 한층 높은 정신성을 띠는 경우가 적지 않다.

요즘 나병 요양소에는 문제가 많아서 권리 주장만 하고 이해타산을 따지고 투쟁만 하는 것처럼 보일 수도 있다. 권리를 보장받고 돈만 나오면 인정 따위 필요 없다는 환자도 있다. 그러나 애생원에서 날마다 그곳 사람들의 생활을 접해보면 그런 우악스럽고 뻔뻔한 사람은 소수에 불과하다는 것을 알 수 있다. 대부분은 조용히 차분하게 매일을 보내며 그 사람들을 지탱해주는 것은 서로 간의 따뜻한 마음의 교류와 간호사들의 몸을 아끼지 않는 간호다. 물론 인간 집단이기 때문에 추한 일도 일어난다. 그러나 그 어둠 속에서 때로 생각지도 못한 아름다운 반짝임이 있다. 사랑의 빛이다. 이것 없이 과연 사람이 사는 보람을 갖고 살 수 있을까.

사람을 진정으로 지탱해주는 사랑은 베르그송이 말하는 '열린 영혼'의 사랑이다. 이것은 정신화와 사회화의 가장 미묘한 조합일 것이다. 동시에 개인을 가장 소중히 하는 사랑이다. 서로에게 둘도 없는 존재로 상대를 사랑하는 마음, 상대의 생명이 가장 본래적인 사명을 향해 성장할 수 있도록 하는 마음, 그로 인해 자기 삶이 의미를 갖는 것을 느낄 수 있는 기쁨, 이것은 같은 줄기에서 뻗어나온 가지가 함께 성장해 맑고 깨끗한 대기 속에서 기쁜 듯이 서로 흔들리는 모습과 흡사하다.

사람들은 사랑에 대해 수많은 아름다운 말들을 한다. 성서의 〈고린도전서〉 13장에 있는 사랑의 찬가, 마르틴 부버의 《나와 너》[14] 등. 여기에 사족을 더하고 싶지 않다. 그러나 사랑을 말하는 어떤 아름다운 말보다 현실에서 인내심을 갖고 배려하는 사랑의 모습을 발견할 때 우리는 놀람을 느끼며 사랑의 가능성을 확인한다.

종교적 기쁨

정신세계에서 종교적인 부분이 차지하는 자리가 크다는 것은 굳이 말할 필요 없다. 기성 종교나 종파의 틀에 묶이지 않은, 교의나 예배 같은 형태를 취하기 이전의 상태, 또는 그것들을 통해 볼 수 있는 것, 즉 눈에 보이지 않는 인간의 마음 자세까지 고려해보면 종교는 인식, 미, 사랑 같은 정신세계의 모든 영역에 침투해 있다.

자연과학자가 오랜 연구 끝에 얻은 결과가 자신이 세웠던 가설에 어긋났을 때 엄연한 사실 앞에서 겸허하고 무심한 마음으로 그것을 받아들이는 모습에서 종교적인 겸허함을 볼 수 있다. 또 고생 끝에 순간적이고 단편적이지만 진리라고 생각되는 것을 살짝 볼 수 있는 순간이 허락되었을 때 마음에 솟아나는 기쁨은 황홀에 가깝다.

미의 세계가 종교적인 마음과 가까운 관계임은 많은 사람들이 깨달아 알고 있다. 일본 민예의 미를 사랑하고 그것을 발굴하는 데 헌신한 야나기 무네요시(柳宗悅, 민예연구가)의 책[15]을 보면, 그의 마음속에서 미의 세계가 종교의 세계와 떨어지기 어렵게 연결되어 있다는 것을 알 수 있다. 또 가메이 가쓰이치로(龜井勝一郎, 문예평론가) 에 의하면 요시다 겐코(吉田兼好, 중세의 가인(歌人)) 같은 사람은 '믿음의 체험과 아름다움의 체험이 번개처럼 뒤섞여' 있고, 그 '푸른 전율이 그의 생명'[16]이었다고 한다.

다음은 우타이(謠, 가면 무극인 노(能)의 가사에 가락을 붙여 노래하는 것)에 푹 빠진 나병 요양자의 글[17]인데, 유현미(幽玄美, 그윽한 여운이 남는 아름다움)도 종교적일 수 있음을 보여준다.

슬픈 운명으로 ○○원에 입소한 이래 어느덧 14년이라는 세월이 지났다. 그동안 나는 나름대로 유현적인 아름다움을 사랑해왔다. 혼자 조용히 작중 인물의 마음이 되어 노래를 읊을 때 인간 세상의 추악한 갈등도 사라지고 오히려 정신의 안정마저 느껴지는 것을 유현의 경지라 할 수 있지 않을까. 유현이 승화해 탈피하면 한 단계 높은 예술미의 궁극의 경지에 이른다는데 이것이야말로 …… 동양적인 고담미(枯淡美, 꾸밈없고 담백한 아름다움)라고 할까. 흔히 말하는 종교적 깨달음의 경지와 일맥상통하는 것, 나는 이 유현미 속에서 평화를 느낀다.

심미적 직관은 베네데토 크로체(Benedetto Croce, 이탈리아의 철학자)[18]의 말대로 시간과 공간을 초월한 차원이며, 자연의 사물과 인간의 고유한 특성을 포착한다. 개개인의 개성을 더할 나위 없이 소중한 것으로, 있는 그대로 바라본다. 동시에 과거의 일이나 미래의 가능성도 순식간에 통찰한다. 이 마음은 사랑의 마음과도 연결되고, 종교의 신앙심과도 통한다.

이렇게 보면 종교의 세계를 인식이나 미의 세계와 나란히 두는 것은 옳지 않다. 차라리 인간의 정신 전체가 종교적 세계에 감싸여 있다고, 적어도 접해 있다고 해야 하지 않을까? 단지 많은 사람이 그 점을 깨닫지 못하는 것일 뿐이다.

괴로울 때 하느님을 찾는다는 말에서도 알 수 있듯이 옛날부터 종교는 고통받는 사람을 위해 존재한다고 생각되었다. 그런 생각을 증명하기에 충분한 사실들도 많다. 종교는 죽음에 대한 공포에서 나온 것이라는 가설의 근거도 거기에 있다. 현세에서 충족되지 못하는 욕구를 다른 차원에서 메우려고 하는 것이 종교의 본질이라고 생각하는 사람도 적지 않다.

사는 보람을 상실한 사람이 종교 세계에서 새로운 사는 보람을 발견하는 것은 위의 가설에서 보면 당연하다고 할 수 있다. 하지만 이런 관점을 취하면 종교는 비합리적인 방법으로 사람들에게 일시적인 안심과 위안을 줄 뿐이라는 소극적인 의미로 축소된다. 합리성을 중시하는 이들에게 이것은 불쌍히 여겨야 할 인간의 나약함으로 보일 것이다. 그러나 고뇌로 고통받는 사람들을 직접 만나는 사람이라면 그들에게 종교가 그런 역할이라도 해준다면 그것만으로도 엄청난 것이라고 생각하지 않을 수 없다.

그렇지만 종교에 만일 그런 보상과 자기방어의 의미밖에 없다면 진정한 적극적인 사는 보람이 될 수 없는 것 아닐까? 소극적 의미만으로 종교를 갖는 사람에게는 현실에서 고뇌의 원인이 없어지면 종교가 더 이상 필요 없게 되지 않을까?

종교의 역할에 대한 또 한 가지 중요한 학설은, 종교란 인격에 통일성을 부여하는 것이라는 설명이다.[19] 이 설은 올포트의 저서[20]에 가장 명쾌하게 쓰여 있다. 그에 의하면 종교는, 자아 성장의 각 단계에서 존재 전체의 의미를 부여하는 전진적 의도를 준비하는 것으로, 그것은 인격을 통일하려는 노력이기 때문에 반드시 욕구와 욕구 충족을 통한 긴장 해소라는 형태를 취하는 것은 아니며, 오히려 위대한 목표를 향해 긴장을 유지하는 것, 안정에 대한 저항을 의미하는 것이라고 한다. 이것은 앞에서 소개한 매슬로의 '성장 동기'와 유사하다고 할 수 있다.

종교가 인간에게 적극적인 사는 보람을 줄 수 있다면 그런 의미에서의 종교가 아니면 안 된다. 그럴 때 종교는 단순한 사상이나 이상의 의미를 넘어 인간의 마음 세계를 내부에서부터 다시 만들어

가치기준을 변혁하고, 사물을 보는 관점뿐 아니라 인식도 바꾸며, 세계에 대한 의미부여까지 바꾼다. 기시모토 히데오(岸本英夫, 종교 학자)[21]는 종교를 '인간생활의 궁극적 의미를 명확히 하여 인간 문제를 궁극적으로 해결하려는 사람들이 믿는, 매일의 생활을 중심으로 하는 문화현상'이라고 정의하는데, 이런 의미를 부여하는 것이야말로 결국 종교의 가장 큰 기능이다. '의미에 대한 욕구'라는, 인간 마음의 뿌리 깊은 갈망에 부응하는 것이다. 카시러의 말[22]대로 인간은 본질적으로 의미를 부여하는 존재이고, 가장 포괄적인 의미 부여는 종교적인 마음의 작용으로 이루어지기 때문이다. 의미부여가 외부로부터 강요된 것이 아니라 개개인의 마음이 발전한 결과 필연적으로 생겨난 경우에만 종교는 '억제와 강제가 아닌 인간 자유의 새롭고 적극적인 이상의 표현'이 될 수 있을 것이다.

보상으로서의 종교

애생원에서 실시한 조사에서는 병에 걸려 사는 보람을 상실했지만 그 고뇌가 계기가 되어 종교를 갖게 된 예가 상당히 많다. 나병으로 시력을 잃을 확률은 10퍼센트 정도인데, 그들이 종교를 갖게 되는 시기가 질병 선고 못지않은 고뇌의 시기, 특히 실명 직전인 경우가 많다. 이 암흑의 위협 때문에 불안신경증을 일으키는 예도 적지 않지만, 이 불안을 계기로 신앙의 길로 들어서는 사람도 상당수 있다.

나병 요양원은 어디나 종교 활동이 활발해서 좁은 곳에 여러 종교의 예배당이 공존하는 것이 특징이다. 애생원의 경우 가장 활발한 활동을 보이는 종교 가운데 하나가 기독교인데, 예배에 출석하면 종교라는 것이 이곳 사람들에게 어떤 의미를 갖는지 뚜렷이 느낄 수 있다. 교회에는 뜨겁고 격앙된 정서와 감동이 감돈다. 단상에 서 있는 사람의 말에 따라 신도들 사이에서 폭발하는 아멘!의 폭풍. 그 안에는 탄식, 원망, 포기, 그리움, 감사, 황홀 등 다양한 정서가 뜨겁게 소용돌이치고 있다. 전에 뉴욕의 흑인가에 있는 교회 예배에 참석했을 때 느꼈던 분위기와 흡사하다. 둘 다 모두 일반 사회로부터 소외된 사람들의 모임임을 생각하면 그 유사함이 이해가 간다.

소외된 사람들은 종교를 가짐으로써 전과는 다른 가치관을 갖게 되고, 같은 가치관을 갖는 집단에서 소속감을 느낄 수 있다. 새로운 연대감으로 '반향에 대한 욕구'도 충분히 채워진다. 특히 병을 앓는 사람에게는 이 우애를 바탕으로 서로 돕고 의지하는 것이 얼마나 큰 힘이 될 것인가! 그것만으로도 종교는 사는 보람을 상실한 것의 보상이 될 수 있다.

그러나 처음에는 병에 걸렸다는 고통 때문에 종교에서 마음의 구원과 위안을 찾으려고 했지만 종교 세계에 깊이 들어갈수록 더욱 적극적인 사는 기쁨을 얻게 되는 사람도 적지 않다. 교리나 의식에서 전해지는 암시의 영향이 더해져 인생 자체, 세계 자체를 대하는 마음의 자세가 근본적으로 달라져서이다. 그때 종교는 단순한 보상의 영역을 뛰어넘는다. 다음 환자의 글[23]이 그 예이다.

…… 숙명적으로 무거운 짐을 지고 있던 나는 신앙에 의해 사는 기쁨을 얻어야 한다고 결심하고 신앙을 갖게 되었는데 …… 처음에

는 종교에 의문을 품고 또 종교란 미신적인 행위에 불과한 위선이라는 얕은 생각으로 바라보았다. 그러나 그 생각이 잘못된 것임을 깨닫게 되었고 지금은 부처님께 잘못을 빌고 있다. …… 지금까지는 마음이 지옥과 같은 인간이었다. 그러나 이제는 다르다. 오늘부터 희망의 봉우리에 오른 용사다. …… 그렇게 생각하자 큰 기쁨이 번지고 …… 물감을 묻힌 붓 끝으로 내 마음이 새로 칠해진 듯 깨끗한 기분과 기쁨으로 가득하다. 내가 선택한 것, 그리고 얻은 기쁨과 사는 보람 …… 이 기쁨과 함께 자유로운 신앙, 화합과 사랑과 성실로 더욱 노력할 생각이다.

자연은 모든 생물을 품어 크게 호흡하고 말없는 애정으로 품어준다. 그에 보답하기 위해서는 참회해야 한다. …… 망상적인 관념의 신앙이 아니라 부처님의 가르침에 따르고, 사는 기쁨과 감사의 마음을 가진 신앙을 품는 것이 요양하는 몸인 나에게 주어진 과제라고 생각하기 때문이다.

적극적인 사는 보람으로서의 종교

(나병이라는) 진단을 받은 직후 나는 세상에 존재할 가치가 없는 인간이라고 생각했다. 자살을 진지하게 생각하던 중에 신앙에 눈을 떠, 신을 향한 삶을 사는 것이 진짜 가치가 있음을 알고 종교를 갖게 되었다. …… 그 후 신앙은 삶을 뿌리부터 지탱해주는 것이라고 믿고 있으며 실제 그렇다. …… 병에 걸리지 않고 신앙을 갖지 못한 삶과

현재의 삶, 어느 쪽을 선택할 거냐고 물으면 현재의 삶이라고 대답할 수 있다. …… (병에 걸리기 전과 비교해 내 기분은) 지금이 참담하다고는 생각하지 않는다. 오히려 인생을 보다 긍정할 수 있고 여러 면에서 의욕이 생긴다. 앞으로 어떻게 될지 모르지만 지금 이 기분을 긍정하며 살고 싶다. 긍정적으로. 앞으로도 지금의 삶을 진지하게, 그리고 유머를 갖고 유지해나갈 것이다.

이것은 애생원의 한 기독교 신자가 조사지에 쓴 글이다. 그가 '신앙에 눈을 떴다'고 말한 내용에 대해서는 이후에 자세히 검토하고 싶다. 이 글에서 볼 수 있는 것은 단순한 포기도 아니고 암시에 의한 자기도취도 아니다. 조용하고 여유 있는 인생을 적극적으로 긍정하는 태도다. 이 사람의 삶의 방식에서도 이런 태도를 뚜렷이 볼 수 있다. 그는 일반 작업 외에 종교 활동, 음악 활동, 독서 등을 하며 매일을 충실하게 보낸다. 생명의 발전과 성장을 엿볼 수 있다.

만일 종교적 신앙이란 것이 사람의 삶을 진지하게 내면으로부터 지탱해줄 수 있다면, 종교집단에 속하든 속하지 않든 어떤 상황에 혼자 던져져도 의지처가 될 수 있을 것이다. 단순히 한 종교집단에 속해 그곳의 가치기준을 받아들이고 그 집단 사람들의 삶의 방식을 따르는 것이라면, 그 집단이 아무리 특별하다 해도 본질적으로 사회의 관습과 제도에 따르는 삶이라는 점에는 변함이 없다.

하지만 만일 너무도 괴로운 나머지 살 길을 찾다가 종교에서 새로운 터전을 발견했다면 그 발견은 마음의 세계를 안에서부터 새롭게 할 것이다. 그것은 욕구불만에 대한 보상이나 죽음의 공포에 대한 방어, 소속감 회복 같은 소극적인 것이 아니라 인격에 새로 중심을 둘 곳을 마련해주고 새로운 통합을 가져오는 것이다. 그럼으로써 자기의 삶에 새로운 의미를 부여할 수 있다. 세계도 달리 보일 것이다. 그런 정신화된 종교, 내면적인 종교는 기성 종교의 형태와는 상관이 없다. 차라리 종교라는 형태를 취하기 이전의 마음 자세를 의미한다고 말하는 게 나을 것이다. 종교적 세계는 표현하기 어렵다. 교의나 사회적 관용으로는 도저히 설명할 수 없는, 고정되어 있지 않고 살아 있는 것이기 때문이다. 그러나 주의 깊게 관찰해보면 일반인들과는 다른 세계, 차원이 다른 세계를 터전으로 다른 가치체계와 다른 삶의 목표를 갖고 사는 사람들을 발견할 수 있다. 그런 사람은 불교나 기독교의 틀 안에서도, 밖에서도 찾아볼 수 있다.

그러나 기성 종교의 틀 밖에서 혼자 종교적인 삶을 사는 경우에는 그에 상당하는 반성 능력이 없으면 '독선적'이 되어 자기와 타인 모두에게 파괴적이 될 수 있다. 역사적으로도 종교집단은 형식화되어 사람을 속박할 때는 인간의 내적인 생명의 발전을 저해하지만, 과거의 위대한 종교자들의 통찰과 발견을 전파함으로써 개인의 얕은 신앙생활을 풍요롭고 폭넓게 해주는 기능을 한다. 또한 사람이 자기 혼자만의 생각에 사로잡혀 미로에서 헤매지 않게 해주며 오류를 수정해주는 기능도 있다.

애생원 조사에서도 자기 특유의 종교적 경지에서 사는 사람을 두세 명 볼 수 있었다. 그중 한 사람은 지체가 부자유한 50대 여성 환자였는데, 7년 전에 가족을 떠나 입원했지만 자신만의 종교 세계에 살고 있고 삶이 매우 만족스럽다고 했다.

나는 전혀 따분하지 않다. 영혼과 이야기하기 때문이다. 영혼은 1분에서 3분 정도 찾아온다. 소리가 들릴 때도 있다. 이것은 나 혼자 생각한 종교다. 사람이 믿는 종교는 여러 가지가 있지만 말과 행동이 일치하지 않기 때문에 보다 보면 불쾌해진다. 나는 나 혼자의 종교 덕분에 무아의 경지에도 이를 수 있다. 그것은 정신통일과 같은 것이다. 이 종교로 나는 사람의 병을 알 수 있게 되었다. 어디가 나쁘다 하는 것을 알 수 있다.

이 환자는 자기 종교에 대해 남에게 거의 말하지 않았고 생활하는 데서도 특이한 점은 없었는데 밝은 어투에서 뭔가 고양된 감정을 엿볼 수 있었다. 병든 몸으로 혼자 침대에 누워 있어도 확실히 외로워하거나 따분해하지 않았다. 남들은 이해할 수 없는 특이한 사는 보람을 갖고 있는 사람이 자기도취, 자기과시욕, 지배욕이 강하다면 교주가 될 법도 하다. 실제 신흥종교 교주들 중에는 그런 예가 드물지 않다.

또 한 사람의 예는 앞에서 이미 말한 종교적 망상 환자다.[24] 이 남성은 위 여성보다 더욱 내용이 풍부하고 독특한 종교 세계를 갖고 있다. '평범한 인간 같지 않은' 애정을 주위 사람들이나 몸이 부자유스러운 사람에게 쏟아서 '괴짜 인격자'로 사람들에게 존경받고 있었는데, 결국 신비적 사명감에 희생되어 사망했다. 그러나 그는 내가 대면한 사람들 중에 특별히 눈에 띄는 사는 보람감을 갖고 있었고, 의연한 독립성과 위엄을 가진 인물이었다. 그가 교육을 더 받은 사람이었다면 그 종교성에 사유가 더해져 밀도 높은 종교 세계를 만들어냈을 것이다.

어쨌든 여러 철학자나 심리학자의 말처럼 종교가 할 수 있는 가장 본질적인 역할은 통일된 인격과 의미감, 즉 사는 보람감을 주는 것이다. 방어적인 마음 자세로는 사는 보람감이 생겨나지 않는다. 카시러가 신화와 종교의 발전에 관해 명쾌하게 논한[25] 바를 생각해봐도 그렇다. 최초에 종교는 공포나 불안에 대한 방어로 시작되었지만 차츰 억제, 강제, 복종이라는 소극적인 종교적 감정에서 벗어나 인간의 자유롭고 새로운 적극적인 이상의 표현이 되었다. 인간 내부의 가장 적극적인 힘, 곧 '영감과 동경의 힘'을 해방하게 된 것이다.

그래서 무슨 고통이 계기가 되어 종교를 찾았든 만일 종교에서 위와 같은 적극적인 힘을 발견했다면 현실의 고통은 치유되든 치유되지 않든 상관없다. 그보다는 자기를 초월하고 인간을 초월한 세계에서 새로운 빛을 받으며 인생을 바라보게 된다. 커다란 힘 안에서 살아가는 기쁨이 넘친다. 한 환자는 이렇게 말한다.

> (신앙을 갖고부터) 죽음에 대한 생각이 바뀌어 신앙은 살아 있는 것이라고 생각했다. 그 사람의 전신에 살아 있다. 그렇지 않으면 의미가 없다. 그리고 나병 환자뿐 아니라 모든 인간에게 공통된 것이 있고, 사는 목적이 확실하다. 창조주 신을 향해 함께 걷는 것이 인간의 사명이라는. 처음에는 병으로 인한 정신적 고뇌 때문에 신앙을 찾았는데 (신앙에는) 질병을 초월한 것이 있음을 알게 되었고, 병에 걸리든 걸리지 않든 '사람은 어떻게 사는가, 살아야 하는가'하는 문제가 해결되어서 병 때문에 겪는 차별과 굴욕도 신경 쓰지 않게 되었다.

이것이 그저 말의 유희가 아님은 이 글을 쓴 부인을 보면 알 수 있다. 그녀는 나병 환자와 '건강한 사람' 사이에 있다는 '벽'을 내가 전혀 느끼지 않게 대해준 몇 안 되는 사람 가운데 하나다. 소속된 집단의 틀을 뛰어넘어 인류의 일원으로 존재할 수 있게 해주는 것이 진정한 종교적 삶의 특징이다. 거기에는 병자도 건강한 사람도, 가난한 자도 부자도, 사회적 지위의 높고 낮음도 없다. 사상의 차이, 문화의 차이, 종교의 차이도 극복할 수 있다.

10 마음 세계의 변혁

변혁 체험에 대하여

한 번 사는 보람을 상실한 사람이 정신세계에서 새로운 사는 보람을 발견할 경우 필연적으로 마음의 세계는 조금이라도 재편성된다. 이 재편성은 아주 서서히 본인도 알아채지 못하는 사이에 조금씩 이루어지는 경우도 있고 본인이 놀랄 정도로 갑자기 급격하게 일어나기도 한다. 갑자기 일어나는 경우에는 이상한 양상을 보이기 때문에 이전부터 심리학자, 종교학자, 정신병리학자의 주의를 끌어 많은 연구가 이루어졌다. 그중에서도 종교적인 것과 관련해서 자주 나타나는 현상은 회심(回心)이나 깨달음, 또는 더욱 넓은 개념으로 '신비 체험'이라는 말로 총칭되었다.

하지만 인간의 다양한 정신 기능이 극단적이 되면 이상한 양상을 띨 테고, 이상한 것은 사람을 놀라게 하기 마련이므로 당연히 신비하다는 인상도 생길 것이다. 신비체험이라는 말에는 '비의(秘義)를 계시받고 이에 대해 침묵하는 것'이라는 의미가 있다. 이것은 말해서는 안 된다는 계율적 의미와 말하려고 해도 표현할 수 없다는 기능적인 의미, 두 가지로 해석할 수 있다. 적어도 현실적 의미에서는 표현할 수 없다는 것이 '신비'하다는 말의 의미일 것이다.

여기서 문제 삼고 싶은 것은 보통 사람에게도 일어날 수 있는 평범한 마음의 재편성 체험이다. 이것을 '변혁 체험'이라고 부르기로 하자. 신비라는 말의 애매함을 피하고 종교 이외의 세계에서도 일어나는 이런 종류의 체험을 총칭하기 위해서는 이편이 더 적합할 것이다.

변혁 체험을 거치지 않으면 긍정적으로 살아갈 수 없는 사람을 제임스는 '두 번 태어나는' 사람이라고 부르는데, 그런 사람들이 어느 정도의 비율을 차지하는지는 알 수 없다. 하지만 이런 사람은 어느 시대에나 있다. 사는 보람을 상실하는 상황에 처했던 사람 중에 이런 사람이 많다는 것 또한 확실하다. 그러나 이것은 두 번 태어나는 사람이 모든 생체험을 깊이 받아들이는 경향이 있고 따라서 쉽게 치명적인 상처를 받는다는 관점에서도 설명할 수 있을 것이다.

앞에서 말했듯이 변혁 체험은 급격한 형태에서 조용한 형태까지 다양한 단계와 경향이 있다. 올포트[1]가 쓴 것처럼 이것들 전부를 인격 형성의 한 과정으로 생각하고 싶다. 올포트는 말한다.

가끔 인격의 중심 자체가 갑자기 어떤 경고도 없이 이행을 일으킬 때가 있다. 어떤 우연한 계기—사별, 질병, 혹은 종교적 회심에서, 아니면 독서나 스승의 이야기 등—에 재지향(reorientation)으로 유도될 수 있다.

이것을 올포트는 외상적 중심전환(Traumatic Recentering)이라고 부른다. 내가 '전인적 인격의 중심을 근저부터 뒤엎어 바꿔놓는 것'[2]이라고 표현한 것도 같은 맥락이다.

변혁 체험을 거치면 인격이 놀라울 정도로 달라진 것처럼 보인다. 많은 사람이 인정하듯이 새롭게 표면에 나타난 것은 이전부터 인격의 내부에 숨어 있던 것으로, 그것이 갑자기 이전까지의 '종속적 지위에서 최고 우위로 올라서' '열기와 생명과 구동력을 띠는'(올포트) 것이리라.

이런 현상은 많은 경우 사람이 인생의 의미와 사는 보람에 대해 깊은 고뇌에 빠져 지난한 탐구를 계속하여 막다른 곳까지 갔을 때 비로소 일어난다. 많은 전문가가 보고하듯이 정신요법이나 카운슬링에서도 고뇌에 빠진 사람이 마음속에 가득 찬 원망, 증오, 불만 등 부정적 감정을 남김없이 발산해버리면 그 후에 자발적으로 기쁨과 희망과 용기 같은 긍정적 감정이 솟아난다. 이런 마음의 작용과 변혁 체험은 비슷한 현상일 수도 있다. 단 변혁 체험이 더욱 강렬하고 더욱 전면적으로 일어난다.

고뇌 끝에 겨우 빛을 만난 것이어서 이런 체험에는 커다란 기쁨이 동반된다. 그러나 그 빛을 받아들이는 마음의 자세는 자기 힘으로 고투해 빛을 쟁취했다고 생각하는 것부터 타인에 의해 빛이 주어졌다고 느끼는 것까지 다양하다. 스스로 쟁취한 것과 타인에 의해 주어진 것, 그 차이는 어디서 오는 걸까? 성격의 차이, 생활사, 교육, 종교적 환경의 영향 등을 생각할 수 있을 텐데, 이 둘은 특히 종교에서는 교의상 매우 다른 의미이고 논리적으로도 반대되는 개념이다. 그러나 실제 인간의 마음에는 이 둘이 미묘하게 얽혀 있는 게 아닐까? 나중에 살펴볼 테지만, 사람이 자기를 깊이 파고 들어가면 결국 위대한 타자(他者)라고밖에 표현할 수 없는 존재를 발견하게 되는 것도 이 때문인지도 모른다.

어쨌든 진지한 탐구와 고뇌 없이 사람의 마음에 광명이 찾아오는 예는 없다. 하지만 힘들게 깨달음의 경지에 이른 후에 발견되는 빛은 혼자만의 힘으로 만들어냈다고 하기에는 너무 눈부시다. 그래서 파스칼은 "안심해라, 네가 나를 (이미) 찾지 않았다면 너는 나를 구하려 하지 않았을 것이다"라는 예수의 말을 인용한다. 아니 예수와의 내밀한 대화 속에서 실제로 이런 말을 들었을 것이다. 이 말에서 구원을 바라는 마음 자체가 이미 타자—신— 자기가 만든 일임을 느낄 수 있다. 타자에 의해 구원받는다는 체험이 내재되어 있다고 해도 이상하지 않다. 톰프슨(Francis Thompson, 영국의 시인)의 유명한 시 〈하늘의 사냥개〉는 또 다른 인식 방식을 보여준다. 이 시에서는 인간의 영혼이 사냥감에 비유되어 신의 손을 벗어나려고 온갖 미로에서 헤매는 모습이 그려진다. 결국 하늘의 신인 사냥꾼이 푼 '하늘의 사냥개'에 쫓겨 신의 손에 잡히는데 이런 경로는 구도 체험기에서 자주 볼 수 있다.

기독교에서는 급격한 마음의 변혁이 일어나 소극적이던 마음이 갑자기 적극적인 자세로 변하는 것을 '회심'이라고 하는데, 그 체험이 그대로 기독교로의 귀의가 되는 경우가 많다. 기독교의 가르침이 자기도 모르는 사이에 마음속 깊이 스며들어 순간적으로 자기의 체험을 표현하고 해석하는 데 영향을 주는 것이 아닐까? 다른 종교에서는 비슷한 체험을 다르게 인식하고 표현이나 해석도 다를 것이다. 불교 세계에서 '대사일번'(大死一番, 크게 죽어야 다시 산다), 깨달음, 견성(見性, 자기 본래의 성품인 자성을 깨달아 앎)이라 하는 것과 인도 불교와 요가에서 삼매(三昧, 집중의 상태)라 하는 것도 심리학적으로는 유사한 현상이다. 종교학에서는 이들을 총칭해 신비체험이라고 한다. 리보는 저서 《감정심리학》[3]에서 이렇게 말한다.

> 이들 신비가들을 연구해보면 때, 장소, 민족, 신앙의 차이가 있음에도 불구하고 …… 신기하게 모두 친척처럼 닮았다. (그들을) 나누는 것은 논리이고, (그들을) 하나로 연결하는 것은 감정이다.

리보의 말대로 인간의 공통적인 생체험이 말로 표현되고 해석될 때 개념화되고 고정화되면서 달라지는 게 아닐까? 만일 역사가 아널드 토인비(Arnold Toynbee, 영국의 역사가)의 바람대로 동양 종교와 서양 종교가 융합하길 기대한다면 먼저 이 점에 주시해야 하지 않을까?

이런 점은 종교에 국한되지 않는다. 신비주의 연구가 제너(Robert Zaehner)[4]의 지적대로 잘 보면 종교적인 체험 외에도 자연과의 융합 체험이나 심미적 색채가 강한 체험 등 이교도적인 유사 현상이 적지 않다. 이교도라는 용어는 물론 기독교 입장에서의 표현이지만, 아무튼 이런 현상들은 모두 유사해서 신비하다고 하기에는 지나치게 보편적이다. 역시 이것은 인간의 마음이 발전하는 방식 가운데 하나라고 생각할 수밖에 없다. 따라서 일부 '신비가들'처럼 이것을 인간의 정신생활의 전부라고 과대평가하는 것은 정당하지 않다. 현대의 신비가 부버는 《나와 너》[5]라는 저서에서 놀라운 신비체험을 묘사하면서 "이 순간을 맛보지 않은 자는 정신적인 일에 적합하지 않다"고까지 단언한다. 하지만 그렇게 말하면서도 "그런 순간은 인생의 긴 여정의 휴게소에 불과하다"며 '이율배반' 속에서 끊임없이 새롭게 살아가는 것이야말로 인간의 길이라고 부연한다.

그렇지만 사는 보람을 상실한 사람이 정신세계에서 새로운 삶의 보람을 발견하는 경로로써 이런 종류의 체험이 자주 관찰되므로 그냥 지나칠 수는 없다는 생각이다. 그런 체험의 실례를 찾아보고 그 예들에서 볼 수 있는 공통적인 특징을 알아보자. 이는 차분한 형태의 마음의 재편성을 이해하는 데 도움이 될 것이다.

자연과의 융합 체험

나는 젊었을 때 늑막염을 앓아 혼자 바다가 있는 곳에서 요양을 하며 반년 정도를 보냈다. 인생에 대해 심각하게 고민하고 매일 바닷가를 산책하며 많은 것들을 생각했다. 어느 흐린 날, 바닷가 한쪽의 풀 위에 누워 가만히 구름과 모래사장을 바라보니 문득 자신의 몸 아래 있는 풀을 통해 대지가 나를 받쳐주고 있는 것이 몸에 또렷하게 느껴졌다. 구름을 통과한 태양빛이 사방팔방으로 빛나고 있었는데 그 광선이 내 마음을 향해 온기를 쏟아 붓는 것 같았다. 조용한 파도 소리도 신비로운 기운으로 다가오는 듯했다. 말로 표현할 수 없는 기쁨과 평온함이 몸과 마음에 스며들었다. 인간을 초월한, 커다란 생명의 강의 흐름에 떠내려가는 느낌, 아니 나 자신이 그 강이 되어버린 듯했다.

이것은 한 일본 청년의 체험담이다. 이 청년은 불교적인 환경에서 자랐는데 위 체험을 계기로 독자적인 종교의 경지에서 살게 되었고, 그 후 자연과학자의 길을 걷고 있는데 그 일에 대한 사명감도 이 체험을 통해 얻었다고 한다.

동서양을 불문하고 이런 자연과의 융합 체험이 나타나는 걸 보면 이는 사회나 종교 등과는 관계가 없는 듯하다. '의식의 흐름'을 그려내려고 한 마르셀 프루스트(Marcel Proust, 프랑스의 소설가)와 캐서린 맨스필드(Katherine Mansfield), 버지니아 울프(Virginia Woolf, 영국의 소설가)의 작품과 일기에 이런 체험이 여기저기 보석처럼 박혀 있다. 프루스트에게는 이런 영원성의 순간을 과거의 '잃어버린 시간' 속에서 발굴해 그려내는 것이 최대의 사는 보람이었던 것 같다.

종교적 변혁 체험

…… 나병에 걸린 내가 더 이상 사는 것은 무의미하다고 생각했다. …… 사는 의미를 찾을 수 없는데도 죽음을 결단하기가 쉽지 않았다. 죽자는 결심도 희박하지만 사는 것도 고통스러운, 궁지에 몰린 기분이었다. 이리저리 생각해도 그런 기분을 떨쳐버릴 수 없다.

그러던 중 나병 진단을 받고 사흘 째 되던 날이었을 텐데, 갑자기 지금까지 생각해오던 것과 전혀 관계없이, 아무런 맥락도 없이, 내가 누군가에 의해 살아가는 것이라는 생각이 들었다. 내 스스로 사는 것이 아니라 나를 살게 해주는 누군가가 있다. 그게 신이 아닐까, 신에 의해 지금 이렇게 살아 있는 것이 아닐까 하는 생각이 들었다. 그리고 그 신은 기독교의 신이라는 것이 아주 강하게 느껴졌다. 단순한 생각이었지만 신이 있다는 것, 그 신이 나의 삶을 지탱해준다는 게 확실해졌다. 삶은 나만의 것이 아니라는 생각이 들었다. 여전히 나병에 대한 불안은 사라지지 않았지만 나병 환자라도 살아 있다는 것은 절대 무의미하지 않다는, 어떤 사명이 있을 게 분명하다는 생각이 들었다. 그때는 그 사명이 무엇일지 깊이 생각하지 않았지만 만일 나병 치료 연구를 위해 도움이 된다면 그렇게 하고 싶었다. 그러자 죽음을 선택하려던 생각이 완전히 사라졌다.

이것은 앞에서 소개했던 애생원 환자의 수기에 '회심'이라고 표현되었던 체험의 내용이다. 이 체험을 계기로 이 청년은 그 전까지는 무관심했고 '가벼운 반감'까지 갖고 있었던 기독교를 믿게 되었고 애생원에 들어오면서 애생원 내 교회에서 세례를 받고 신자로서 긍정적이고 활기차게 생활하고 있다.

　이 평온하고 구체적인 기록에 신비로운 느낌은 전혀 없다. 신비라는 말이 어울리지 않게 무심하다. 이런 종류의 회심 체험은 나병요양원뿐 아니라 기독교도 사이에서도 많이 볼 수 있다. 이런 체험은 서양의 수많은 종교심리학 연구서에 실려 있는 예들과 흡사해서 일일이 예를 들 필요는 없을 것 같다.

　우리의 관심은 그런 기독교에서 볼 수 있는 변혁 체험과 그밖에 종교, 문화에서 볼 수 있는 변혁 체험을 나란히 비교하면서 공통점을 찾는 데 있다. 종교의 우열이나 차이를 논하기 위한 것이 아니라 인간 정신의 공통적인 지반을 발견하고 싶기 때문이다.

기시모토 히데오의 지적대로[6] 지금까지 종교적 신비체험 연구는 주로 서양에서 이루어졌기 때문에 기독교의 유신론적 체험을 중심에 두는 입장으로 기운 경향이 있었는데, 이 현상을 인간의 '생명 확충의 행위'라는 넓은 관점으로 보는 데 방해가 되었다고 생각된다. 차라리 일본처럼 다양한 종교가 공존하고 자연에 대한 친근감이 깊이 뿌리를 내린 사회야말로 이런 현상을 치우침 없이 객관적으로 관찰하고 연구하기에 적합할 것이다.

변혁 체험의 특징

이런 체험에서 볼 수 있는 공통점은 무엇일까? 서양 학자들이 대동소이한 특징들을 분석해냈지만, 여기서는 위에서 말한 이유로 일본의 기시모토 히데오[6]가 제시한 공통점을 살펴보자. 그에 따르면, 특이한 직관성/실체감, 즉 무한한 크기와 힘을 가진 어떤 존재와 직접 접촉했다는 의식/환희와 고양감/표현의 어려움, 이 네 가지가 여러 종교에서 공통적으로 볼 수 있는 신비체험의 특징이다.

우리가 관찰한 바로 이 특징들을 충분히 입증할 수 있을 것이다. 다분히 중복되긴 하지만 이 특징들을 우리가 갖고 있는 자료를 바탕으로 분석해보기로 하자.

첫째, 이런 종류의 체험에 반드시 동반되는 것은 환희와 조화의 감정이다. 이 환희에는 조용한 기쁨에서 격렬한 황홀감까지 다양한 단계가 있는데, 삶의 근저에서 솟아나며 어린아이의 단순한 삶의 기쁨과 같다.

그러나 어른이 되면 자아가 분화하고 고민을 할 때는 여러 가지 요소가 분열하고 갈등을 일으킨다. 그것이 변혁 체험을 통해 자아를 뛰어넘는 커다란 힘에 통합되거나 또는 그 힘과 융합했다고 느껴지는 것이다. 깊은 평화와 조화의 감정은 여기서 생겨난다. 화이트헤드의 《관념의 모험》[7]의 맨 끝에 '평화의 체험'으로 상세히 기술되어 있는 것이 바로 이런 류의 체험으로, 아마도 이것은 그 자신의 체험임이 분명하다. 아래는 그 일부를 발췌한 것이다.

여기서 말하는 평화는 무감각 같은 소극적 개념이 아니다. 그것은 '생명과 운동'이라는 적극적이고 긍정적인 느낌이다. 그것은 깊은 형이상학적 통찰에 의해 감정이 확대됨을 의미한다. 이 통찰이 어떤 것인지는 말로 표현할 수 없지만 여러 가지 가치에 대해서 중요한 종합작용을 한다.
　평화의 경험은 대개 의도해서 오는 것이 아니다. 그것은 일종의 선물로서 온다. 가치의 전환이 일어나 여러 가지 한계를 초월한 무한한 의식을 파악할 수 있게 된다. 그것은 주의력의 영역을 확대한다. 그 결과의 하나로 인류에 대한 사랑이 생겨난다.
　인류는 고도로 발달된 정신을 갖고 있기 때문에 생존하는 것만으로는 즐거워할 수 없고, 그 즐거움에는 반드시 고통과 비극이 얽혀 있다. 평화(의 체험)는 이 비극에 대해 항상 생생한 감수성을 유지하게 하고 현실을 넘어 이상을 지향하게 한다.

화이트헤드는 이 '평화'야말로 개인이나 문명에게 최대의 가치가 있는 것으로, 진리, 미, 모험, 예술 등 문명을 구성하는 여러 요소에 이 평화가 더해지지 않으면 그 외의 요소 추구는 가혹하고 잔인한 것이 될 수 있다고 한다. 그의 말에 의하면 이 '평화'는 플라톤의 '조화'라는 개념처럼 하나의 분위기로서, 보통은 '의식의 끝자락에 숨어 있는데' 기회가 있을 때마다 '하나의 번득임'으로 의식을 가로지른다. 또한 그것은 '개인적 만족을 뛰어넘은 이상의 목표와 영혼 활동의 조화를 의미'한다.

지금까지 장황하게 인용했는데, 대표적인 현대 철학자이자 수학자인 화이트헤드가 말하는 이 '평화 체험'에서 변혁 체험의 특징을 많이 발견할 수 있다는 점이 흥미롭다. '깊은 형이상학적 통찰', '말로는 표현할 수 없다'는 것과 '종합' 작용, '가치의 전환', '무한성의 파악', '의식의 들판 확대', '인류 자체에 대한 사랑', '생명과 움직임', '현실을 초월한 것' 등등……. 이들 가운데 몇 가지는 나중에 다시 다룰 것이다.

변혁 체험이 급격하고 강렬하게 나타날 때는 종종 빛의 체험을 동반한다. 추상적 의미에서의 광명이 아니라 실제 시각 체험으로 나타난다. 파스칼의 회심기인 《메모리얼》의 '불'을 비롯해 많은 사람에게 나타나는 이 현상을 윌리엄 제임스는 환시(幻視)라고 불렀다. 한 일본 여성의 수기를 보자.

며칠 동안이나 슬픔과 절망에 완전히 의욕을 잃고 앞길은 가도 가도 캄캄한 막다른 골목밖에 보이지 않아서 미치거나 자살하는 길밖에 없다고 생각했다. 그런데 힘없이 혼자 고개를 떨구고 있는 내

시야에, 갑자기 오른쪽에서 번개처럼 번쩍이는 빛이 비스듬히 가로질렀다. 동시에 내 마음 깊은 곳으로부터 격렬한 기쁨이 밀려오고 신기하게도 내가 승리의 찬가를 중얼거리고 있었다. '대체 무엇이, 누가, 나에게 이런 말을 하게 만들까'하는 의문이 떠올랐다. 그 정도로 그 일은 나에게 갑작스럽고 이유를 알 수 없는 것이었다. 다만 확실한 것은 그때 비로소 길었던 고민의 수렁에서 꼿꼿하게 고개를 들 수 있는 힘과 희망을 얻었다는 것이다. 그것이 새로운 삶을 다시 시작하는 출발점이 되었다.

이런 체험을 하게 되는 정신 생리는 아직 확실히 밝혀지지 않았지만 심리적인 사실로 인정하지 않을 수 없다.

사는 보람을 상실한 사람의 마음을 새까맣게 칠해버린 어둠을 떠올려보자. 그 어둠이 갑자기 반짝이는 빛에 의해 흔적도 없이 사라진다. 식물과 마찬가지로 인간의 생명에도 빛이 필요하다. 물리적인 빛뿐 아니라 마음의 빛도. 빛이야말로 인간을 둘러싼 세계에서 가장 소박한 형태의 구원과 격려다. 예수나 성자를 그린 그림에서 볼 수 있는 후광, 불상의 후광은 모두 빛이 갖는 특징적 의미, 심리적 의미를 잘 나타낸다. 천국과 내세의 환상에 빛의 이미지가 자주 등장하는 것도 마찬가지다.

그러나 사실 여기에는 약간의 문제가 있다. 신비체험이 반드시 생명을 격려하는 방향으로 작용하는 것은 아니란 점이다. 파괴적일 수도 있다. 그런 경우에 빛은 거의 나타나지 않지만, 드물게 빛이 나타날 때는 용서 없이 번쩍이며, 나치가 강제 고문을 할 때 사용했다는 그 몇만 촉광의 전등 빛처럼 비밀도 죄도 수치도 백일하에 드러 낸다. 어찌할 바 모르는 고뇌 속으로 사람을 밀어넣어 괴롭힌다.

제임스 이래 많은 학자가 이 '악마적'인 신비체험의 존재에 대해 언급했다. 그러나 이 두 종류의 체험, 올더스 헉슬리(Aldous Huxley, 영국의 소설가)가 말하는 《천국과 지옥》[8]의 비교연구는 정신병리학[9]이 해야 하는 부분이므로 여기서는 더 이상 언급하지 않기로 하자.

많은 관찰자, 연구자가 공통으로 인정하는 특징 중 하나는 이런 종류의 변혁 체험이 일반적인 표현을 초월한다는, 즉 보통 표현으로는 설명하기 어렵다는 점이다. 그런데도 당사자는 그 순간의 체험에 직관적인 판단을 더한다. 제임스가 직각적 성질(noetic quality)이라 표현한 것도 바로 이것이다. 이 판단은 아주 순간적으로 전광석화처럼 이루어지기 때문에 자기도 나중에 왜 자기가 그렇게 생각했는지 의아해한다. 하지만 심리학적으로 보면 그렇게 이상한 일이 아니다. 인간의 마음 깊은 곳에는 자신도 알지 못하는 많은 감정과 욕구와 관념이 침전해 있는데, 그것이 갑자기 격렬한 감정으로 밀려 올라와 응결해 표현되는 것이라고 생각된다.

따라서 변혁 체험의 형태는 다양하지만, 어쨌든 '당사자는 그것을 단순한 심리현상이라 느끼지 못하고 어떤 존재에 기인한 것이라고 의식한다.'[6] 어떤 사람은 그것을 신이라 표현하고, 어떤 사람은 자아 깊은 곳에서 작은 자기를 단절시키는 진정한 자기, '절대아(絶對我)'를 발견했다고 하고, 또 어떤 사람은 하늘, 대자연, 우주적 진리라고 한다. 공통적인 것은 작은 자기를 초월한 어떤 커다란 힘과의 만남이다. 쓰나시마 료센(綱島梁川, 사상가)은 〈병간록(病間錄)〉에서 이렇게 말한다.

> 이 짧은 순간에 무한의 깊은 외로움의 바닥에서 눈앞의 위대한 영적 활물(活物)과 갑자기 마주치는 충격, 기쁨은 도저히 글이나 말로는 표현할 수 없다.

이 실체감 또는 실체적 의식은 많은 사람의 체험 기록에서 볼 수 있다. 미타니 다카마사(三谷隆正, 법학자)가 《신앙의 논리》라는 개성 넘치는 저서[10]에 밝힌 '타자의 체험'도 심리학적으로는 실체감과 같다고 해야 하지 않을까?

> 우리가 진심으로 자기를 돌아보고 그 근저를 자극할 때 만나는 것은 자기를 초월한 어떤 존재다. …… 우리 자신의 내부 깊은 데서 우리가 가장 절실하고 심각하게 체험하는 것은 일개의 자기 자신이라고 말하기 어려운 어떤 타자가 엄연히 존재한다는 것이다. …… 신이란 이 타자에게 씌워진 이름이다. 이 체험이 종교의 근저여야만 한다.

이 실체험이 더욱 두드러진 형태를 취할 때도 있다. 야나기 무네요시는 이것을 '목소리'로 듣는다.[11] 이밖에도 뭔가 저항할 수 없는 커다란 힘이 뒤에서 밀고 있다거나, 무언가를 하게끔 시킨다고 느끼기도 한다. 다소 정신병리학적으로 보이는 이런 일시적인 일이 평소에는 아주 정상이라 여겨지는 사람에게도 드물지 않게 일어난다.

이런 체험에서는 더 이상 자신이 살아가는 것이 아니다. 타자에 의해 살아간다고 느끼는 한편, 그런 타율적인 삶이야말로 진정한 자신의 길이라고 느끼는 사람이 많다. 이것은 신앙인에게서 볼 수 있는 마음의 양상인데 사르트르 같은 무신론자가 이런 종류의 언급을 한 것은 스스로 그런 체험을 했기 때문이라고 여겨진다. 그가 말하는 비자발성(contre spontanéité)[12]은 바로 이런 체험에서의 논리적 모순을 설명하려는 개념이다.

작은 나를 버리고 큰 나를 실현하는, 타자에게 순종하는 삶은 위에서 말한 바와 같은 체험에서 나오는 자연스러운 결과이다. 따라서 '낡은 자신은 죽음으로 사라진다' 혹은 '대사일번'이라는 말은 당연한 표현이다. 이런 삶을 진정한 자신으로서 가장 충실하게 사는 길이라고 느끼는 것은, 마음속의 말초적 자아를 고집할 때는 정신의 에너지가 분산되고 소모되었지만 자기를 초월한 것에 몸을 던짐으로써 비로소 그 에너지를 건설적으로 사용할 수 있게 되었기 때문이다. 이것은 보다 높은 차원에서의 자아와 타자의 통합이라고 할 수 있다.

다음으로 이런 종류의 체험에 공통되는 점은 강한 긍정이다. 기독교는 물론이고, 선(禪)경험에서도 긍정을 발견할 수 있다. 스즈키 다이세츠(鈴木大拙, 불교학자)[13]는 선체험의 여덟 가지 특징 가운데 하나로 긍정을 들고 있다. 문학사에서 유명한 것은 칼라일의 '영원한 긍정'일 것이다. 《의상철학》에 나오는 대목부터 옮겨보자.

나는 새로운 하늘과 새로운 땅에 눈떴다. …… 자연은 무엇일까? 아아, 왜 당신을 신이라 부르지 않는가! 당신은 '신의 살아 있는 옷'이 아닐까? 아 하늘이여, 당신을 통해 말하는 것은 진정 신일까? 당신에게 살고 사랑하고, 내게 살고 사랑하는 것은 신일까?

…… 우주는 죽은 것이 아니다, 악마적이지도 않고 망령으로 가득한 납골당도 아니다. 신의 것, 우리 아버지의 것이다.

나는 내 동료 인간들도 다른 눈으로 볼 수 있게 되었다. 무한한 사랑과 무한한 자비를 갖고서 …… 오, 내 형제여, 내 형제여, 왜 나는 당신을 가슴에 숨기고 당신의 눈에서 모든 눈물을 닦을 수 없을까!

위의 문장을 '영원한 부정'과 비교하면 하늘과 땅만큼 차이가 난다. 여기서 마음의 자세는 완전한 긍정이다. 자기의 존재 의식은 우주에서 인간사회까지 모든 것을 이전보다 더 긍정하고 받아들인다. 열등감과 죄책감 때문에 자기혐오의 수렁에서 빠져나오지 못하던 사람이 새로운 차원에서 자신이 살아갈 자격을 부여받았음을 느끼고, 있는 그대로의 자기를 커다란 힘에 맡기는 기분이 든다. 현실의 문제는 해결되지 않았지만 그에 맞설 새로운 힘이 솟는다. 현실세계는 고뇌로 차 있어도 그것은 더 큰 세계의 일부에 불과하다. 긍정에 몸을 두고 바라보면 현실세계에서 겪는 인생의 이런저런 일들은 그림자처럼 보인다. 중요한 것은 지금 자신 안에 있으면서 자신을 둘러싸고 있는 이 커다란 힘 안에서 사는 것이다. 그 힘이 우주만물을 지탱하고 있다.

이런 긍정이 단순한 낙관주의와 다른 점은 심각한 자기부정, 현세부정을 거쳐 그것으로 뒷받침된다는 데 있다. 그래서 환희와 긍정이 아무리 강해도 현실세계의 제약과 어려움, 의무를 잊거나 피하지 않는다. 오히려 그 환희 체험에서 얻은 깨달음에 따라 현실세계를 충실히 살아가기 위해 자기 길을 선택한다. 그 상황은 부버의《나와 너》에 놀라울 정도로 극적인 표현으로 잘 그려져 있다.

이런 이유로 변혁 체험은 단순히 환희와 긍정에 도취되는 것이 아니라 크든 작든 사명감을 동반한다. 즉 자신을 살게 하는 존재에 대한 책임감이다. 작은 자기, 보기 흉한 자기지만 그런 자신이 어떤 큰 것, 하늘, 신, 우주, 인생에 필요한 존재이므로 자기 삶을 충실히 살아갈 책임이 있다는 책임감이다. 변혁 체험에서 이것이 구체적인 사명감으로 직관적으로 파악되어 이후의 삶을 결정하는 경우도 적지 않은데, 그 예는 애생원 환자들에게서도 찾아볼 수 있다.

이 경우에도 사명의 길을 스스로 선택하는 용기와 결단은 절대 고독 속에서 이루어지는데, 한편으로는 위대한 타자에 의해 움직이고 결단하게 되는 타율성이 미묘하게 결합된 경우가 많다. 심리학자 블롱델(Charles Blondel)은 그런 현상을 분명히 인정하며 다음과 같은 설명을 시도한다.[14]

이 경우 그 사람의 의지는 단순히 집단에 의해 강제되는 개념에 수동적, 기계적으로 복종하는 것이 아니다. 어떤 의미에서는 자신에 대한 복종을 의미한다. 왜냐하면 이런 사람의 정신은 자신의 사상과 행동의 원리를 어느 정도까지는 스스로 창조하기 때문이다. 하지만 동시에 그것은 자기를 초월하는 무언가에 대한 복종이므로 그런 의미에서는 타율적이다.

지금까지 예로 든 몇 가지 체험기에서도 볼 수 있듯이 이런 종류의 의식에서는 칼라일이 말하는 형제애, 화이트헤드가 말하는 인류애 등 높은 차원의 사랑이라 해야 할 요소가 종종 나타난다. 이것은 근본적으로는 위대한 타자 앞에서 작은 자기로부터 벗어난 인간이 자신과 타인 모두 커다란 힘에 의해 살아가는 존재로 의식하는 연대감에서 오는 것이다. 더 이상 인간 간의 차별이나 비교 같은 상대적 의미는 없다. 인간만이 아니다. 살아 있는 모든 생물이 함께 살아가는 것이라고 느낀다. 이 느낌은 불교에서뿐 아니라 베르그송 같은 사람에게서도 볼 수 있다. 베르그송은 말한다.[15]

> (순간적으로 번득인) 영혼은 전 인류를 포함한다고 해도 과언이 아니다. 아직도 부족하다고 할 수 있다. 왜냐하면 이 영혼의 사랑은 동물, 식물, 자연 전체에까지 이르기 때문이다.

변혁 체험의 의미

이상 대략적으로 변혁 체험의 주요 특징을 알아보았는데, 이미 설명했듯이 이런 종류의 체험은 여러 정신 분야에서 나타난다. 그중에서도 종교적인 영역에서 겪는 변혁 체험이 가장 넓고 깊은 침투성을 갖고 있어서 삶의 기반 자체를 바꾸고 사람의 삶의 방식을 변화시킨다. 이것은 종교 자체가 갖는 본질 때문이리라. 물론 여기서 말하는 종교란, 특정한 형태를 갖는 종교와는 관계없이 사람의 마음 깊은 곳에 있는 욕구를 비유한 것이다.

헉슬리는 신비체험과 비슷한 심리현상이 메스칼린(페이요트 선인장에 함유된 환각 성분)과 리세르그산을 복용함으로써 생긴다는 데 주목한다.[16] 나름대로 흥미로운 주제이긴 하지만 이런 실험에서 경험하는 빛의 체험이나 시공의 초월, 환희 등에 의해 이후에 사물을 보는 관점이나 삶의 방식 전체에 커다란 변화가 일어나는 경우가 있을까? 만일 없다면 그 이유는 무엇일까?

결국 일시적으로 특별한 심리적 체험을 하는 것만으로는 삶 전체에서 큰 의미를 갖지 못할 수도 있다. 어떤 특별한 마음의 경지에 이르는 것 자체를 목표로 사는 삶은 자칫 목적과 수단이 바뀐 삶이 될 수 있다. 인간 삶의 근본적인 목표는 자기의 생명을 성실하고 활기차게 살아가는 것이기 때문이다.

한 사람의 생애에서 한 번 혹은 여러 번, 변혁 체험이 일어났다 해도 그것은 이 삶의 목표를 향한 걸음에 방향을 정해주고 힘을 주는 역할을 하는 것에 불과하다. 환희와 고양의 순간이 지난 후에는 다시 인내와 끈기를 요하는 시간이 이어진다. 부버의 지적대로 이 '순간'은 '인생의 긴 여정의 휴게소에 불과'하다. 인간은 모순과 갈등 속에서 괴로워하며 빛을 찾아 살아가야 하는 존재이다. 그 '순간'을 언뜻 볼 수 있는 기회를 부여받은 초월과 영원의 세계는 의심할 수 없는 체험으로 항상 생생하게 의식 주변에 있어서 쉽게 앞으로 나가지 못하는 현실세계에서의 걸음을 지탱해준다.

문제는 이런 체험을 통해, 또는 더욱 조용한 체험을 통해 새롭고 정신적인 사는 보람이 발견되느냐 하는 것이다. 발견된다면 그것은 마음 세계의 양상을 바꾸고 가치체계의 변혁을 일으킨다. 이는 다음과 같은 표현으로 나타난다.

> 우리를 이른바 연결고리로 삼아 현실 자체의 전환이 일어난다.[17]
> 대사일번건곤신(大死一番乾坤新, 육신을 내던지고 크게 죽으면 별천지가 열린다)

특히 사는 보람을 상실했던 사람은 자기 안팎에 있는 것들 가운데 무엇이 의지가 될까 하는 물음에 이전과는 완전히 다른 판단을 내리게 된다.

사랑의 대상이든 물질이든 지위나 명예든 소유라는 것 자체가 허무하고 나약하고 헛되다는 것을 몸으로 경험해 알게 되었다. 자기가 그것들을 소유하고 있다고 믿었을 때 그는 그 안에서 자기 존재의 무게를 느끼고 그것을 삶의 근거로 삼았다. 그러나 일단 한계 상황에 처하자 외부로부터 취한 모든 소유물을 전부 빼앗기고 알몸으로 남겨졌다. 위세가 당당할 때는 주위에 모여들던 사람들도 그가 내리막길을 걷게 되자, 또는 타인과 다른 상태가 되자 그것 하나만으로 그를 가치 없는 존재라 판단하고 비난하면서 그에게서 멀어졌다. 가족조차 그를 부끄럽게 여겼다.

이런 일을 겪은 사람은 더 이상 타인의 평가나 자기가 소유한 것들에 무게를 두지 않는다. 사랑의 대상조차 자신의 것이라고 믿는 집착은 두 번 다시 갖지 않겠다고 생각할 것이다. 또 자기가 아무리 지식과 덕과 견식이 있는 것처럼 보여도 만일의 경우에는 전부 무너진다는 것을 경험했기 때문에 더 이상 그런 것에 기대지도 않을 것이다. 어떤 상황에 처하든지 어디에 있든지 인간이 다시 발견할 수 있는 기쁨, 그것은 무엇일까? 그것은 인간의 내면에만 존재하는 게 아닐까? 감옥에서 설날을 맞은 한 사형수는 이렇게 말한다.[18]

> 감옥 밖의 자유로운 세상에서 맞는 설날은 향락적인 교제나 놀이에 빠지는 경향이 있어서 조용한 곳을 찾거나 자연을 음미하려는 기분이 들지 않는다. …… 우리에겐 신앙이, 예술이, 하이쿠가, 자연이 주어졌다. 파란 하늘, 따뜻한 햇볕, 깨끗한 공기, 그리고 신앙과 하이쿠를 통해 사람의 진실한 정을 조용하고 깊이 바라보며 음미하고 감사하는 사이에 그것이 몸에 스며든다. …… 신앙, 하이쿠, 자연은 결코 우리를 버리지 않는다. …… 모든 것을 믿지 못한다 해도 이 세계만은 마지막 순간까지 신뢰할 수 있다. …… 지금까지 깨닫지 못한 뭔가 새로운 세계가, 감옥 밖 사람들이 접할 수 없는 세계가 이곳에 있었다는 것, 이것을 나는 높이 평가하며 소중히 하고 싶다.
> 어떤 상황에 있든, 신분이 다른 사람과도 조금의 차별 없이 밝게 비춰주고 격려해주고 위로해주는 것, 아니 어려운 상황에 처할수록 더욱 사는 보람을 주는 존재. 이것을 나는 가장 사랑하고 감사한다.

사형수, 나병 환자, 세상으로부터 소외된 사람에게도 평등하게 열려 있는 기쁨. 그것은 인간의 생명 그 자체, 인격 그 자체로부터 솟아나는 것이 아닐까? 한 인간으로서 살아 있는 모든 생명과 마음을 나눌 수 있는 기쁨, 사물의 본질을 깨닫고 생각하고 배우고 이해하는 기쁨, 자연계의 무한하고 풍요로운 모양과 색깔과 소리를 세심하게 음미하는 기쁨, 자신의 생명을 쏟아 새로운 모양과 이미지를 만들어내는 기쁨……. 이런 기쁨이야말로 모든 사람에게 열려 있는 순수한 기쁨이다. 앞을 보지 못하는 맹인이어도 지체가 부자유한 장애인이어도 적어도 이 가운데 어느 것은 절대 빼앗을 수 없는, 인간으로서 가장 소중한 것이 아닐까?

이런 생각을 그에게 가르쳐준 것은 고통과 슬픔이었다. 이런 생각을 이해해주는 사람 역시 깊은 고뇌를 한 번은 경험한 사람이었다. 결국 진정한 행복을 아는 사람은 세상에 위세를 떨치는 사람이나 흔히 말하는 행복한 사람이 아니다. 오히려 불행한 사람, 고통받는 사람, 가난한 사람이 인간답다. 소박한 마음을 갖고 있고, 인간이 가질 수 있는 사라지지 않는 기쁨을 알기 때문이다.

이렇게 과거의 체험을 통해서도 그의 가치체계가 자기도 모르게 완전히 바뀌어 되돌릴 수 없게 된다. 이전에 소중하다고 생각했던 것들이 소중하지 않게 되고, 모두가 중요하지 않다고 여기는 것들이 중요해진다. 이것은 외부에서 받은 가르침 때문도 아니고 금욕과 정진의 결과도 아니다. 완전히 달라진 마음의 세계에 사는 사람에게서 저절로 나오는 것이다.

//
11 현실세계로 돌아가는 방식

다양한 귀로 방식

마음의 세계의 재편성이 꼭 앞 장에서 설명한 것처럼 급격하게 이뤄지는 것은 아니다. 하지만 어떤 경로든 일단 이 변혁이 일어나면 일반 사람들과는 매우 다른 가치체계를 갖게 된다. 그래서 이전처럼 현실에 몰두해서 살 수 없다. 그런 의미에서 이런 사람은 소위 아웃사이더, 일종의 망령과 같다.

그러나 육체를 가진 인간인 이상 현실세계와 관계를 끊고 살 수는 없다. 현세와 관계하는 방식, 바꿔 말하면 현세로 돌아가는 방식에는 어떤 것이 있을까?

아웃사이더에도 여러 유형이 있다. 본래 행동적이고 적극적인 아웃사이더는 정신의 '황야'에서 새로운 삶의 목표와 새롭게 의지할 곳을 발견하면 망설임 없이 현실세계로 돌아와, 세상 사람들과는 다른 가치체계를 무기로 해 확신에 차서 현실을 정복하고 지배하려는 듯 고자세로 싸운다. 소위 말하는 정공법(正攻法)으로 전도 정신이다. 예수에게는 때로 자기회의와 망설임과 절망의 순간이 있었는데 거기서 사람의 아들다운 점을 엿볼 수 있다. 즉 정신의 세밀함을 볼 수 있는 것이다. 하지만 모하메드나 이그나티우스 로욜라(예수회 창설자)는 더욱 철저하고 적극적이다. 군인과 정치가 중에 이런 사람이 많은데 학자나 사회복지 사업가 중에서도 드물지 않게 볼 수 있다.

일단 뭔가 신념을 가지면 '생각보다 행동'이라는 것이 이런 사람들의 공통적인 신조다. 긴 모색 끝에 구체적인 사명감을 잡은 나이팅게일의 분투의 생애도 그 좋은 예다.

행동성이 부족하고 소극적인 아웃사이더는 어떨까? 이런 사람들은 더욱 섬세해서 매사를 흑백으로 간단히 나누지 못한다. 현실세계에서 생활하기 불편해 세상 밖으로 나갔지만 어딘가에 아직 현실에 대한 향수와 원망과 조소와 증오의 응어리가 남아 있어서 비뚤어진 태도를 취한다. 이런 사람들은 마음의 구조가 복잡하다. 자신이 일단 부정한 현실세계지만 여전히 자신의 내부에 살아 있다는 것을 인지하기 때문에 앞의 사람들처럼 간단하게 다른 가치체계를 세상 사람에게 강요할 용기나 자신이 없다. 하지만 이 모순된 모습이야말로 인간성 자체를 정직하게 반영하는 것이기 때문에 만일 이 사람들에게 충분한 표현력이 있다면 그들 가운데서 사람의 마음에 호소하는 문학이나 사상이 생겨나고 그것이 현실세계에 큰 영향을 줄 수도 있다. 콜린 윌슨, 가와카미 데쓰타로, 가리키 준조의 저서에 그려진 아웃사이더들은 이 범주에 속하는 경우가 꽤 많다.

현실세계에 더욱 흥미를 잃은 사람도 있다. 사회화가 수반되지 않은 정신화를 겪은 사람들이 그렇다. '혼령'과 이야기하는 것에서 사는 보람을 발견했던 애생원의 여성이 그런 경우라 할 수 있을 텐데 은둔자와 선인은 동서고금을 막론하고 언제나 있다.

그러나 외부에 보이는 삶만으로는 그 사람의 정신이 얼마나 사회화되고 정신화되었는지를 판단하기 어렵다. 스피노자는 암스테르담의 다락방에 혼자 틀어박혀서 생계를 유지할 만큼만 안경 렌즈를 만들거나 개인 교습 일을 하면서 세상 일에는 전혀 신경 쓰지 않았다. 그러나 사색과 저술에 모든 에너지와 시간을 쏟아부은 그의 가슴에는 인류 전체의 사고방식을 근본적으로 변혁하려는 엉뚱한 야심이 불타고 있었으므로, 그의 의식은 사회화되어 있었다고 할 수 있다. 스피노자의 경우에는 눈앞의 현실세계보다 미래의 세계가 문제였던 것이다.

종교가들은 어떨까? 대략적으로 말하면 기독교는 현실세계에 정공법을 취한다. 그래서 사회개혁의 추진력이 되기도 하는 반면에 종교전쟁을 일으키기도 했다. 불교는 현세에 소극적이다. 하지만 위대한 스님들을 보면 불교세계에도 다양한 선택이 있음을 알 수 있는데 야나기 무네요시는 이를 흥미롭게 비교했다.[1] 호넨(法然)처럼 종교 조직 안에서 당당히 지위를 차지하고 엄격한 계율을 지키며 세속과는 다른 성직에 있는 사람으로서의 특권을 누리고 책임을 지는 사람. 속세에 아내를 둔 대처승 신란(親鸞)처럼 인간적인 번뇌로 고민하면서 독자적인 종교적 경지를 펼친 사람. 잇펜쇼닌(一遍上人)처럼 모든 것을 버리고 평생 각지를 돌아다닌 탁발승.

정신화라는 각도에서 보면 가장 고도로 정신화되고 순화된 종교는 겉보기에는 평범하게 현실의 생활을 해나가면서 내면에서는 초월적인 세계에서 살아가는 사람에게서 볼 수 있을 것이다. 가메이 가쓰이치로[2]에 의하면 유마(維摩, 석가의 제자)의 삶, 이카루가노미야(班鳩宮)에서의 쇼토쿠태자(聖德太子, 7세기 일본의 지배자로 불교를 기조로 한 정치를 했다)의 삶이 그랬다고 한다.

윌리엄 블레이크(William Blake, 영국의 시인)가 노래했듯이, 이런 사람은 이미 영원의 시간에서 살고 있기 때문에.

> 한 알의 모래에서 세계를 보고
> 한 송이 들꽃에서 천국을 보고
> 손바닥에서 무한을 쥐고
> 한 시간 속에서 영원을 갖는다.

따라서 이런 사람은 야나기 무네요시의 지적처럼 현실세계의 모든 것을 '구경계(究竟界, 지극한 깨달음)'의 상징으로 받아들이고, 일상의 가장 평범한 행위 속에서도 현실을 초월하는 무한의 의미를 느끼며 지치지 않는 흥미로움을 품고 매일을 보낸다. 이런 삶을 사는 사람은 평소에는 눈에 띄지 않지만 사회 이곳저곳에서 남모르게 최선을 다하고 있다.

이런 모습을 기시모토 히데오[3]는 '체주태(諦住態, 현재에서 진리의 삶을 추구하는 종교 형태)'라고 했다. 그는 역사적으로 보았을 때 종교는 현실세계의 이익을 추구하는 '청원태(請願態)'에서 종교 안에서 윤리적, 사회적 이상을 파악하고 추구하는 '희구태(希求態)'를 거쳐 '체주태'에 도달했으므로 미래에 존속할 종교 형태는 희구태와 체주태일 것이라고 말한다.

세 번째 유형은 두 번째 유형과 마찬가지로 이상세계를 현실세계에서 찾으려고 한다. 그러나 이 경우에는 꼭 현실세계를 구체적으로 만들려고 하지 않는다. 종교적으로 한 단계 높은 차원의 가치관에 의해 이상세계를 만들려고 한다. 주어진 현실세계를 어떻게 바꾸느냐보다는 그것을 어떻게 받아들이느냐에 문제의 초점을 맞춘다. 내면의 마음가짐이 문제가 된다. 깊은 가치관 위에 설 수 있다면 주어진 현실세계는 그대로 이상세계가 될 수 있다는 견해다. …… 대승불교의 사바즉적광토(娑婆卽寂光土, 사바세계가 곧 깨달음의 세계다) 사상이 바로 그것이다. 서양의 종교적 전통에서는 이러한 사고 방식이 거의 전개되지 않았는데, 16세기 스페인의 성 테레사 수녀(ST. Teresa of Avila)가 말하는 '영혼의 혼인'은 이런 사고방식에서 만들어졌다.

기시모토는 이렇게 말하는데, 현대 기독교에서도 이를테면 일부 퀘이커 교도에게서 이런 삶의 방식을 찾아볼 수 있다.[4]

이런 삶은 이상주의자가 분투하는 것과는 전혀 다르다. 어떤 사상이든 인간의 머리가 생각해낸 지혜의 한계를 알게 된 사람은 인간의 이상에 따라 사회개혁을 추구하고 노력해도 그 성과는 한정되어 있다는 것을 처음부터 알고 있다. 하지만 알면서도 이상에 따라 사회개혁을 하지 않을 수 없다. 그것은 그가 사는 초월적인 마음의 세계로부터 저절로 생겨나는 것이다. 따라서 거기에는 자연스러운 태연함과 어린이의 놀이를 닮은 대가를 바라지 않는 마음이 있다. 그것을 깊이 사색한 것이 니시타니 게이지(西谷啓治)의 저서[5]다.

그러고 보니 플라톤에게도 그런 소탈한 느낌이 있다. 플라톤은 〈법률〉의 시작부에서 "인간은 많은 점에서 꼭두각시에 불과해 진리에 관여하는 부분은 거의 없다", "어느 정도는 성실하다고 할 만하다"고 말하는데, 한편으로는 인간사회의 이상적인 모습은 무엇인지를《국가론》에서 열심히 탐구한다. 그 결과 찾아낸 '하늘에 있는' 이상적인 형태가 지상에서 이루어지는지 어떤지는 알 수 없지만 그와 상관없이 그 이상에 따라 몸을 다스리고 실천할 뿐이라고 한다.[6] 그 역시 일종의 체주형 사상가라고 할 수 있지 않을까?

어쨌든 한 번 세상으로부터 배척되어 허무와 절망 속에서 자기와 대면한 경험이 있는 사람은 다시 사는 보람을 발견했을 때, 자기의 존재가 인정받고 받아들여졌다는 것에 감사의 마음이 넘칠 것이다. 일상의 작은 기쁨도 그 허무의 어둠을 배경으로 빛을 발한다. 햇빛도 나뭇잎의 푸름도 전부 자기의 삶을 격려해준다고 느낀다. 그리고 현실세계의 어떤 것, 어떤 사람에게 자신이 도움이 되지 못해도 말로 표현하기 어려운 그 '순간'에 지고의 힘이 자신을 지탱해준다는 것을 느끼면, 그 힘 안에서 살아갈 수 있다는 것만으로도 사는 보람을 느끼고 그 위대한 존재 앞에 자신의 삶을 끝까지 충실하게 살아내야 하는 책임을 느낀다. 자신의 삶의 의미를 알 수 없을 때도 그 의미를 부여하는 것조차 위대한 타자의 손에 맡기고 '들판의 제비꽃처럼' 그저 대지에 꽃을 피우는 일에 평안과 기쁨을 느낄 것이다.

그런 사람이 많지 않을지 모르지만 애생원에서도 찾을 수는 있다. 내가 한 조사에서도 '병에 걸리기 전과 비교해 나의 기분은……'이라는 자극적인 문장에 다음과 같은 반응을 보인 사람들 가운데 그런 예가 있을 것이다.

'인생을 보다 긍정적으로 생각할 수 있게 되었다.'
'마음이 깨끗해지고 사랑과 생명의 소중함을 깨달았다.'

'사업욕, 출세욕이 사라지고 마음이 가벼워졌다.'
'인생의 목적을 알게 되었고, 인생을 곱씹는 이가 튼튼해졌다. 삶의 의미가 느껴진다.'
'깊은 사고를 하게 되어서 여러 각도에서 사물을 보고 생각하게 되었다.'

다카하시 유키히코(高橋幸彦)가 애생원에서 최근에 실시한 조사[7]에서도 '요양생활에서 정신적으로 얻은 것은?'이란 질문에 다음과 같은 결과를 얻을 수 있었다.

① 인생이란 것을 곰곰이 생각하게 되었다(37.3%).
② 오히려 마음이 풍요로워졌다(13%).
③ 신앙을 얻었다(13%).
④ 아무것도 얻은 게 없다(8.7%).
⑤ 좋은 의미에서든 나쁜 의미에서든 성격이 바뀌었다(20%).
⑥ 답 없음(8%).

이 결과를 보면 ⑤번의 내용은 자세히 알 수 없지만 전체적으로 적어도 과반수는 정신적으로 성장했다고 할 수 있다. 긍정적인 대답을 한 사람들은 관념적인 자기도취에 빠지지 않는다. 대부분 그게 무엇이든 깊은 마음의 의지처를 갖고 있고 일상생활에서도 구체적으로 몰두할 대상을 발견한다. 그들은 모두 사는 보람을 상실했던 어둠으로부터 건설적인 자세를 갖고 현세로 돌아와 힘을 발휘하며 살고 있다고 할 수 있다.

깊은 고뇌와 슬픔을 극복한 사람들도 이전과 변함없이 약점과 결점을 가진 인간이다. 그럼에도 마음의 세계는 크게 변혁된다. 매슬로가 말하는[8] '진정한 인간(authentic person)'은 이런 사람들 중에서 발견될 가능성이 크다. 매슬로는 말한다.

진정한 인간은 그가 사회와 새로운 관계를 맺는다는 것을 보여준다. 아니, 사회 일반에 대해 새로운 관계를 갖는다. 그는 자기를 여러 의미에서 뛰어넘을 뿐 아니라 자기가 속해 있는 문화도 초월한다. 그는 문화화(enculturation) 과정에 저항해 자신이 속한 문화와 사회와 다소나마 거리를 둔다. 특정한 한 집단의 일원이라는 측면이 작아지고 인류의 일원이라는 측면이 커지는 것이다.

서로 '인류의 일원'이 될 때 인종 간의 차별, 계급 간의 차별, 환자와 건강한 사람 간의 차별은 없어진다. 그것은 애생원에서의 경험이 가르쳐준 것이다. 매슬로는 이런 진정한 인간, 즉 상대적인 것에 얽매이지 않고 인간으로서의 가능성을 자유롭게 발휘하는 사람들을 깊이 연구해 정신요법과 교육에서 이상에 대한 지침으로 삼아야 한다고 말한다.

남겨진 문제

위와 같은 사람들은 불행한 상황에 처해 있지만 그 불행을 활용할 수 있는 행복한 사람이라고 할 수 있다. 문제는 내가 했던 조사에서 반을 약간 넘는 비율로 고독, 불안, 억울함, 허무, 자포자기, 절망, 공격성을 나타낸 사람들이다. 이런 감정은 때로는 건강한 사람에 대한 분노와 증오, 빈정거림, 불신의 마음이 되어 폭발한다.

'앞날이 캄캄하다, 절망할 것 같다.'
'어떻게 해야 할지 모르겠다.'
'살고 싶지 않다. 하루빨리 죽고 싶다.'
'가족을 위해 죽는 편이 나으니까 앞으로 5년 정도 지나면 자살할 생각이다.'
'될 대로 돼라.'
'어리석은 질문이다. 왜 이런 질문을 하나.'

그들이 보기에 부당하게도 건강이라는 이득을 취한 인간이 뻔뻔하고 주제 넘는 조사를 하는 것은 모독이다. 그 위대한 '순간'이 찾아오지도 않고, 생활에서 몰두할 이렇다 할 대상도 찾지 못한 사람의 끝없는 허무와 절망은 본인 외에는 아무도 모른다. 건강한 사람은 말할 자격이 없다.

이런 끝없는 허무는 나병에 걸려 섬에 갇힌 사람만이 느끼는 걸까? 아니, 허무는 삶 자체에 내재해 있다. 그것을 우리는 사는 보람을 상실한 사람의 세계에서 상세하게 보았다. 우리는 다행인지 불행인지 현실에서 머물 자리가 있고 매일 해야 할 일이 있다. 책임을 질 일이 있고, 사람들과 모든 일에 일단은 필요한 존재로서 바쁘게 살고 있다. 그 덕분에 허무와 공허함을 쉽게 외면하고 있다. 왜 우리가 아닌 그들이 무엇으로도 허무와 공허함을 얼버무리지 못하고 알몸으로 매일 이 두려운 허무와 마주해야 하는 걸까?

이 물음에는 답이 없다. 답이 없음을 자각한 사람은 자기도취에 안주하지 않고 이 허무를 극복할 방법을 사회 본연의 모습에서, 매일의 생활 속에서 찾아야 하며 마음가짐에 대해서도 탐구해야 한다. 자신이나 또는 자신이 속한 집단만이 '구제'될 수 있다면—그렇게 확신하는 데 문제가 있지만—나머지는 모르는 척해도 된다는 생각은 용서될 수 없다. 자신을 '구제한' 사는 보람이 만인에게 유효하다고 믿고 강요하는 것도 너무 단순한 생각이다.

어떤 질병에 걸린다면, 특히 인격과 지능에 관계하는 병, 또는 나병의 신경통처럼 안절부절못하게 만드는 고통 때문에 정신을 빼앗겨 '고통받는 한 생명'이 되어버리면 어떨까? 그런 사람은 애생원에서도 많이 볼 수 있다. 열혹으로 신음하는 사람, 정신적인 병으로 절망과 허무에 빠진 사람, 고령으로 뇌가 제 기능을 못하는 사람, 식욕만 왕성해진 사람 등등. 이런 사람에게는 더 이상 사는 보람을 추구하는 마음도 그것을 느낄 능력도 남아 있지 않은 것일까? 이런 사람에게도 사는 의미라는 것이 있을까?

이것이야말로 사는 보람을 생각하는 사람에게 가장 고통스러운 물음이다. 그 고통을 뼈저리게 몸으로 느끼지 않고는 그들을 대할 수 없다. 그들은 모두 암흑 속에서 이 통렬한 물음을 던지기 때문이다.

그러나 이 물음에 확실한 긍정의 답을 할 수 없다면 정신병자를 무용한 존재로 보고 살육한 나치의 사고방식으로 돌아가는 수밖에 없다. 그리고 이 긍정의 답을 확실히 해줄 수 있는 것은 역시 종교적인 마음의 세계에 몸을 담은 사람이 아닐까? 그 사람은 그렇다고 대답할 것이다.

인간의 존재 의의는 이용 가치나 유용성에 달려있지 않다. 들판에 피는 꽃처럼 그냥 존재하는 사람도 위대한 자의 입장에서 보면 존재 이유가 있다. 자신의 눈으로 자신의 존재 의미를 찾지 못하는 사람, 타인의 눈에도 인정받지 못하는 사람이라도 우리와 같은 삶을 노래하는 동지이다. 만일 그들의 존재 의의가 문제가 된다면 먼저 나 자신, 그리고 인류 전체의 존재 의의를 물어야 할 것이다. 우주에서 인류의 존재란 것이 그 정도로 중요할까? 인류를 만물의 중심, 만물의 영장이라고 여기는 것은 우스꽝스러운 교만 아닐까?

우리도 우리 자신의 존재 이유의 근거를 자기 안에서는 찾지 못하고 '타자' 속에서만 찾는 것은 아닐까? 건강한 우리와 병으로 쇠약해진 사람 사이에 얼마나 차이가 있을까? 우리도 결국 병으로 쇠약해지지 않는가! 펄 벅에게 정신박약인 딸이 그 모습 그대로 소중한 존재였듯이 위대한 타자의 눈으로 보면 병든 사람, 제 몫을 못하는 사람도 둘도 없이 소중한 존재임이 틀림없다. 적어도 그렇지 않다면 우리 자신의 존재 의의도 누가 자신 있게 단언할 수 있겠는가! 현재 건강한 정신세계에서 살고 있다고 자부하는 사람도 따지고 보면 '그저 하나의 생명'에 불과하다. 생명에 의해 성장하고 유지되어 왔기 때문에 정신적인 존재로 있을 수 있는 것이다. 생명의 도움 없이는 한순간도 정신적인 존재로 있을 수 없다. 사는 보람을 상실하고 깊은 수렁에서 헤매는 사람이라면 뼈저리게 느낄 수 있을 것이다.

병을 앓는 이들의 문제는 인간 모두의 문제다. 그렇다면 우리는 이들 하나하나와 끊임없이 새로운 빛을 찾아가야 한다.

에필로그

　이 책을 쓰기 시작한 지 어느새 7년이 지났다. 4년 전 일단 글쓰기를 그만두었을 때는 원고지 매수가 지금의 두 배였는데 분량이 너무 많아진 바람에 3년간 방치해두었다. 그러다 다시 쓰게 된 동기는 '프롤로그'에서 말했듯이 이후 애생원에서 정신과와 그외 진료를 돕게 된 것이다. 그곳에 들어가 보니 사는 보람을 찾지 못해 많은 환자들이 괴로워하고 허무주의에 빠져 심각한 정신증을 겪고 있었다. 어떻게 해야 할까 하는 문제가 더욱 절실하게 다가왔고, 이 책을 소홀히 하는 동안에도 늘 머리에서 떠나지 않았다.
　사는 보람이라는 문제는 애생원 안이나 밖이나 본질적인 차이가 없다. 단지 치료된 환자의 사회 복귀 문제나 원내 개혁 등 사회적인 면에서 환자의 사는 보람의 상실을 완화할 수 있는 요소가 많은 것은 확실하다. 이것은 매우 중요한 과제인데 애생원 안팎에서 한창 논의되고 있어서 이 책에서는 거의 언급하지 않았다. 외적 요건이 아무리 변해도 사라지지 않을 문제에 초점을 맞추고 싶었기 때문이다.
　최근에는 일반 사회에서도 사는 보람에 대한 조사와 논의가 활발히 이루어지고 있다. 다카하시 아키라(高橋徹, 사회학자) 등이 《중앙공론》(中央公論, 월간종합잡지)에 일부 발표한 일본인의 사는 보람에 대한 조사, 오이다 유지(會田雄次, 역사학자)가 《부인공론지》(婦人公論, 여성잡지)에 발표한 여성의 사는 보람론과 그에 대한 조사, 그 외 잡지나 신문에 사는 보람이라는 말이 자주 눈에 띈다. 이것은 일본 사회를 덮치고 있는 시대 변화에 원인이 있을 수도 있다.

전쟁 직후는 먹고살기 위해 정신없이 뛰어다닌 시대였기 때문에 아무도 자신에게 사는 보람을 물을 여유를 갖지 못했다. 비상시에는 신경증을 앓는 사람의 수가 감소한다. 나라의 존망이 위태로운 시기나 나라를 재건하기 위해 모두의 힘이 절실히 필요하고 모두 한 마음으로 긴장하고 있는 시기에는 신경증도 적고, 사는 보람의 문제도 그다지 의식하지 않는다. 그러나 요즘 일본에서는 고도 경제 성장으로 생각할 여유가 있는 사람이 늘면서 비로소 권태와 허무로 고민하는 사람이 많아졌다. 한편으로 원자폭탄의 위협도 있다. 요양소 환자들은 사회 복귀라는 꿈에 많은 것을 걸고 있고, 복귀하고 싶은 사람은 가능한 한 그렇게 할 수 있도록 각 방면에서 최선을 다해야 하지만 그들이 복귀하려는 사회가 사는 보람의 문제를 해결해주는 것은 아니다.

현대 일본 사회, 나가서는 현대문명에서 인간의 사는 보람이라는 문제는 앞으로 더욱 크게 우리를 짓누를 것이다. 현대문명의 발달은 자동장치의 보급과 자연으로부터 멀어지는 이반 현상을 촉진함으로써 인간이 자연에서 살아가는 기쁨, 스스로 노력해 창조하는 기쁨, 자기실현의 가능성 등 인간의 사는 보람의 원천을 빼앗는 방향으로 가고 있다. 어떻게 하면 이 거대한 흐름 속에서 인간다운 사는 보람을 발견하고 유지해갈 수 있을까?

하지만 이 책은 그런 큰 문제와 씨름하려 한 것이 아니다. 질병과 고난으로 고통받는 사람의 마음 세계라는 각도에서 사는 보람에 관련된 인간성을 탐구하려고 했을 뿐이다. 이것이 현대인의 사는 보람을 생각하는 데 참고가 되기를 바란다.

애생원 같은 나병 요양원이야말로 인간의 사는 보람에 대해 암시하는 바가 많은 환경이다. 애생원에서 일할 기회를 준 미쓰다 겐스케(光田健輔) 전 원장 선생님과 현 원장이신 다카시마 시게타카(高島重孝) 선생님께 감사하다는 인사를 드린다.

마지막으로 방대한 원고를 읽어준 아버지 마에다 다몬(前田多門)과 친구 우라구치 마사(浦口眞左), 단어와 문장 하나까지 검토하며 조언해준 남편 가미야 노부로(神谷宣郎, 생물학자), 집필 활동을 격려해준 아들들, 여러 번 교정한 글을 깨끗하게 옮겨 준 타다(多田) 자매에게도 진심으로 감사하다는 말을 전한다. 또 출판사 관계자, 특히 신세를 진 요시다 요시코(吉田欣子) 씨에게 감사드린다.

인용문헌

프롤로그

1. Kamiya, M.: Psychiatric Studies on Leprosy, *Folia Psychiat. neurol. jap.*, 13: 143, 1959. 神谷美惠子〈愛生園에서의 精神障害者에 대하여〉レプラ誌, 28권, p1, 1959년. 同〈愛生園에서의 輕症患者의 精神狀態〉長島紀要, 8호, p18, 1960년

1장. 이키가이, 사는 보람이라는 말

1. 南博《日本人の心理》岩波新書, 1953년
2. Araujo, H.A.G.,de: Raison d'existence et psychothérapie, *Annales médico-psychol.*, 1; 617, 1960.
3. 大熊輝雄〈感覺遮斷〉精神醫學, 46권, p687, 1962년
4. フランクル著作集, みすず書房, 1961년 [霜山德爾 譯《夜と霧》《死と愛》新裝版, 池田 香代子 譯《夜と霧 新版》2002년,《フランクル セレクション》전5권, 2002년. 이상 みすず書房]

2장. 사는 보람을 느끼는 마음

1. 岡潔〈自然の英知に純粹のよろこび〉朝日新聞朝刊, 11월 6일, 1960년
2. Wauchope, O.S.: *Deviation into Sense*, London, Faber & Faber, 1948. 深瀨基寬 譯《ものの考え方》弘文堂, 1951년 [講談社學術文庫, 1984년]
3. 神谷美惠子〈主婦の精神醫學〉婦人之友, 1-5월호, 1962년 [《神谷美惠子著作集7 精神醫學研究1》(みすず書房, 1981년) 수록]
4. Groos, K.: *Der Lebenswert des Spieles*, Jena, fischer, 1910.
5. Huizinga, J.: *Homo Ludens*. Tranl. by Hull, London, Routledge, kegan Paul, 1949. 高橋 英夫 譯《ホモ・ルーデンス》中央公論社, 1963년 [中央文庫, 1973년]
6. Bergson, H.: *Essai sur les données immédiates de la conscience*, 8e éd. Paris, P.U.F., 1958. [合田 正人・平井 靖史 譯《意識に直接えられたものについての試論》ちくま學芸文庫, 2002년]
7. James. w.: *The Principles of Psychology*, New York, Henry Holt, 1890. 今田惠 譯《心理學》岩波書店, 1939년

8. Scheler, M.: *Vom Umsturz der Wete*, Leipzig, Der Neue Geist Verlag, 1919. [林田新二·新畑耕價作値 譯《價値の顚倒》(上·下)[《シェーラー著作集 4·5》白水社, 2002년]
9. Minkowski, E.: *Le temps vécu*, Paris, d'Atrey, 1933. 中江·清水·大橋 譯《生きられる時間 1·2》みすず書房, 1972, 1973년
10. Guérin, Eugénie de: *Journal*, Paris, Librairie Lecoffre, J. Gabalda et fils, 1931.
11. Buytendijk, F. J. J.: *La femme*, 2e éd., Paris, Desclée de Brouwer, 1954. 大橋博司·齋藤正己 譯《女性》みすず書房, 1977년
12. Strachey, L.: *Eminent Victoricans*, London, Chatto & Windus, 1948.
13. Dumas, G.: *Traité de Psychologie*, Paris Félix Alcan, 1923.
14. Picard, R.: *La carriére de Jean Racine*, Paris, Gallimard, 1956.
    Maurica, F.: La vie de Jean Racine, Paris, Plon, 1928.
15. Schweitzer, A.: *Aus meinem Leben und Denken*, Hamburg, Richard Meiner, 1956. [竹山道雄 譯《わが生活と思想より》白水社, 1995년]
16. Sartre, J.-P.: *L'être et le néant*, 53e éd. Paris, Gallimard, 1957. 松浪信三郎 譯《存在と無》人文書院, 1956, 1958년 [新裝版 (上·下) 1999년]
17. 高田博厚〈ツュヴァイツァの《神》〉圖書, 11월호, 1965년
18. 齋藤勇 譯《英詩鑑賞》研究社)
19. Hanford, J. H.: *John Milton, Englishman*, London, Victor Gollancz, 1950.
20. Cantril, H.: *The Psychology of Social Movements*, New York, John Wiley & Sons, 1941. 南博他 譯《社會運動の心理學》岩波書店, 1959년

3장. 사는 보람을 추구하는 마음

1. Murray, H.: *Explorations in Personality*, New York, Oxford Univ. Press, 1938.
2. Paulhan, F.: *Les transformations sociales des sentiments*, Paris, Flammarion, 1920.
3. Sullivan, H.S.: *Clinical Studies in Psychiatry*, New York, Norton, 1956. [中井久夫他 譯《精神醫學の臨床硏究》みすず書房, 1983년]
4. Allport, G.W.: *Becoming*, New haven, Yale Univ. Press, 1955. 豊澤登 譯《人間の形成》理想社, 1959년
5. Maslow, A.H.: Deficiency motivation and growth motivation, In: Jones, M.R. (ed.) *Nebraska Symposium on Motivation*, Univ. of Nebraska Press, 1955.

6. フランクル《精神症》フランクル著作集 4, 5권 みすず書房, 1961년 [《フランクルセレクション 4・5》2002년, みすず書房]
7. Cantril, H.: *The "Why" of Man's Experience*, New York, Macmillan, 1950. 安田三郎 譯《人間經驗の謎》東京創元社, 1957년
8. Wilson, C.: *Religion and the Rebel*, London, Victor Gollancz, 1957. 中村保男 譯《宗教と反抗人》紀伊國屋書店, 1965년 [《宗教とアウトサイダー(上・下)》河出文庫, 1992년]
9. 森田正馬《神經質の本能と療法》白揚社, 1960년
10. 浦口眞左〈校庭の草木〉普連土學園新聞 46호, 1960년
11. Allport, G. W.: *The Nature of Personality*, Cambridge, Addison-Wesley Press, 1950.
12. Linton, R.: *The Cultural Background of Personality*, New York, 1945. 清水幾太朗, 犬養康彦 譯《文化人類學入門》創元社, 1952년
13. Chardin, P. T. de.: *Le phénomène humain*, Paris, editions Seuil, 1955. 美田稔 譯《現象としての人間》みすず書房, 1964년 [新裝版 1985년]
14. Ribot, T.: *La psychologie des sentiments*, 11e éd., Paris, Félix Alcan 1922.
15. Lapiere, R.: *The Freudian Ethic, an Analysis of the Subversion of American Character*, New York, Duell, Sloan and Pearce, 1959.
16. Friedan, B.: *The Feminine Mystique*, New York, Norton, 1963. 三浦富美子 譯《新しい女性の創造》大和書房, 1965년 [改訂版 2004년]
17. Tillich, P.: *The Courage to Be*, New Haven, Yale Univ. Press, 1952. [大木英夫 譯《生きる勇氣》平凡社, ライブラリー, 1995년]
18. 山内達夫〈島について〉楓, 11월호, 1964년
19. Fromm, E.: *Escape from Freedom*, New York, 1941. 日高六朗 譯《自由からの逃走》創元社, 1960년 [新版 東京創元社 1984년]
20. 今西綿司《人間以前の社會》岩波新書, 1951년 [《今西綿司全集 5권》講談社, 1994년]
21. Ortega y Gasset: *Man and People*, London, George Allen & Unwin, 1957. [佐々木 孝 譯《個人と社會》白水社, 2004년]
22. Goldstein, K.: *Der Aufbau des Organismus*, Martinus Nijhoff, Haag, Neiherlands, 1934. 村上仁・黒丸正四郎 譯《生體の機能》みすず書房, 1957년 [改版 1970년]

    Goldstein, K.: *Human Nature in the Light of Psychopathology*, Harvard Uni.

Press, 1947. 西谷三四郎 譯《人間》誠信書房 1957년 [新版, 1968년]
23. 岡潔・小林秀雄《人間の建設》新潮社, 1965년 [《小林秀雄全集 13권》新潮社, 2001년]
24. Wauchope, O.S.: *Deviation into Sense*, london, Faber & Faber, 1948. 深瀬基寛 譯《ものの考え方》弘文堂, 1951년 [講談社學術文庫, 1984년]
25. Alain: *Simone Weil, La Tabel Ronde*, n^0 28 avril 1950.
大木健《シモーヌ・ヴェイユの生涯》勁草書房, 1964년 [新裝版, 1998년]
26. Kretschmer, E.: *Geniale Menschen*, 4. Aufl., Heidelberg/Berlin, Springer, 1948.
內村 之 譯《天才の心理學》岩波書店, 1953년 [岩波文庫, 1982년]
27. Lange-Eichbaum, W.: *Genie, Irrsinn und Ruhm*, 4. Aufl. München/Basel, Ernst Reinhardt, 1956. (縮刷版 譯) 島崎敏樹・高橋義夫 譯《天才》みすず書房, 1953년 [みすずライブラリー, 2000년]
28. 中前妙子〈師とともに泳ぐ〉(廣島市原爆體驗記刊行會編《原爆體驗記》) 朝日新聞社, 1965년 [朝日選書, 1975년]
29. Whitehead, A. N.: *Adventures of Ideas*, New York, Macmillan 1956. [山本誠作 他 譯《觀念の冒險》《(ホワイトヘッド著作集 12권)》松籟社, 1982년]
Whitehead, A. N.: *Symbolism, Its Meaning and Effect*, New York, Macmillan 1958. [市井三郎 譯《象徵作用 他》河出書房新社, 1996년]
30. Abt, L.E.: Movements of Thought in Clinical Psychology, In: *Progress in Clinical Psychology*, ed. by Brower, D. and Abt, L.E., New York/London, Grune and Stratton, 1958.
31. ベルジャーエフ著作集, 8권, 白水社, 1961년

4장. 사는 보람의 대상

1. 佐藤八十子〈私が生甲斐を感じるとき〉婦人公論, 10월 호, 1965년
2. 鹽尻公明《生甲斐の追求》社會思想研究會出版部, 1953년
3. Huizinga, J.: *homo Ludens*. Tranl. by Hull, London, Routledge, kegan Paul, 1949. 高橋 英夫 譯《ホモ・ルーデンス》中央公論社, 1963년 [中央文庫, 1973년]
4. Wauchope, O.S.: *Deviation into Sense*, london, Faber & Faber, 1948. 深瀬基寛 譯《ものの考え方》弘文堂, 1951년 [講談社學術文庫, 1984년]
5. Lindbergh, A. M.: *Gift from the Sea*, New York, Pantheon books, 1955. 吉田健一 譯《海からの贈物》新潮社 1956년 [新潮文庫 1967년]

6. Ortega y Gasset: *En Trono a Galileo*, trans. as "Man and Crisis", by Adams, M., New York, Norton, 1958. 일부가 일본어로 번역되어 있다. (前田敬作 譯《危機の本質》創文社, 1954년) [《オルテガ著作集4》白水社, 1998년]
7. Korzybski, A.: *Science and Sanity*, 4th ed., Lakeville, Connecticut, The International Non‐Aristotelian Library Publishing Co., 1958.
8. Ribot, T.: *Essai sur les passions*, 5e éd., Paris, Félix Alcan, 1923.
9. 高橋徹・見田宗介〈日本人の理想的人物像〉中央公論, 8월호, 1964년
10. 神谷美惠子〈心の健康と生き甲斐〉婦人之友, 5월호, 1962년
11. 內村鑑三《後世への最大遺物》岩波書店, 1946년

5장. 사는 보람을 빼앗는 것들

1. Jaspers, K.: *Psychologie der Weltanschauungen*, 4. Aufl., Berlin/Göttingen/Heidelberg, Springer, 1954. [重田英世 譯《世界觀の心理學》創文社, 1997년]
2. 小木貞孝〈拘禁狀況の精神病理〉異常心理學講座 [2차] 5권, みすず書房, 1965년
3. Port, M.: *La psychologie des tuberculeux*, Delachaux et Niestlé 1950. 三浦岱榮・稻葉信龍 譯《結核患者の心理》丸善, 1957년
4. 藤井武全集, 1권, 岩波書店, 1931, 1972년
5. Buck, P.S.: *The Child who never Grew*, New York, John Day 1950. 松岡久子譯《母よ嘆くなかれ》法政大學出版局, 1950년 [伊藤隆二 譯 法政大學出版局, 1993년]
6. Halliday, J.: *Mr. Carlyle, my Patient*, New York, Grune & Stratton, 1950.
7. Buber, M.: Guilt and Guilt Feelings, trans. from the German by Friedman, M.S., *Psychiatry*, 20: 114, 1957.
8. 北山河・北さとり 編《處刑前夜》光文社, 1960년 [改訂版, 大樹社, 1981년]

6장. 사는 보람을 상실한 사람의 마음 세계

1. Jaspers, K.: *Psychologie der Weltanschauungen*, 4. Aufl., Berlin/Göttingen/Heidelberg, Springer, 1954. [重田英世 譯《世界觀の心理學》創文社, 1997년]
2. Kulenkampff, C.: Entbehrung, Entgrenzung, Ueberwältigung als Weisen des Standverlustes, Nervenarzt 26: 89, 1955.
3. Merleau‐Ponty, M.: *Phénoménologie de la perception*, 14e éd., Paris, Gallimard, 1945. [竹內芳郎 譯《知覺の現象學 1・2》1967, 1974년, みすず書房]

4. Minkowski, E.: Le temps vécu, Paris, d'Atrey, 1933. 中江・清水・大橋 譯《生きられる時間 1・2》みすず書房, 1972, 1973년
5. Whitehead, A. N.: *Symbolism, Its Meaning and Effect*, New York, Macmillan 1958. [市井三郎 譯《象徵作用 他》河出書房新社, 1998년]
6. Hanfner, H.: Die existentielle Depression, *Arch. Psychiatry*. 191; 351, 1954.
7. 藏原惟光〈價値喪失うつ症〉精神醫學, 3호, p. 479, 1961년
8. 伊東壯〈原爆被害者の現狀と否定意識〉思想, 430호, 1960년
9. 岩谷隆司〈つづいているあやまち〉《(廣島詩集)》廣島縣詩人協會, 1965년
10. 重村一二〈宣告の記〉(大江滿雄 編《いのちの芽》) 三一書房, 1953년
11. Fromm, E.: *Escape from Freedom*, New York, 1941. 日高六郎 譯《自由からの逃走》創元社, 1960년 [新版, 東京創元社, 1984년]
12. Kahn, E.: Ueber Angst und traurige Verstimmung, *Psychait. Neurol*. 148: 32, 1964.
13. 霜山德爾〈不安〉現代社會心理學 5권, 中山書店, 1958년
14. Tillich, P.: *The Courage to Be*, New Haven, Yale Univ. Press, 1952. [大木英夫 譯《生きる勇氣》平凡社, ライブラリー, 1995년]
15. 가령 Ribot, T.: Essai sur les passions, 5e éd., Paris, Félix Alcan, 1923.
16. James, W.: *The Varieties of Religious Experiences*, New York, Longmans 1902. 比屋根安定 譯《宗敎經驗の諸相》誠信書房, 1957년 [枡田啓三郎 譯《宗敎的經驗の諸相(上・下)》岩波文庫, 1969, 1970년]
17. Araujo, H. A. G. de: Quelques remarques sru la phénoménologie de la dépression, *Annales méd.- pyschol*., 119: 865, 1961.
18. Maisonneuve, J.: *Les sentiments*, Paris, P.U.F. 山田悠紀男 譯《感情》白水社, 1955년
19. Ioteyko, I. et Stefanowska, M.: *Psycho- physiologie de la douleur*, Paris, Félix Alcan, 1909.
20. キング夫人 著・三谷隆正・三谷壽貞子 譯《病院に於ける說敎》向山堂, 1933년
21. Scheler, M.: *Le sens de la souffrance*, trad. par Kissowski, P., Paris, Aubier.
22. I Fioretti di S. Francesco, Paravia, Torino, 1926.

7장. 새로운 삶의 보람을 찾아서

1. Kraines, S. H.: *Am. J. Psychiat*. 114: 206, 1957.

2. 大原健士郎〈自殺未遂者の豫後〉精神醫學, 10호, p. 713, 1959년
3. Buck, P.S.: *The Child who never Grew*, New York, John Day 1950. 宋岡久子 譯《母よ嘆くなかれ》法政大學出版局, 1950년 [伊藤隆二 譯 法政大學出版局, 1993년]
4. 大原健士郎〈自殺を中心とした靑少年の精神衛生學的一考察〉精神醫學, 14호, p101, 1960년
5. James, W.: *The Will to Believe*, New York, Longmans, Green & Co., 1921.
6. Scheler, M.: *Vom Umsturz der Wete*, Leipzig, Der Neue Geist Verlag, 1919. [林田新二・新畑耕價作値 譯《價値の轉倒》(上・下) [《シェーラー著作集 4・5》白水社, 2002년]
7. 羽仁五郎《生と死について》新潮社, 1948년 [大和書房, 1970년]
8. 藤井武全集 12권, 岩波書店, 1934년 [《藤井武全集 10권》岩波書店, 1972년]
9. Goldstein, K.: *Der Aufbau des Organismus*, Martinus Nijhoff, Haag, Neiherlands, 1934. 村上仁・黒丸正四郎 譯《生體の機能》みすず書房, 1957년 [改版, 1970년]
10. Leibbrand, W. und Wettley, A.: *Der Wahnsinn*, Freiburg/München, Karl Alber, 1961.
11. Spranger, E.: *Lebensformen*, 8. Aufl., Tübingen, Neomarius, 1950.
12. 河辺悦子〈壯健さん〉(堀田善衛・永丘智郎 編《深い淵から》) 新評論社, 1956년
13. Fraisse, P.: Psychologie du temps, Paris, P. U. F., 1957. 原吉雄・左藤幸治 譯《時間の心理學》創元社, 1960년
14. Vidal, B. et Vidal, G.: Etats dépressifs aprés deuil, *Annales Méd.-pyschol.*, 118, T. 1, 1960.
15. Rosenzweig, S.: The Experimental Study of Repression. In: Murray, H. (ed.): Explorations in Personality, New york, Oxford Univ. Press, 1938.
16. Buber, M.: Guilt and Guilt Feelings, trans. from the German by Friedman, M.S., Psychiatry, 20: 114, 1957.
17. Sereni, M.: *I giorni della nostra vita*, Edizioni di cultura sociale, 1955. 大久保昭男 譯《喜びは死を超えて》弘文堂, 1961년
18. Wertenbaker, L. T.: *Death of a Man*, Random House, New York, 1957. 高橋正雄 譯《愛は死をみつめて》講談社, 1958년 [《安樂死》講談社, 1973년]
19. Wauchope, O.S.: *Deviation into Sense*, london, Faber & Faber, 1948. 深瀬基寬 譯《ものの考え方》弘文堂, 1951년 [講談社學術文庫, 1984년]

20. Fraisse, P.: *Psychologie du temps*, Paris, P. U. F., 1957. 原吉雄・左藤幸治 譯《時間の心理學》創元社, 1960년

21. 唐木順三《無用者の系譜》筑摩書房, 1960년 [《唐木順三全集5권》筑摩書房, 1981년]

22. 西谷啓治《宗教とは何か》創文社, 1961년 [《西谷啓治著作集 10권》創文社, 1987년]

23. 河上徹太郎《日本のアウトサイダー》中央公論社, 1959년《[河上衛太郎著作集 5권》新潮社, 1981년]

24. Wilson, C.: *The Outsider*, 13th impression, London, Victor Gollancz, 1960. 福田恆存・中村保南 譯《アウトサイダー》紀伊國屋書店, 1957년 [中村保男 譯,集英社文庫, 1988년]

25. Mauriac, F.: *Pascal et sa soeur Jacqueline*, Paris, Hachette, 1931. [安井源治・林桂子 譯《パスカルとその妹》理想社, 1968년]

26. 和志美最堂〈一河の流れ〉楓, 8월호, 1961년

27. 原田憲雄・原田禹雄 編《志樹 馬詩集》方向社, 1960년

8장. 새로운 삶의 보람의 발견

1. フランクル《神經症》フランクル著作集, みすず書房, 1961년 [《フランクル・セレクション4・5》2002년, みすず書房]

2. Ribot, T.: Comment finisssent les passions, dans: *Essai sur les passions*, 5e éd. paris, Félix Alcan, 1923.

3. 福永武彦《ゴーギャンの世界》新潮社, 1961년 [講談社文藝文庫, 1993년]

4. Kretschmer, E.: *Geniale menschen*, 4. Aufl., Heidelberg/Berlin, Springer, 1948. 内村 之 譯《天才の心理學》岩波書店, 1953년 [岩波文庫, 1982년]

5. 松江薙岬〈轉業の記〉愛生, 4월호, 1960년

6. Buck, P.S.: *The Child who never Grew*, New York, John Day 1950. 宋岡久子譯《母よ嘆くなかれ》法政大學出版局, 1950년 [伊藤隆二 譯 法政大學出版局, 1993년]

7. Paulhan, F.: *Les transformations sociales des sentiments*, Paris, Flammarion, 1920.

8. Bergson, H.: *Les deux sources de la morale et de la religion*, 120e éd. Paris, P, U, F., 1962. 平山高次 譯《道德と宗教の二源泉》岩波文庫, 1953년 (改譯, 1977년)

9. Beers, C.: *A Mind that Found Itself* (7th ed.) Doubleday & Co., New York, 1948. 加藤普佐次郎・前田則三 譯《わが魂にあふまで》羽田書房, 1949년
10. Rosenberg, E.& J.: *Death House Letters*, New York, Jero, 1953. 山田晃 譯《愛は死をこえて》光文社, 1954년
11. 志樹逸馬〈土壤〉《志樹逸馬詩集》方向社, 1960년
12. 日本戰沒學生記念會監修《きけわだつみのこえ》光文社, 1959년 [新版, 岩波文庫, 1995년]
13. Cassirer, E.: *An Essay on Man*, New Haven, Yale Univ. Press 1944 宮城音彌譯《人間》岩波書店, 1953년 [岩波文庫, 1997년]
14. Jaspers, K.: *Psychologie der Weltanschauungen*, 4. Aufl., Berlin/Göttingen/Heidelberg, Springer, 1954. [重田英世 譯《世界觀の心理學》創文社, 1997년]
15. Paulhan, F.: *Les transformations sociales des sentiments*, Paris, Flammarion, 1920.
16. Stroch, A.: Beiträge zum Verstandins des schizophrenen Wahnkranken, *Nervenarzt*, 30: 49, 1959.
17. Kamiya, M.: The Existence of a Man Placed in a Limit-situation, *Confinia psychiartica*, 6: 15, 1963. [日本語 譯〈限界狀況における人間の存在〉《神谷美惠子著作集7精神醫學研究1》みすず書房, 1981년) 수록]

9장. 정신적인 삶의 보람

1. 日本戰沒學生記念會監修《きけわだつみのこえ》光文社, 1959년 [新版, 岩波文庫, 1995년]
2. Ortega y Gasset: *En Trono a Galileo*, teans. as "Man and Crisis", by Adams, M., New York, Norton, 1958. 일부가 일본어로 번역되어 있다. (前田敬作 譯《危機の本質》創文社, 1954년)《[オルテガ著作集4》白水社, 1998년]
3. Mantegazza, P.: *La physiologie du plaisir*, trad. par Lestrade, C. de: Paris, Reinwald, 1886.
4. 島村靜雨〈春の序章〉島村靜雨 編《白い波紋》長島詩話會, 1957년
5. 鹿島太郎〈わがよろこび〉楓, 8월호, 1965년
6. 近藤宏一〈幸福の青い鳥〉楓の蔭, 9월호, 1965년
7. 藤本とし〈うたげ〉楓, 8월호, 1965년
8. Whitehead, A. N.: *Adventures of Ideas*, new York, Macmillan 1956. [山本誠作

他 譯《觀念の冒險》《(ホワイトヘッド著作集 12권)》松籟社, 1982년]

9. 北山河・北さとり 編《處刑前夜》光文社, 1960년 [改訂版, 大樹社, 1981년]
10. Spranger, E.: *Lebensformen*, 8. Aufl., Tübingen, Neomarius, 1950.
11. 重村一二 〈待望の詩〉大江滿雄 編《いのちの芽》三一書房, 1953년
12. 鹽尻公明《生甲斐の追求》社會思想研究會出版部, 1953년
13. 志樹逸馬 〈代償〉《志樹逸馬詩集》方向社, 1960년
14. Buber, M.: *I and Thou*, trans. by Smitu, R. G., New York, Scribner's Sons, 1958. 野口啓祐 譯《孤獨と愛》創文社, 1958년 [田口義弘 譯《我と汝・對話》みすず書房, 1978년]
15. 柳宗悅《宗敎の理解》青春社, 1961년《[柳宗悅全集著作篇 3권》筑摩書房, 1981년]
16. 龜井勝一郎《私の宗敎觀》龜井勝一郎選集, 1권, 講談社, 1965년
17. 宮川茂 〈幽玄美の探求〉 楓, 8월호, 1963년
18. Croce, B.: *Aesthetic*, trans. by Ainslie, D., London, Macmillan, 1922. [長谷川誠也・大槻憲二 譯《美學》ゆまに書房, 1998년]
19. 柳川啓一《宗敎》現代社會心理學, 6권, 1959년
20. Allport, G.W.: *The Individual and his Religion*, New York, Macmillan, 1950. 原谷達夫 譯《個人と宗敎》岩波書店, 1953년

Allport, G. W. : *Becoming*, New Haven, Yale Univ. Press, 1955. 豊澤登 譯《人間の形成》理想社, 1961년

21. 岸本英夫《宗敎學》大明堂, 1961년
22. Cassirer, E.: *An Essay on Man*, New Haven, Yale Univ. Press 1944. 宮城音彌 譯《人間》岩波書店, 1953년 [岩波文庫, 1997년]
23. 中村俊觀 〈私の療養と信仰〉 楓, 4월호, 1961년
24. 神谷美惠子 〈癩患者における一妄想例の精神病理學的考察〉 神戶理學院大學論集 7권, 1호, 1960년
25. Cassirer, E.: *An Essay on Man*, New Haven, Yale Univ. Press 1944. 宮城音彌 譯《人間》岩波書店, 1953년 [岩波文庫, 1997년]

10장. 마음 세계의 변혁

1. Allport, G.W.: *Becoming*, New haven, Yale Univ. Press, 1955. 豊澤登 譯《人間の形成》理想社, 1959년
2. マルクス・アウレリウス著, 神谷美惠子 譯《自省錄》解說 岩波文庫, 1965년

3. Ribot, T.: *La psychologie des sentiments*, 11e éd., Paris, Félix Alcan 1922.
4. Zaehner, R.C.: *Mysticism*, Oxford, Clarendon Press, 1957.
5. Buber, M.: *I and Thou*, trans. by Smitu, R. G., New York, Scribner's Sons, 1958. 野口啓祐 譯《孤獨と愛》創文社, 1958년 [田口義弘 譯《我と汝・對話》みすず書房, 1978년]
6. 岸本英夫《宗敎神秘主義》大明堂, 1958년 [原書房, 2004년]
7. Whitehead, A. N.: *Adventures of Ideas*, new York, Macmillan 1956. [山本誠作 他 譯《觀念の冒險》《(ホワイトヘッド著作集 12권》) 松籟社, 1982년]
8. Huxley, A.: *Heaven and Hell*, London, Chatto & Windus, 1956. [今村光一 譯《知覺の扉・天國と地獄》河出書房新社 1984년]
9. 宮本忠雄 小田晋〈宗敎病理〉異常心理學講座, [2차] 5권, みすず書房, 1965년
10. 三谷隆正《信仰の論理》三谷隆正全集, 1권, 1965년, 岩波書店
11. 柳宗悅《宗敎の理解》靑春社, 1961년 [《柳宗悅全集著作篇 3권》筑摩書房, 1981년]
12. サルトル Sartre, J.-P.: *L'être et le néant*, 53e éd. Paris, Gallimard, 1957. 松浪信三郎 譯《存在と無》人文書院, 1956, 1958년 [新裝版, (上・下), 1999년]
13. 鈴木大拙《禪と念佛の心理學的基礎》岸本英夫《宗敎神秘主義》에서 인용
14. Blondel, C.: Les volitions. Dans: Dumas, G.: *Traité de psychlogie*, tome 1., Paris, Félix Alcan, 1914.
15. Bergson, H.: *Les deux sources de la morale et de la religion*, 120e éd. Paris, P, U, F., 1962. 平山高次 譯《道德と宗敎の二源泉》岩波文庫, 1953년 (改譯, 1977년)
16. Huxley, A.: *Doors of Perception*, New York, Harper, 1954. [河村錠一郎 譯《知覺の扉》平凡社,ライブラリー, 1995년]
17. 西谷啓治《宗敎とは何か》創文社, 1961년 [《西谷啓治著作集 10권》創文社, 1987년]
18. 北山河・北さとり 編《處刑前夜》光文社, 1960년 [改訂版, 大樹社, 1981년]

11장. 현실세계로 돌아가는 방식

1. 柳宗悅〈僧と非僧と捨聖〉柳宗悅宗敎選集 4, 春秋社, 1960년
2. 龜井勝一郎《私の宗敎觀》龜井勝一郎選集, 1권, 講談社, 1965년
3. 岸本英夫《宗敎學》大明堂, 1961년
4. Brinton, H.: *Friends for 300 Years*, Harpers, New York 1952.

5. 西谷啓治《宗教とは何か》創文社 1961년《[西谷啓治著作集 10권》創文社, 1987년]
6. プラトン《國家論》592절 [藤澤令夫 譯《國家(上·下)》岩波文庫, 1979년]
7. 高橋幸彦〈癩患者の心理〉レプラ誌, 34권, p3. 48, 1965년
8. Maslow, A. H.: Existential Psychology- What's In It For Us? In: May, R.(ed.): *Existential Psychology*, Random House, New York, 1961.

* [ ] 안은 책 컬렉션 간행 시 편집부에서 다시 덧붙인 것임. 또 판본이 여러 개일 경우, 가장 최근의 것으로 표시했음.

덧붙이는 글

 이상의 글이 인쇄되어 재교 단계에 들어갔을 때 출판사로부터 생각지도 못한 주문이 들어왔다. 왜 내가 사는 보람 문제에 관심을 갖게 되었는지 자신에 대해 조금 더 말해달라는 것이다. 그 편이 독자에게 친밀감을 줄 수 있다는 의견이었다.
 이 책에서 나는 자신을 직접 드러내기를 피했기 때문에 출판사의 그런 요청에 당혹스러웠다. 그러나 의견을 무시할 수 없어서 책을 쓰게 된 배경에 대해 간단히 설명하기로 했다.
 나는 일본과 스위스 제네바에서 풍요로운 유년 시절을 보냈다. 장래 꿈이라고 해야 평화로운 가정생활을 바라던 평범한 소녀였다. 그러나 쓰다에이가쿠주쿠(津田英學塾, 지금의 쓰다주쿠대학津田塾大學) 졸업 후 얼마 되지 않아 폐결핵에 걸렸는데, 주치의로부터 병세가 악화된다는 진단을 받아 몇 년간 산속에서 혼자 책을 읽으며 요양을 했다.
 당시에는 결핵 치료법도 없어서 그때 요양했던 지인 중 여럿이 젊은 나이에 세상을 떠났다. 그 후 나는 신기하게도 완치가 되었는데 대체 왜 나만 병이 낫고 그 사람들은 죽었을까 하는 생각이 마음의 빚이 되어 남아 있었다. 대략 이런 일로 병과 고통, 죽음과 삶의 문제는 일찍부터 나를 잡고 놓아주지 않았다.

　나병 환자의 존재를 처음 알게 된 것은 쓰다에이가쿠주쿠 2학년 때였다. 기독교 전도사였던 작은 아버지의 권유로 도쿄도(都)에 있는 다마전생원(多磨全生園)에 찾아가 환자들을 처음 접하고 큰 충격을 받았다. 나도 간호사나 의사가 되어 이 사람들을 위해 일하고 싶다는 생각을 품은 것도 이때였다. 그러나 주변의 반대와 앓고 있던 병 때문에 이 바람은 쉽게 실현되지 않았다. 시간이 지나고 컬럼비아 대학 대학원 고전문학과 재학 중에 아버지의 뜻밖의 이해와 지지를 얻어 갑자기 의대로 전공을 바꾸게 되었다. 그 후 우여곡절을 거쳐 나병 환자를 돕고 싶다는 초심이 마침내 어느 정도 실현되었다.

　나병 요양소의 정신병자는 정신병 치료는 물론이고 나병 자체도 치료받지 못한 채 오랜 기간 방치되었다. 이중고를 겪는 사람들을 위해 전국의 나병 요양소 가운데 세 곳에 근대적 정신병동을 지어 정신병과 나병에 대한 의료와 완벽한 간호 체계를 갖추려고 하고 있다. 나병 요양소의 정신과 의사로 일하는 것은 내 커다란 사는 보람 가운데 하나다.

1966년 4월

《이키가이》 집필일기

가미야 미에코가 《이키가이》를 집필했을 시기의 일기를 발췌, 편집한 것이다. 원문을 기본으로 하고 오탈자만 수정했다. 중간에 생략된 부분은 (……)로 표시했다. 일기에 나오는 약자 가운데 N은 남편 노부로, R은 장남 리쓰, T는 차남 테쓰이다. [ ] 안은 미스즈 편집부 주이다.

《가미야 미에코 작품집 10: 일기·서간집》에 수록되어 있는 것은 날짜 옆에 * 표시를 덧붙였다.

1958년 12월 21일(일요일)[1]

어제 오하시 씨, 오다 씨와 고흐 전을 보러 교토에 갔다. 고흐가 소년 시절에 그린 스케치가 두 장 있었는데, 소년이라고 생각할 수 없을 정도로 세밀한 완성도였다. 그런 명백한 재능을 갖고 있으면서도 화가로서 자신의 길을 찾기까지 그가 돌아온 먼 길을 생각했다. 사람에게 헌신하고 싶다는 마음으로 목사가 된 그를 생각했다. 헌신에 대한 서툰 충동. 그리고 사이프러스 그림의 소름끼치는 박력과 아를의 도개교(跳開橋)와 복숭아(?)꽃의 눈부신 밝음. 이런 그의 천재적 재능이 다할 때까지의 화풍의 변모를 생각했다. 그것을 아래에서 떠받치고 움직인 그의 고뇌에 찬 생활을 생각했다.

사람은 철저히 자신으로 있어야 한다는 것을 다시 한번 뼈저리게 느끼고 돌아왔다. 내가 앞으로 나갈 길을 또렷이 보여준 것 같았다.

정신과의사로 인정받기 위해 발버둥치는 어리석음. 애초에 나에게 정신의학은 인간에게 접촉하는 길이 아니었나!

1959년 4월 24일(금요일)

C.A.[캐나디안 아카데미][2] 일 때문에 일주일이 빡빡한 느낌이었는데 오늘 아침에야 겨우 한숨 돌렸다. 일주일치 일기를 쓰는 것도 오늘 아침이다. 어느새 어린잎들도 완전히 자라 초록이 짙어진다. 마당에 심어놓은 장미도 꽃봉오리가 맺혔고, 스위트피도 크게 자랐다.

논문이 마무리되면 시간에 쫓기지 않는 생활을 할 수 있을 거라고 기대했는데 아직은 좀 더 기다려야 할 것 같다.

요즘엔 책을 쓰고 싶다는 생각뿐이다. 오후에는 국제학우회관에서 세미나 위원회. Y부인을 처음 만남. 다음에는 의국[종합병원에서 레지던트 등이 업무 대기하는 방] 모임.

1959년 5월 7일(목요일)

어제는 피곤해서 8시쯤부터 자리에 누워버렸다.

C.A. 레슨,[3] 후지이(다케토모) 씨.

오늘부터 다같이 몽테뉴를 읽기 시작했다. 37세 때 공직에서 물러나 집필 생활을 시작한 것이 부러웠다. 나도 지금까지 여러 방면의 경험을 살려 정리할 방법은 글을 쓰는 일밖에 없는 게 아닐지 거듭 생각한다.

1959년 6월 29일(월요일)

오전 오하시 씨 2시간 동안 있다가 감. 그리고 하루 종일 N의 교정.[4]

오하시 씨는 '사는 보람이 없어졌어요' 하며 브라질에 가고 싶었다고 운다. '사는 보람', '의미감'이라는 것에 대해 쓰고 싶다.

밤 레슨. 이것으로 한 달간 방학이다.

1959년 11월 10일(수요일)*

조녀학원[고베여학원대학]에 갈 때 산길을 선택해 주위가 조용한 나무들 사이로 파란 하늘에 비친 빨갛고 노랗게 물든 나뭇잎을 올려다보면서 인간의 사는 보람과 의미감에 대해 생각했다. 동물처럼 사는 것만으로는 부족하고 존재의 의미를 느끼지 않고서는 살 수 없는 인간의 정신구조를 생각한다. 종교의 중요한 존재 이유는 거기에 있다고 프로이트와 T 씨가 믿는 모습에서 종교를 단순히 공포의 산물로 치부할 수는 없다. '의미감에 대해서'라는 글을 쓰고 싶다. 파트로기시[병리적]인 경우도 포함해서. 여학원 행.

1959년 12월 2일(수요일)*

심부름을 가는 도중에 은행나무의 눈부신 왕자와 같은 모습을 올려다

보고 그 나무 한 그루를 고흐처럼 그릴 수 있다면 죽어도 여한이 없다고 생각했다. 살아 있는 의미란 결국 한 인간의 정신을 느끼는 속에만 있는 것이 아닐까?

아아, 나의 마음은 이 긴 세월 동안 느낀 것으로 가득하고 고통스럽다. 그것을 학문과 예술의 형태로 완전히 쏟아내기까지는 죽을 수 없다. 진짜 일은 전부 지금부터라고 분발하지 않을 수 없다.

1959년 12월 22일(화요일)

우메다(梅田)에서 읽을 책을 두세 권 샀다.

저녁에 욕조 안에서 《이키가이》라는 책을 쓰고 싶다는 생각에 빠졌다.

1960년 1월 6일(수요일)

카뮈가 자동차 사고로 죽었다는 기사가 어제 신문에 났는데, 집에서 여는 아카데미에서는 카뮈의 *La Chute*[《전락》]를 아직 읽고 있다. 이 작가의 사망은 정말 안타깝다.

'사는 보람'에 관한 책을 위해 과거에 읽은 이런저런 책들을 다시 보고 있다.

1960년 1월 14일(목요일)*

밤에 다시 《이키가이》에 열중. 아이디어가 넘쳐나 난처해서 한 시간 정도 조용한 음악만 연주하며 아이를 재우고 나 자신도 진정시킨다. 과거의 경험과 공부를 전부 살려 통일할 수 있다는 것은 얼마나 큰 감동인가. 매일 그것을 생각하고, 생각할 때마다 깊은 기쁨을 발견한다. '정신'이란 것, 그것을 섬기는 자의 모습을 왜 시마자키(島崎敏樹)[5] 선생처럼 비극적으로 생각해야만 할까? 정신이 생명을 살리는 경우도 있는데! 또 생명이 정신을 지탱하는데 말이다!

1960년 1월 21일(목요일)

오후 2시쯤까지 정신없이 사는 보람에 대해 쓴다.

(……)

외국 시절의 일기를 다시 읽어보니 지금 쓰고, 공부하려 생각하는 주제와 똑같은 것을 그 무렵부터 생각하고 있었단 걸 알고 놀랐다. 결혼 이후의 시간만 쏙 빠지고, 그 시절과 지금이 직접 이어져 있는 것 같았다. 어쨌든 이제라도 글을 쓸 수 있는 시기와 상황이 된 데 감사해도 될지 모르겠다.

1960년 2월 3일(수요일)

복숭아빛 히아신스가 내 책상 위에서 피기 시작했다. 좋은 향기가 난다. 이제야 겨우 나의 생명도 꽃피우려 하는 지금 이 꽃을 보는 것이 즐겁다. 자나 깨나 《이키가이》를 생각하고 그 속에 나의 모든 것을 집어넣고 싶다는 바람으로 불타고 있다.

이대로 앞으로 죽어도 좋으니[6] 나의 카오스를 이 책속에서 일단 극복해 정리할 수 있다면 나의 존재 이유는 다하는 것이라고 생각한다. 이 고통은 그래서 진정 보람 있는 고통인 것이다.

폴랑(Paulhan)의 *Les Transformations sociales des sentiments* 완독. spiritualisation des tendances[지향성의 정신화]가 매우 참고가 된다.

아주머니가 외출해 밥을 지으면서 《이키가이》의 전체 윤곽을 재검토했다.

(……)

밤에 글을 쓰다 보니 2시가 지났다.

1960년 2월 5일(금요일)

오전 《이키가이》.

점심때쯤 집을 나서 한큐(阪急) 전철을 타고 테쓰의 스웨터 등을 사고 의국에 갔다. 후쿠이 선생님의 문장 완성 테스트에 대한 이야기를 나누고 가네코 선생님에게 영문 교정을 부탁했다.

외투 주머니에 수첩과 연필을 넣고 길을 걸으면서도 생각난 것들을 메모해두는데 요즘에는 어디에서 무엇을 하든지 신기하게도 재미있는 생각이 떠오른다. 지금이야말로 글을 쓸 때가 됐다고 생각한다. T 선생님에게 다시 2일 밤 영어 번역본을 읽고 고쳐달라는 부탁을 받았는데 월말에나 나올 수 있을 것 같다.

메조뇌브(Maisonneuve)의 *Psychologie sociale* 완독. 많이 참고가 됐다. 전체의 예측이 섰고, 읽고 싶은 책이 다시 많이 생겼다.

1960년 2월 14일(일요일)*

하루 종일 글을 썼다. 그래도 많이 쓴 건 아니다. 생각하고 생각하고 조사하고 조사하기 때문에. 때때로 자기혐오에 빠지곤 한다. 이런 하찮은 책을 낼 가치가 있을까 하고. 그래도 나는 난다. 요즘에는 조금도 피곤하지 않다.

과거와 앞뒤를 맞추자 하는 grandiose Einheitswillen[광대한 통일 의욕]이 요즘 나를 압도하는 것 같다. 과거에 축적한 전부를 이 책 속에 담아 통일하고 싶은 것이다. Chaos를 극복할 수 있을지 어떨지. 필사적이다. 어쨌든 겨우 글쓰기가 허락된 상태와 시간이 왔으니까.

1960년 2월 17일(수요일)

집으로 돌아오는 한큐에서 점심 식사. 슈만의 카니발[사육제] 악보를 찾았는데 없다. 요즘에는 속세와 떨어진 슈만의 로맨티시즘에 강하게 끌려서 매일같이 연주하고 있다. 연주를 하면 생각이 흐른다.

전철을 타고 있든 무엇을 하든 생각이 솟아나고 넘쳐서 글로 정리해두지 않으면 안 될 정도다. 신문도 잡지도 읽을 기분이 들지 않는다. 오늘 밤도 정신없이 쓰다 보니 2시가 넘었다.

1960년 3월 11일(금요일)*

아버지가 오신다고 해서 집안 정리를 하고 학위 수여식에 늦게(15분 정도?) 참석. 하루 뒤에 추가적으로 쇼다 총장으로부터 수여장을 받았다. 홍일점. 집에 돌아오는 길에 오사카 부설병원에 가서 야마카와(山川) 선생님을 뵈려 했는데 계시지 않았다. 병원에 나오시는 날을 확인하고, 우메다 한큐 코롬방에서 커피를 마셨다. 생각에 빠져 커피 값도 안 내고 나오는 나를 여자아이가 뒤따라왔다.

머리에 생각이 들끓고 넘쳐나서 난처할 정도다. 캔트릴의 《사회운동 심리학》과 《정신의학》1, 2월호의 망상 연구를 열심히 읽었다. 매우 참고가 된다. 오늘은 특수한 의식 상태. 아버지가 9시쯤 오셨다. 밤은 어슴푸레한 달, 혼자 밖에서 명상.

1960년 3월 16일(수요일)

T는 아직 하루 종일 유동식만.

나는 감기가 심해져(37도 5부) 종일 누워 있었다. 《부처의 말》과 니체, 모파상의 *Boule de Suif*[《비곗덩어리》] 등을 난독, 많은 시간을 쓸데없이 보내는 게 아까워 글을 쓰려고 일어났는데 심한 두통과 기침으로 다시 자리에 누웠다. 머릿속에 생각들이 넘쳐난다.

회심 이후의 인생 행로를 조사하다.

교주가 되는 사람

사회사업을 하는 사람

미학적인 사람은?

1960년 3월 25일(금요일)

아직 감기가 채 낫지 않아서 아주머니 외출 후 하루 종일 요령 없는 생활. 장지를 바르고, 정리. 그러나 바로 '사는 보람', 특히 종교적 경험에 생각이 미쳐서 이런저런 사람을 조사하고 최근의 annual[연보]을 읽고, 플라톤을 읽는 등 두서가 없다.

두통과 피로와 기침으로 오후 낮잠.

밤에는 애생원의 니노미야(二宮) 씨에게 '회심'의 경험 집필을 의뢰했다.

1960년 4월 21일(목요일)

나가타니(永谷) 증세의 사례를 정리했을 뿐, 이후는 아주머니 외출 후 조용한 하루를 무얼 하며 보냈는지 모르겠다. 그러나 생각해보면 5분도 그냥 있지 못하고 계속 생각하고 조사했다.

야스퍼스, 셸러를 읽고 '죽음에 대한 바람'을 생각하고 밤에는 바흐의 연대기(안나 막달레나의)를 다시 한번 읽었다.

사는 보람의 상실과 죽음을 바라는 마음. 이 각도에서 생각해본다.

1960년 5월 10일(화요일)*

T는 이전부터 기대했던 소풍이 취소되어 실망.

나는 어젯밤 야스퍼스의 책을 16년 만에 읽고 감회가 새로워 2시까지 깨어 있었고, 오늘 아침도 6시에 눈을 떴다. 인간이라는 존재에 대해 조금이라도 더 알게 해주는 책만큼 고마운 것은 없다고 생각한다. 성서가 아무리 고귀한 진리를 밝히는 것이라도 정신의 한 유형을 나타내는 것뿐이지 않은가! 거기에는 자기도취가 있지 않을까. 물론 도취는 살아가는 데 있어 없어서는 안 되는 요소지만 자신이 속하는 유형 이외의 다른 형태도 이해하고 많은 유형 가운데 하나인 자신의 위치도 객관적으로 인식하는 것이야말로 진정한 지혜가 아닐까? 정신의학은 그것을 가능하게 할 것이다.

1960년 5월 28일(토요일)*

오후 YWCA에서의 이야기. 갱년기 주부의 온토로지컬[존재론적] 허무감의 호소가 가장 마음에 남았다. '무엇을 봐도 재미가 없다', '뭐를 해도 답답하다', '무엇 때문에 사는지 모르겠다', '여자로서 끝이다.' 나는 같은 여자로서 여자의 삶이라는 것에 대해 생각하지 않으면 안 되는 책임이 있다. 여대생을 가르치는 사람으로서도. 갱년기에 여자는 비로소 인간으로 살기 시작하는 것이다. 그때 '실존'을 확립하지 못하면 여생은 단지 '산송장'이 될 것이다.

1960년 7월 3일(일요일)*

어디든지 조금이라도 베면 나의 피가 세차게 뿜어져나올 것 같은 문자, 그런 문자로 글을 쓰고 싶다. 나의 책은. 이번 논문도 거의 그런 문자로만 쓴다고 썼는데 그것을 어느 정도의 사람이 느낄 수 있을까.

체험에서 배어나오는 사상, 생활과 밀착된 사상, 그리고 그 사상을 결정체로 끄집어내는 일.

1960년 7월 27일(수요일)

하루 종일 사무처리, 애생원에 잡지 소포를 두 개 보냈다.
《이키가이》에 다시 착수하는 자세를 잡는다.

1960년 8월 7일(일요일)

오늘 아침도 4시 반에 일어나 원고를 썼다.
그러나 큰 진전은 없다. 고쳐 쓰는 작업만 하고 있으니까.

1960년 9월 30일(금요일)

시험감독 3시간. 사회과학 교수 모임.

수면 부족으로 피곤.

밤에 시험지 채점을 하면서 N이 오기를 기다렸다. 한큐 막차 시간이 훨씬 지난 12시 반에 귀가. 그리고 지금 잠자리에 든 것이 1시 반.

남편과 아이와 학교 일, 그런 가운데 쓰고 싶은 것, 쓰지 않으면 안 되는 것을 쓰기란 불가능하다는 생각이 든다. 시간이, 수면 시간도 글을 쓸 시간도, 전혀 뜻대로 되지 않으니까. 3개월 정도 병으로 누웠으면 하는 생각을 또 하게 된다.

아아, 그러나 글을 쓰는 것이 사명이라면 그를 위한 시간이나 체력도 어떻게든 생길 것이다. 아주 빠듯하게라도.

밤의 고요 속에서 벌레가 쉼 없이 울고 있다. 벌써 10월이다.

1960년 10월 29일(토요일)

아버지와 아침에 이야기를 나눴다. 선거로 혹사당해 상당히 지치신 상태로 언제 쓰러질지 모른다고 늘 각오하고 계시기 때문에 쓰러지면 순직인 그런 상황이다. 아사 모리 시장에 갔다. 아버지를 오후 1시 반에 아시야(芦屋)역까지 모셔다 드리고 돌아와서 레슨. 그 후 피곤해서 자리에 눕다.

새벽 2시까지 《이키가이》를 오랜만에 썼다. 더 쓰고 싶어 죽을 지경이다.

1960년 12월 9일(금요일)

아침 휴강인 것을 잊고 1교시부터 학교에 갔다. 화창한 하늘에 산들이 평온히 쉬고 있는 모습에 마음을 빼앗겨 논길을 걸었다. 허버트 리드의 *The Meaning of Art*[《예술의 의미》]를 읽고 있다. 눈이 뜨이는 느낌.

교수 모임이 1시부터 5시 넘어까지 있었다.

도서관에서 리턴 스트레이치(Lytton Strachey)의 *Eminent Victorians*,

리턴 스트레이치와 버지니아 울프의 서간집, 핸퍼드(Hanford)의 *J. Milton, Englishman* 세 권을 빌려왔다. 첫 번째 책은 나이팅게일의 책을 다시 읽기 위해서. 이렇게 정신의학과 직접 관련 없는 책을 빌릴 수 있는 것도 지금의 위치 때문이리라. '사는 보람'을 위한 공부는 이곳이 아니면 불가능할 것이다.

1961년 1월 3일(화요일)*

아침 7시. 올해 들어 오늘 아침 비로소 일할 수 있는 방에 앉을 수 있었다. 1일과 2일의 일기를 쓰고, 새해 첫날의 생각을 뒤돌아본다. 올해는 무슨 일이 있어도 책을 쓰지 않으면 안 된다. 그 책임과 의무가 무엇보다 크고 무겁게 마음을 내리누른다. 그러나 이제까지 매일의 발자취가 그 책을 썼다고 할 수 있기 때문에 지금까지 완성이 미뤄진 데도 의미가 있을 것이다. 어제부터 추위는 누그러들어 낮의 태양은 환하고 밤의 달도 둥글다. 자연은 조용한 모습으로 올해도 우리를 감싸고 있다. '죽음'과 '허무'를 들여다보면서 나의 마음 깊은 곳에서 조용히 착착 부과된 일을 다 하고 언제라도 죽음으로 돌아갈 준비를 하고 싶다.

1961년 2월 7일(화요일)

비가 그치고 구름이 분주히 움직인다. 가끔씩 그 사이를 통해 옅은 파란 하늘이 보인다. 기온은 근래 보기 드물게 높다.

사회학과 교수 모임과 정신의학 마지막 강의. 키르케고르의 *Entweder Oder*[《이것이냐 저것이냐》] 상하 두 권을 오카모토(岡本) 선생에게 빌려왔다.

논집 원고 교정으로 밤 시간이 지나버린다. 읽고 싶은 것, 쓰고 싶은 것에 압도되는 매일. 리쓰의 감기는 오늘도 37도 8부고 기침도 깊다. 나카지마(中島) 선생이 전화를 했다.

매일 조금씩이지만 《이키가이》를 썼다.

1961년 3월 9일 (목요일)*

정오쯤 집에 돌아왔다. 아코(赤穗) 부근부터 눈이 내렸다. 계속 배 위와 기차에서 글을 썼다. 지금 '고통과 슬픔의 의미' 부분을 쓰고 있기 때문에 말 그대로 심혈을 기울인 느낌. 아아, 차라리 나의 피로 쓰면 좋을 텐데!

(……)

크게 고통스러워하는 사람 곁에 살면서 그 사람의 고통의 본질에 대해 조금도 모르고, 고민하는 것조차 모른 채 지낼 수 있는 사람도 있다. 그런 사람은 둔감하게 생긴 걸까. 아니면 자신의 주요 인생 목적에 맞는 일 이외에 대해서는 아무것도 모르고, 알고 싶지 않다고 생각하기 때문에 실제로 모른 채 지내게 되는 걸까. 아마도 후자이리라. 오랜만에 집에 돌아온 듯 오늘밤은 즐거웠다. N과 아이들, 모두 사랑스럽다.

1961년 3월 25일 (토요일)

《이키가이》 속의 소외감에 대한 부분을 드디어 쓸 수 있었다. 얼마 안 되는 내용을 쓰기 위해 얼마나 많은 책을 읽었는가. 예의 고지식한 사람이 아닌가.

1961년 4월 18일 (화요일)

아사히 저널에서 토인비의 최신작에 대해 읽었다.

아름답게 빛나는 날들. 이번 봄방학은 방학 같지 않게 일이 너무 많은데, 학기가 시작되면 오히려 규칙적으로 생활이 안정될지도 모른다. 매일 아침 일찍 일어나 원고를 써서 여름까지는 어떻게든 마무리하고 싶다.

1961년 4월 21일 (금요일)

뜻밖에도 사회학과 교수 모임이 없어서 하루 쉬게 되었다. 《이키가이》를 처음부터 다시 읽고 이제는 순서대로 완성하기로 의지를 굳혔다.

그래서 완성된 부분부터 타다 씨에게 청서(淸書)를 넘기기로 했다. 아무리 해도 만족할 수는 없지만 이번 단계에서 매듭을 지어야 한다고 생각했다.
피곤해서 이렇다 할 일은 하지 못했다. 오후에 파마를 하러 갔다.

1961년 5월 2일(화요일)

예배 당번이라서 SCT[문장완성 테스트]를 인용해 '사는 보람'을 이야기 했다. 학장, 사회학부장에게 평가를 받고 핀쿠루[7]가 아니란 걸 알고 한시름 놨다. 그 기분에 고베로 내일 아이들이 볼 영화 〈벤허〉 표를 사러 갔다. 전철 안에서 생각이 솟아나고 끓어올라서 차 안에서, 또 걸으면서 메모했다.

밤에 집에 돌아와서도 글을 쓰고 싶어 근질근질해서 아이들, 감기 기운이 있는 N이 잠들기를 기다리며 지금(새벽 2시)까지 계속 쓰고 있다. 누구를 위해서가 아니다. 누구의 마음에 들고 싶어서도 아니다. 단지 쓰지 않고는 견딜 수 없기 때문에 쓸 뿐이다.

1961년 5월 3일(수요일)

오전 중 《이키가이》를 쓰고 오후 테쓰, 후미오를 데리고 〈벤허〉를 보러 갔다. 영화 상영시간이 1시 반부터 5시까지라 피곤했다. 미움과 복수가 사는 보람이 될 수 있다고 생각했다.

피곤하면 늘 그렇듯 다리가 붓고 저려 일찍 자리에 누워 캔트릴을 읽었다. 한번 진찰을 받아야 할 것 같다.

1961년 5월 28일(일요일)

오늘은 드물게 아주머니가 있는 일요일이라서 휴일답게 여유를 부릴 수 있었다. 시장에 간 것 빼고 《이키가이》를 썼다. 욕구론 부분은 어려워 계속 수정이다. 수정이란 다시 생각한다는 것이다.

저녁에 오랜만에 N과 도쿠산(禿山) 방향으로 산책을 갔다. 내 다리 때문에 많이 걸을 수가 없어서 작은 산 위에 둘이 앉아 날 저무는 산과 바다를 바라보며 유머에 대해 이야기를 나눴다. 그와 함께 산을 걷고 이런 이야기를 나눌 수 있는 즐거움. 고맙다.

1961년 6월 12일(월요일)

여행으로 인한 피로로 반나절 동안 의자에서 빈스방거의 《분열증》을 읽었다. 이 장황함에는 질려버린다. 전형적인 독일 정신이다. 왜 우리 일본인이 이것을 모방하는 의리를 갖는 걸까?

밤이 돼서 겨우 기운을 차렸다. 평소대로 아이들 영어와 레슨.

N은 '사는 보람의 다양성'을 체계화하라고 한다. 어려운 일이다.

1961년 6월 25일(일요일)

헨델의 콘체르토 그로소(Concerto Grosso)[합주협주곡]를 들으며 마음에 눈물이 고이는 상태에서 비가 보슬보슬 내리는 창가에서 오랜만에 《이키가이》를 쓴다. 오늘 읽은 오르테가의 책에 Pain의 현상론을 충분히 쓴 사람은 없다는 말이 마음에 파고든다. 내가 쓰는 이 책이 그 일부가 될 수 없을까.

1961년 8월 1일(화요일)

아버지가 오셨다. 원고를 읽어주셨다.

1961년 8월 6일(일요일)

'상실' 부분을 쓰다 보니 기분까지 슬퍼져서 말도 하고 싶지 않아 N에게 미안하다. 메시아를 쓰면서 울었다는 헨델을 생각한다.

타다 씨가 청서를 전해주었다. '상실' 5, 6장을 넘겼다.

1961년 8월 11일(금요일)

오전에 고뇌에 대한 부분을 끝냈다. 오후 1시부터 스카우트 하우스에서 T의 월(月)집회가 있는데 엄마들도 출석하라는 요구를 받았다. 뜨거운 한낮 더위에 길을 헤맸다. 3시 반쯤 요네야마(米山) 부인과 아시야역까지 걸어가 거기서 헤어지고 우메다로 R의 바지를 사러 갔다. 수확은 헌책방에서 카시러의 《인간》 번역본을 발견한 것이다. 마고의 책은 제쳐놓고 집으로 돌아오는 전철에서부터 지금(11시 반)까지 정신없이 읽었다. 상징주의에 대해 크게 깨닫게 된, 화이트헤드며 카시러 등, 지금까지 이런 것을 모르고 살았다는 것은 눈가리개를 하고 현대를 산 것이나 같다.

1961년 8월 16일(목요일)

오전에 세탁이며 집안일을 하다 보니 10시가 되었다. 냉방이 들어오는 방에서 하루 종일 아이들과 같이 있자니 일을 전혀 할 수 없어서 노이로제에 걸릴 것 같다. 이런 식으로는 며칠 시간이 나도 안 될 것 같아 혼자 절에라도 갈까 생각해본다. 정말 괴롭다.

1961년 8월 19일(토요일)

8장을 끝냈다. 이 부분은 상당히 난항을 겪어서 얼마나 고쳐 썼는지 모른다. 그런데도 잘 쓰지 못했다.

매일 글 쓰는 일만 생각하기 때문에 하루가 어떻게 지나는지도 모른다. 오늘도 오랜만에 시장에 갔다가 하늘에서 빛나는 쌘비구름에 시선을 빼앗겨 잠이 확 깨는 느낌이었다.

1961년 8월 27일(일요일)*

오늘 아침 카시러를 다 읽었다. 인간 존재의 전반—신화, 종교, 언어, 예술, 역사, 과학—에 대한 전망, 웅대한 비스타[전망]를 얻고 의욕이 생겼다. 일주일 내내 떨어져 있었던 《이키가이》와도 새로운 힘과 자세로 마주할 수 있을 것 같다. 나는 더욱 넓은 입장에서 글을 써야 한다. 특히 카시러의 '상징적 우주'라는 말에 크게 감명을 받았다.

1961년 9월 7일(목요일)*

열흘 동안 정신없이 글을 쓰고, 지금 8일 새벽 2시 일단 작업이 끝났다. 아직 두세 곳 덜 쓴 부분이 있지만 어쨌든 게보이데[건조물]는 완성되었다. 나머지는 구멍을 메우고 깎는 것뿐이다.

마음속에 담겨 있던 것이 전부 밖으로 나와 압박으로부터 해방되어 그야말로 levitation[공중부양]을 느낀다.

지금 같으면 죽어도 좋다. 감사하는 마음뿐이다. 가족의 건강과 나의 몸을 지킨 것이 무엇보다 감사하다. 나는 계속 두 끼 식사밖에 하지 않고 외출도 거의 하지 않았다.

1961년 9월 11일(월요일)*

드디어 여름방학의 마지막 날이다. 학교 강의 준비를 하면서 책 쓰는 일에 몰두한 이 여름을 되돌아보았다. 이것이 나의 가장 중요한 일이라는 사실은 하면 할수록 더욱 명백해진다. 이 일을 위해 살아왔다 싶을 정도다. 그것을 차츰 발견해 가는 놀람과 기쁨과 황송함! 자신의 삶의 의미가 점점 확실해질 가능성을 정말이지 상상도 하지 않았다. 밤, 별을 보면서 신기함, 고마움을 생각했다.

원고 손질.

1961년 9월 23일(토요일)

하루 종일 글을 썼다. 미스티시즘(신비주의)부터 완전히 고쳐 썼다. 화이트헤드의 상징주의를 무리 없이 쓸 수 있어 한숨 돌렸다.

요즘에는 여섯 시간도 못자고 '글을 써야 한다'는 의식에서 잠이 깨버린다. 더운 하루였지만 정신없이 글을 쓰다 보면 더위를 잊는다.

T는 요네야마 씨의 차로 아리마에 새 길을 드라이브. R은 친구와 고등학교에. N과 둘이 조용한 휴일이었다.

1961년 10월 6일(금요일)

니시타니 게이지의《종교란 무엇인가》를 다 읽었다.

드디어 오늘부터《이키가이》의 마무리 정리를 시작할 수 있다! 그 기쁨에 멍해진다.

효고현(縣) 정신위생협회 모임으로부터 의뢰를 받았다.

아버지가 나를 위해 여행에서 12일 밤기차로 서둘러 돌아오신다는 속달을 받았다. 그 마음을 생각하니 마음이 찡해진다. 지금까지의 나의 불효를 돌아보고, 아버지의 외로움을 생각한다.

1961년 10월 14일(토요일)

오전 중 원고.

(……)

아버지는 하루 종일 원고를 읽어주셨다. 7장을 읽으시던 중에 꼭 출판해라, 비용은 내주마 하고 말씀하셨다.

1961년 10월 24일(화요일)

시마자키 선생님한테서 원고 수취장이 왔다. '내가 보기에는 분량과 전개 속도가 전반적으로 좋지 않다' 하는 내용이다. 완곡하게 말한 것이겠지. 양만 많은 것보다는 내용이 더 문제다.

1961년 10월 30일(월요일)

시마자키 선생님에게 9장 나머지를 보냈다.

1962년 1월 4일(목요일)*

겨우 피곤한 게 가신 것 같다. 일기도 오랜만에 쓴다.

아침, 가족이 연말에 새로 구입한《세계대백과사전》을 보며 시간을 보냈다. 아이들과 기쁨을 함께 나눌 수 있는 고마움.

올해의 결심. 일에 대해서.《이키가이》완성. 외국어로 논문 쓰기. 테쓰와 리쓰는 툇마루에서 햇빛을 받으며 트럼프를 하고 있다. T는 콧노래를 부르고 있다. 작은 새의 지저귐 같은 소리를 듣고 있자니 나의 마음은 즐거움으로 녹을 듯 하다.

저녁에 N과 둘이 바다까지 걸어갔다. 불덩어리 같은 저녁 해가 바다에 떨어지고 파도는 하염없이 붉게 빛나며 흔들렸다. 논문집용 원고를 쓰기 시작했다.

1962년 3월 10일(토요일)

아사지마(朝島) 선생님을 뵙고《이키가이》의 원고를 받았다. Confinia[8]에 쓰라고 하셨다.《이키가이》는 더 삭제하라고.

1962년 6월 3일(일요일)

도쿄에서 돌아온 후 제대로 잠을 못 자서 어젯밤은 10시부터 열한 시간 동안 잠을 자고 다리의 부기도 겨우 가셨다. 누워서도 해야 할 일에 대해 생각했다. 이번 사회보장 위원을 맡은 것은 잘못이다. 나는 역시 글 쓰는 일과 생각하는 데 집중해야 한다.

'사명감에 대하여'

1962년 11월 7일(수요일)

실제로 황홀할 만큼 투명한 날들이 이어지고 있다. 학교에서는 문화정신병리학을 듣기 위해 영문과 학생 6명이 왔다. F321에서 '놀이'를 썼다. 조르주 상드를 읽고 5시 넘어 어둑어둑할 때 집에 돌아오니 마사 씨의 편지가 도착해 있었다. 이키가이 원고를 '넘치는 감동과 기쁨으로 읽기 시작했다'고 한다! 니시무라 신지(西村眞二) 선생님으로부터 발췌 인쇄물에 대한 인사와 함께 《국제나병학회지》에 보내라는 권유를 받았다. 1959년의 글을 두 편 보내기로 했다.

앞으로 학문적 활동에 대해 생각하면서 밀린 학술 잡지를 읽었다.

1964년 7월 17일(금요일)

오전 중에 역사 부분의 수정[9]을 끝냈다. 시작과 끝만 고쳐 썼다. 내일 아침 발송할 생각이다. 지금부터 당분간 집안일, 버지니아 울프, 그리고 《이키가이》 다시 읽기(다시 쓰기?).

(……)

태풍 → 열대저기압으로, 장마도 끝난 건지 모르겠다. 매일 축축하고 더워서 견딜 수가 없다. 정말 나약하다.

1964년 7월 25일(토요일)*

더위와 모기 때문에 잠을 못자서 오전 일을 마치고 멍하니 앉아 있는데 다지마(田島) 씨가 보낸 편지가 도착했다. 쓰다[쓰다주쿠대학津田塾大學] 사임, 저술 작업에 전력하는 방침에 대찬성이라는 의견이었다.

바흐를 오랜만에 연주하면서 다시 잘 생각해보았다.

(……)

저녁에 T와 레코드를 들으며 나는 오랜만에 《이키가이》를 손봤다. 찾아 보니 이걸 쓰기 시작한 것이 1959년 12월이었다!

1964년 8월 31일(월요일)
더위가 다시 기승을 부린다.
버지니아 울프의 장편은 전부 읽어서 단편을 읽고 있다.
《이키가이》.《중앙공론》에 실린 조사를 보고, 어떻게든 추진하지 않으면 안 된다고 생각하여 오래된 원고를 다시 읽기 시작했다. 장황함에 질린다.

1965년 4월 19일(월요일)
필요한 물건을 사고 오후 4시에 집에 돌아왔다. 집을 비웠을 때 챙겨야 할 일, 여행 준비.
아침 미스즈(출판사)에 편지로 직업에 관한 일, '사는 보람'에 대해 썼다.

1965년 4월 24일(토요일)
오전, 사쿠라이(櫻井) 선생님의 일을 견학했다.
결국 요양원에서의 나의 일은 당분간 당직을 설 수 있는 것 외에는 없는 듯하다. 요양원에서의 레종 데트르(raison d'être)[존재 이유]를 모르는 허무함에 고민하면서 밤 7시 반에 집에 돌아오니 집안은 조용하고, 미스즈로부터《이키가이》의 원고를 보자는 연락이 와 있었다. 여기에 나의 사는 보람이 있었다!

1965년 5월 5일(목요일)*
어젯밤 사명감 부분까지 썼다. 아침 5시 반에 일어나 상실에 대한 부분을 쓰기 시작했다. 거실, R, T의 방 청소와 시장에 다녀왔다.
아주머니의 나이와 체력 부족을 생각하니 섬에서의 근무도 앞길을 전혀 알 수 없을 것 같다. 결국 '글을 쓰는 것'에 한정 지을 수밖에 없으리라. 그렇게 하기 위해서라도 지금 확실히 지반을 만들어야 한다는 생각에 책상 앞에 매달려 있다.

1965년 5월 17일(월요일)

《이키가이》 1, 2, 5, 6, 8장을 미스즈에 발송. 일종의 허탈 상태. 어떤 결과가 될지는 신만이 안다.

1965년 5월 26일(수요일)

오늘은 왼쪽 귀의 앞뒤가 아프다. 임파선? 비가 와서 시장에 가는 것도 그만두고 내일 여행에 대비해 집안일을 하고 짐을 쌌다.

미스즈의 요시다 요시코(吉田欣子) 씨로부터 《이키가이》를 받았다는 수령증이 속달로 도착했다. 여러 명이 나눠서 읽고 있다고 한다.

1965년 6월 7일(월요일)

오전 10시 반. 방금 미스즈로부터 《이키가이》를 출판할 거라는 연락이 왔다……. 감사! 오사카로 전화해 N에게 알리지 않을 수 없었다.

오후 요코다(橫田) 선생님한테서 섬에서의 나의 일에 대해 안심해도 좋다는 내용의 긴 편지를 받았다. 선생님의 배려에 감사한다.

하루에 두 가지나 큰 기쁨이 찾아와 흥분하는 바람에 저녁에 지쳐버렸다.

1965년 7월 16일(금요일)

아주머니 외박. 집안일 외에는 V.W.[버지니아 울프] 타이핑[10]으로 거의 하루를 보냈다. 쉽게 《이키가이》에 전념할 수 없는 것이 괴롭다.

미쓰다니[미쓰다니 다카마사三谷隆正] 전집의 견본이 왔는데 내 추천문이 난바라[난바라 시게루南原繁], 아베[아베 요시시게安倍能成] 선생님 다음으로 실린 것을 보고 놀랐다.

1965년 7월 20일(화요일)

어젯밤도 많이 자고, 오늘 겨우 《이키가이》에 착수했다. 오전 중에 1장을 고쳐 쓰고 문헌을 다시 조사했다.

1965년 8월 7일(토요일)

오후에 조합 마켓에 가서 파마를 하고 필요한 것들을 구입했다. 오랜만의 외출이 머리 회전에 도움이 됐다. 매일 책상 앞에만 앉아 있으면 오히려 머리 회전이 무뎌지는 것 같다. T와 둘이 새벽 1시까지 일했다. 가끔 이런 걸 써서 무얼 하나 하는 허무주의에 시달려 힘들다.

1965년 8월 8일(일요일)*

아침 7시. 태풍이 지난 후라 확실히 아침저녁으로 산뜻해졌다. 적어도 오전 중에 집중해 쓰자고 일어나서 접란이 나란히 놓인 창 앞에 진을 쳤다. 신이여 도와주소서 하고 저절로 기도를 하게 된다.

겨우 7장의 일부를 삭제했다. 하지만 아직 삭제할 것들이 많다. 자신의 장황함에 놀라지 않을 수 없다. 저녁에 N과 둘이 산책했다. 산 위에는 이미 저녁노을이 지고 서늘한 바람 속에서 항구의 불빛이 깜빡거렸다.

1965년 8월 23일(월요일)

오전 원고. 3장을 또 다시 썼다.

몇 번을 다시 썼을까. 더위 때문인지 식욕도 없고 속이 메슥거리고 머리도 무겁다. 오후에 칸 박사[11]에게 편지를 썼다.

1965년 8월 30일(월요일)

타다 스미코(多田燈子) 씨가 와서 언니와 둘이 청서(淸書)를 맡겠다고 말해주었다. 당장 3장까지 건넸다. 고마워요!

1965년 9월 5일(일요일)*

어젯밤 3시까지 원고. 하루 종일 원고(삶의 보람). '사랑' 부분이 가장 힘들다. 건성으로 쓰고 싶지 않다. 10장까지 어떻게 줄일까. 고맙게도 신경통도 거의 가라앉았고, 오늘은 체온도 정상이었다.

슈바이처가 결국 사망했다. 집에서 7시 뉴스 때 그의 필름을 보았다. 가슴이 아프고 눈물 때문에 화면이 잘 보이지 않았다.

1965년 9월 15일(수요일)*

아주머니 어제 외박. 오늘 밤 귀가. 그동안에 집에서 혼자 계속《이키가이》를 썼다.

N이 좋다고 밑줄을 그어준 부분은 전부 그대로 하기로 했다고 T에게 말했더니 '여자는 자기도취에 빠지기 때문에 문제야, 그게 제일 주의해야 할 점이야'하고 나의 머리를 가볍게 콕콕 찔러주었다.

1965년 11월 6일(일요일)

섬에서 돌아온 이래 비로소 주변이 정리된 날. 오전에 시장에 갔다. 오후, 많은 문헌을 정리하고 한 달치 가계부를 적었다. 밤이 돼서야《이키가이》를 다시 썼다.

1965년 11월 14일(일요일)

감기 기운, 두통, 구역질로 하루 종일 글을 쓰지 못했다. 그러나《이키가이》의 청서가 끝난 부분, 8장까지 전부 읽었다.

1965년 11월 19일(금요일)

아주머니 오늘 외박. R 감기로 결석. 오전 중 문헌 목록 제작. 미스즈에 편지를 보냈다.

집안일, 심부름으로 하루가 갔다.

N이 10, 11장을 매일 밤 조금씩 읽어준다. 나는 자기혐오에 시달리지 않을 수 없다. 아무튼 6년이나 해왔기 때문일 것이다. 바흐만이 나를 위로해준다.

1965년 11월 29일(월요일)

N이 봐준 원고를 매일 밤 다시 보고 고친다.

1965년 12월 2일(목요일)

밤중에도 오늘 아침에도 《이키가이》를 손봤다. 자기혐오로 가득. 세이와 병원에서 우치무라(內村) 선생님[12]을 뵈었다.

1965년 12월 3일(금요일)

아침 원고 손질.

10시쯤 미스즈에 가서 전부(문헌 목록 제외) 건넸다. 요시다 요시코 씨, 오비 부사장과 이야기했다.

(……)

시마자키 선생님과 4시에서 5시 반까지 이야기하고 7시 신칸센 히카리로 집에 돌아왔다.

1965년 12월 5일(일요일)

저녁에 N과 '첫 원고'라는 새로운 출발을 축하하기 위해 에스카르고에 갔다.

1966년 2월 12일(토요일)

아침에 광명원[13]에서 정신과 환자를 본 후 광명원 배로 히나세에 들러

집에 돌아왔다. 조합 마켓에서 머리를 하고 커다란 도미 한 마리를 사 왔다.

모두 무사해서 감사하다.

집으로 돌아오는 배에서 본 경치가 아름답다!

미스즈에 뷰이텐디크(F. Buytendijk, 네덜란드의 심리학자)의 1회분을 보냈다. 미스즈가 《이키가이》가 4월 말에 나온다고 했다!

1966년 2월 14일(월요일)

《이키가이》 교정본 도착!!

1966년 2월 16일(수요일)

교정 일단 끝남.

새벽 1시까지 문헌 목록 작업 종료.

1966년 2월 18일(금요일)

두 번째 교정 마침.

문헌 목록 구멍을 메우기 위해 우메다에 가서 마루젠 서점과 아사히야 서점에서 조사.

(······)

밤, 문헌 목록 완성.

1966년 2월 19일(토요일)

오전 중 미스즈에 초교 발송.

(······)

조합 마켓에 들렀다가 집에 돌아왔다. 봄답다. 오후, 피곤해서 낮잠.

1966년 3월 10일(수요일)

집에 돌아와 이키가이의 교정을 전부 끝내고 후기에 더할 글을 쓴 후 《미스즈》에 보낼 번역문 교정도 봤다.

1966년 3월 30일(화요일)

밤 12시 넘어 R 도서신문에서 내 책 광고를 발견하고 흥분해 1시까지 깨어 있었다.

1966년 4월 12일(화요일)

어제 새벽 3시까지 교정. '덧붙이는 글'에 더해 어젯밤부터 오늘 아침에 걸쳐 N과 여러 번 상의. 대폭 삭제했다. N의 협력이 고맙다. 11시 반쯤 3교 발송. 돌아오는 길에 시장에. 버드나무의 싹이 가냘프고 아름답다.
'루비콘 강을 건넜다'는 느낌에 갑자기 피로가 몰려왔다.

1966년 4월 18일(월요일)

미스즈와 전화로 판권면에 대해 상의. 드디어 나온다고 생각하니 무섭다.

1966년 4월 25일(월요일)

교토는 30도가 넘는 더위. 이곳도 반팔 차림이 적당할 정도다.
[여름 태평양학술회의를 위한] 원고를 썼다.
《미스즈》 4월 호에 내 책 광고가 실렸다. 아버지와 찍은 사진이 있어서 놀랐다.

1966년 5월 14일(토요일)

광명원에서 진찰.

돌아오는 길에 배에서 하라다 노부오(原田禹雄) 선생님을 만나 오사카까지 이야기했다.
집에 와 보니《이키가이》가 도착해 있었다(10부).

《이키가이》 집필일기 주

1. 본편에서는 이 부분만 일기장과는 다른 노트에 쓰여 있다.(《가미야 미에코 작품집 神谷美惠子著作集》월보(月報)(1)에 수록)
2. 고베 시(神戶市) 히가시나다 구(東灘區)의 국제학교. 1951년부터 의뢰를 받아 단속적으로 프랑스어를 가르쳤다.
3. 집에서 열었던 프랑스어 교실. 당시는 상급자를 대상으로 불문학과 사상서를 차례로 돌려 읽고 연구했다.
4. 남편 노부로의 영문 논문 교정을 뜻함. 어학에 뛰어났던 미에코는 종종 가족뿐 아니라 오사카 대학의 동료 등 지인에게서도 영문 논문 교정을 의뢰받았다.
5. 시마자키 도시키(島崎敏樹, 1912~1975) 정신의학자. 도립 마쓰자와 병원의 의사를 거쳐 1944년부터 도쿄의학치학전문학교(현재의 도쿄의과치과대학) 교수. 1967년 퇴직. 미에코는 도쿄여자의전 재학 중인 1943년에 시마자키를 만났고 그것이 정신의학에 뜻을 두는 계기가 된다.
6. 1955년에 초기 자궁암이라는 사실을 알게 되어 라듐방사선치료로 진행을 억제했다.
7. 초점이 빗나가지 않았다는 뜻. ('핀트'와 '어긋나다'라는 狂い(쿠루이)의 합성어이다-옮긴이)
8. 스위스의 정신 의학지《Confinia Psychiatrica》. 다음해 1962년에〈The Existence of a Man Placed in a Limitsituation〉이 이 의학지에 게재된다. 일본어판은〈한계상황에서의 인간의 존재 限界狀況における人間の存在〉(《가미야 미에코 작품집7 정신의학연구1 神谷美惠子 著作集7 精神醫學硏究1》, 1982년, 미스즈쇼보)
9. 《이상심리학강좌 異常心理學講座》(제2차, 1966년, 미스즈쇼보) 제7권 수록〈정신의학의 역사 精神醫學の歷史〉(《가미야 미에코 작품집8 정신의학연구2 神谷美惠子 著作集8 精神醫學硏究2》, 1982년, 미스즈쇼보)
10. 논문《Virginia Woolf-An Outline of a Study on her Personality, Illness and Work》〈Confinia Psychiatrica〉에 게재. 일본어판은《버지니아 울프의 병지소묘 ヴァジニア・ウルフ病誌素描》(《ヴァジニア ウルフ 硏究》, 1981년, 미스즈쇼보)
11. 미국정신의학계의 중진으로《Confinia Psychiatrica》편집자였던 오이겐 칸(オイゲン カーン) 박사. 미에코와는 친하게 편지를 주고받았다.
12. 우치무라 유지(內村祐之, 1897-1980) 정신의학자. 도쿄대학 의학부 정신과 교수를 거쳐 국립 정신위생연구소장, 신경연구소장 등을 지냈다. 미에코가 도쿄대학정신과 의국에서 근무했던 당시 주임교수였다.
13. 오쿠 광명원(國立療養所邑久光明園). 나가시마 애생원에 인접한 나병 요양소로 1966년부터 광명원에서도 진료를 했다.

편집 후기

이 책은 1966년 미스즈쇼보(みすず書房)에서 간행된 《이키가이》에 집필일기를 새롭게 더한 것이다. 본문은 《가미야 미에코 작품집 1: 이키가이에 대하여》(1960년 미스즈쇼보)를 원본으로 하였다.

저자는 이 책에서 한센병을 나병이라고 하는데, 초판 간행 당시는 그 말이 쓰였고, 저자가 이미 고인이라는 점, 차별을 조장하는 내용이 아니란 점을 감안해 그대로 썼다. 그 외의 병명에 대해서도 현재는 부적절한 것이 포함되어 있지만 같은 이유에서 당시의 표현 그대로 두었다. 독자 여러분의 이해를 바란다.

본문에서 언급한 대로 한센병의 감염력은 매우 약하고 이제 완치가 가능하다. 또 조기 치료로 후유증도 남지 않으며, 회복된 사람으로부터 감염되는 일도 없음을 덧붙여둔다.

2004년을 기준으로 일본에는 열다섯 곳의 한센병 요양 시설에 약 3500명이 머물고 있는데, 대부분 한센병 자체는 완치되었지만 발병 초기에 적절한 치료를 받지 못해서 생긴 후유증과 고령(평균 연령 76세) 때문에 시설에서 생활하고 있다. (미스즈 편집부)

가미야 미에코의 저서

《이키가이》 みすず 1966년 (《神谷美惠子著作集 1》 1980년)
《인간을 바라보며》 朝日新聞社 1971년 (新版 1974년) (《神谷美惠子著作集 2》 1980년)
《극한의 사람》 ルガール社 1973년
《내 인생은 지금 몇 시에 서 있는가》 日本評論社 1974년 (《神谷美惠子著作集 3》 1982년)
《가미야 미에코 에세이집 I》 ルガール社 1977년
《가미야 미에코 에세이집 II》 ルガール社 1977년
《정신의학과 인간》 ルガール社 1978년
《편력(遍歷)》 (《神谷美惠子著作集 9》) みすず書房 1980년
《버지니아 울프 연구》 (《神谷美惠子著作集 4》) みすず書房 1981년
《마음의 수첩 에세이집 1》 (《神谷美惠子著作集 5》) みすず書房 1981년
《존재의 무게 에세이집 2》 (《神谷美惠子著作集 6》) みすず書房 1981년
《정신의학 연구 1》 (《神谷美惠子著作集 7》) みすず書房 1981년
《정신의학 연구 2》 (《神谷美惠子著作集 8》) みすず書房 1982년
《일기·서간집》 (《神谷美惠子著作集 10》) みすず書房 1982년
《가미야 미에코 사람과 일》 (《神谷美惠子著作集 別卷》) みすず書房 1983년
《젊은 날의 일기》 (《神谷美惠子著作集 補卷 1》) みすず書房 1984년
《가미야 미에코·우라구치 마사(浦口眞左) 왕복서간집》 (《神谷美惠子著作集 補卷 2》)
みすず書房 1984년 (新裝版 1999년)
《그릇의 노래》 みすず書房 1989년
《가미야 미에코 일기》 角川文庫 2002년
《칼릴 지브란의 시》 角川文庫 2003년

가미야 미에코의 번역서

마르쿠스 아우렐리우스 《자성록》 創元社 1949년 (岩波文庫 1956년)
그레고리 질부르그(Gregory Zilboorg) 《의학적 심리학사》 みすず書房 1958년
미셸 푸코 《임상의학의 탄생》 みすず書房 1969년
미셸 푸코 《정신병과 심리학》 みすず書房 1970년
버지니아 울프 《어느 작가의 일기》 みすず書房 1976년

이키가이
— 벼랑 끝 삶에서 마침내 발견한 것

초판 1쇄 발행 | 2011년 10월 1일
개정판 1쇄 발행 | 2025년 3월 15일

지은이 | 가미야 미에코
옮긴이 | 홍성민
펴낸이 | 이은성
펴낸곳 | 필로소픽
편 집 | 정안나, 김승현, 구윤희
디자인 | 다든

주 소 | 서울시 종로구 창덕궁길 29-38, 4-5층
전 화 | (02) 883-9774
팩 스 | (02) 883-3496
이메일 | philosophik@naver.com
등록번호 | 제2021-000133호

ISBN 978-89-92168-366-5 03180
이 책은 《삶의 보람에 대하여》의 개정판입니다.

필로소픽은 푸른커뮤니케이션의 출판 브랜드입니다.